AMA
（美国管理协会）

纽约–亚特兰大–布鲁塞尔–布宜诺斯艾利斯–芝加哥–伦敦–墨西哥城–圣弗兰西斯科–上海–东京–多伦多–华盛顿特区

美国管理协会商业书信指南
（第三版）

The AMA Handbook of Business Letters

〔美〕杰弗里L·斯格林　爱德华·科尔曼　著
鲁小波　陈晓颖　译

陕西师范大学出版社

图书在版编目（CIP）数据

美国管理协会商业书信指南（第三版）/（美）斯格林著；陈晓颖译.
西安：陕西师范大学出版社，2007.5
ISBN 978-7-5613-3694-6

Ⅰ．美... Ⅱ．①斯...②陈... Ⅲ．商务—英语—信函—写作—范例 Ⅳ．H315

中国版本图书馆 CIP 数据核字（2007）第 002092 号

图书代号：SK7N0039

美国管理协会商业书信指南（第三版）
责任编辑：周 宏
装帧设计：回廊设计
出版发行：陕西师范大学出版社
（西安市陕西师大 120 信箱 邮箱：710062）
印　　刷：北京雷杰印刷有限公司
开　　本：787×1092　1/16
印　　张：32.25
字　　数：310 千字
版　　次：2007 年 5 月第 1 版
印　　次：2007 年 5 月第 1 次印刷
ISBN 978-7-5613-3694-6
定　　价：80.00 元

第三版序言

第一版《美国管理协会商业书信指南》出版已经十三年了,在这十三年中,我们目睹了因特网的腾飞以及其作为通信手段而被人们广泛使用的全过程。每天数十亿封美国商业电子邮件在因特网上被传送。通过因特网这种直接的交流形式,我们可以很方便地和我们的同事、甚至世界各地的同行以及陌生人进行时事交流,当然因特网通信也对我们每个人每天信息收发的数量带来了巨大的影响。由于通讯方式出现了飞跃式发展,所以我们认为现在应该对1996年出版的第二版《美国管理协会商业书信指南》进行重新修订,从而使本书的内容能够反映近几年来商业环境在因特网冲击下的变化。

自1989年第一版出版以来,优秀书信的基本原则并没有变化。但是,现在又多了一些供我们选择的渠道来传递信息和获取对编写通信信息有用的帮助。我们已经完成了对本书内容的第三版修订。本次修订主要特色有以下三方面:第一,扩展模板书信种类范围;第二,对全部内容认真地修编和更新,使本书能够更好地反映当前的工作空间;第三,最新版中附有电子邮箱和因特网网站地址的《语法热线咨询地址目录》,能让读者及时获得关于英语语法以及写作书信有关问题的帮助。

AMA公司的主编埃伦·卡蒂恩女士从一开始就极力推荐本书的第三版。AMA公司的副主编克里斯蒂娜·麦克兰林女士提出编辑一本对读者有用并且可以被广泛流传版本的建议,而且还设计了书中365份以上范式信函的内容清单,这些对于新版本的修订起了极其重要的作用。AMA公司的另一位副主编埃维卡·斯佩耳曼自始至终负责了本书修编过程中的管理工作。潮水公共学院写作中心的两位学者汤姆·威廉姆斯和帕特·理查森帮助我们收编了本版的《语法热线咨询地址目录》。本书新版的顺利修订也要感谢我们的代理商埃文·马歇尔所提供的大力支持。此外,我们还要感谢直接参与修编工作的人员,他们是南希·塞格林、戴维·怀特姆耶、贝瑟尼·怀特姆耶、利萨·弗瑞曼和洛伦·加里。

爱德华·科尔曼是本书新版的合著作者。在修编的过程中，他以一种全新的视角和精益求精的态度审视什么内容有用，什么内容需要修改，还需要添加哪些内容等问题。所以，本书在此次修订中的进步之处很大一部分功劳应该归功于爱德华先生。

同时也要感谢本书的读者，通过信件和电子邮件提出关于上一版中存在的问题以及对这次新版的建议和意见。为了能使未来的版本更加的有用，我们需要广大读者继续支持和帮助。如果你希望在以后的版本中看到你所喜欢书信的特色和样式，或者你对本书有新的看法或问题，请您跟我联系。我叫杰弗里 L·斯格林，是本书的作者，我的通信地址是：纽约市宽广路 1601 号 AMA 公司，邮编：10019。你也可以通过电子邮件和我联系，我的电子邮箱为：jseglin@ post. harvard. edu。

杰弗里 L·斯格林
于马萨诸塞州的波士顿
2001 年 9 月

第二版序言

　　转眼之间第一版《美国管理协会商业书信指南》出版已经七年了。尽管在这段时间里社会的各方面都发生了很多的变化,但是书信的基本功能同以前一样重要。因此,我们认为现在应该对本书的内容进行一次更新,具体更新的内容包括:选取范围更加广泛的模板书信;添加最新版的《语法热线咨询地址目录》;补充能够反映当前工作环境的内容和体现科学技术在我们日常生活中发挥巨大作用的新信息。

　　新版《美国管理协会商业书信指南》收编了320多封以最新的电子邮件和传真书信为素材的模板书信。在本书第二版的修订过程中,AMA公司的玛丽·格伦、麦克·西维尔和罗伯特·格里芬参与了大量的工作,在此表示感谢。

　　我衷心地希望本书能对各位读者有所帮助。为了使本书变得更加实用,敬请各位读者踊跃向我们提出意见和建议。如果你希望在以后的版本中看到你所喜欢书信的特色和样式,或者你对本书有新的看法或问题,请您跟我联系。我叫杰弗里L·斯格林,是本书的作者,我的通信地址是:纽约市宽广路1601号AMA公司,邮编:10019。你也可以通过电子邮件和我联系,我的电子邮箱为:jls@world.std.com。

杰弗里 L·斯格林
于马萨诸塞州的波士顿
1995年10月

第一版序言

几年前,有位出版商要我写一本适用于银行家使用的商业书信方面的书。当时我对出版商的要求感到很疑惑,银行家们在经营过程中已经熟悉了对于各种对象的书信格式和言辞,为什么还要一本书给他们写作商业书信作指导呢?

我答应出版商写这样一本书。许多慷慨的银行家为我提供了有关他们商业书信的文件。看过这些书信之后,我震惊了,这些银行家连基本的写作技巧都没有掌握,更不用说书信写作技巧了。为写作本书提供帮助的银行家不停地说他们的书信是多么的缺乏写作技巧,可是我惊奇地发现这些信件还存在语法错误、用词不当、歧义语句和非标准的书信格式等问题。

几千封银行家们的商业书信复印件使我更加确信银行家们在热切地期待着一本书指导他们如何写作商业书信,同时我也确信银行家们的这种需求是不会消失的。

不仅是银行业,其他从事商业活动的专职人员也同样需要一本书来指导他们的书信写作。《美国管理协会商业书信指南》的出版就是为了满足这种需要。本书内容既包括帮助提高商业书信写作技巧的基础指导,又包含了270多封应用于日常商业通信往来的模板书信。《美国管理协会商业书信指南》不仅能指导你如何写出色的书信,而且也能帮助你提高写作能力。

本书关于语法、词语使用的第一部分主要是关于书信写作基本技巧的探讨。《美国管理协会商业书信指南》的第二部分是本书的重点,这部分收编了270多封模板商业书信,其中的绝大部分都是以当前实际商业活动中使用过的书信为基础编写而成的。这些被选编的模板书信涵盖范围广泛,主要是从事商业的专业人士在日常的商业活动中所要用到的书信类型。这些模板书信中所提到的人员、公司和商品的名字都是虚拟的,如有雷同,纯属巧合。第三部分内容的一个特点是提供了大量可以帮助读者提高写作技巧的咨询地址附录。这部分内容的另一个特点是给出了标点使用提示、易错词语辨析和常用缩写表。《语法热线咨询地址目录》收录了美国范围内几十个可以回答有关语法问题的热线电话号码。这些热线电话号码对于试图通过亲自拜访专家来完成重要信件的人来说是一个既省时又省力的最佳选择。

本书能够顺利完成与许多友好商业人士的通力合作是分不开的。他们慷慨地提供了他们的商业书信文件供我们研究，可以说没有他们的大力支持就没有本书，在此对他们的帮助表示衷心的感谢。他们是：彭吉R·布朗克勒、W·玛丽·格伦、利萨T·格伦、贝尔D·格伦、Dr·林德斯·哈伦、玛撒·朱厄特、琼·肯尼、吉姆·刘易斯、山姆·麦克尔伯格（山姆照相机商店的店主）、霍华德·帕拉、帕蒂·帕拉、路易斯J·沃菲诺里、木工技术店主、马太·沃尼尔、莱斯特·斯格林、南希·斯格林、麦克·斯图克伦、贝蒂·科尔曼、约翰·沃格诺。

莉丝·弗里德曼女士是潮水公共学院（位于弗吉尼亚州的弗吉尼亚海滩市）写作与语法热线查询中心的主任。非常感谢她允许我们复印了她们中心每年重新汇编一次的《语法热线咨询地址目录》。

我的编辑，AMA公司的艾德丽安·哈克女士为本书的出版付出了辛勤的劳动，她对本书的组织结构和收编书信提出了宝贵的建议。

我的代理商埃文·马歇尔一度是本书编写的强大后盾。他帮助我摆脱了为成百上千封信件所困扰的局面抽出时间完成本书。

本书的发行人，银行管理协会的罗伯特·伦琴是编写本书坚定的支持者。鲍勃最先提出编写一本适用于银行家的商业书信指南的想法，正是基于他的这一想法和他对编写本书的支持，才得以使我能够顺利地完成本书的编写。

杰弗里L·斯格林
于马萨诸塞州的波士顿
1989年7月

目 录

第三版序言　　1
第二版序言　　3
第一版序言　　5

第一部　基础篇　　1

接近本书　　1
走进本书　　2

第一章　设计书信　　3
搜集相关实情　　4
分析书信的主题和读信者　　5
明确你的目的和实现途径　　6

第二章　出色信件的成分　　8
清晰语言与含糊语言　　8
书信的语气　　11
重点关注——"闪光点"　　13
书信的长度　　15

第三章　书信的结构　　16
日期栏格式　　16
参考栏　　17
私人或机密标注　　17
信内地址　　18
特殊标注　　20
称呼语　　21
主题栏　　22
书信的段落　　22
书信的后续页　　23
信尾客套语　　24
署名格式　　25

目 录

  辨认栏 26
  内附文件和附件标注 27
  投递标注 27
  附言 28

第四章 书信的外观 29
  信纸 29
  书信的格式 31
  全版面格式 31
  版面格式 33
  半版面格式 34
  简体格式 34
  正式格式 37
  悬挂格式 38
  信封 40
  便笺 40
  传真 42
  电子邮件 42
  注释 45

第五章 语法 46
  语法 46
  代名词错误 47
  代词与先行词 47
  主谓一致 48
  摇摆修饰 48
  劈开不定式 49
  平行结构 49
  标点符号 49
  字母大写 50
  单词的拼写 50
  专业术语 50
  滥调陈词 51
  多嘴 51

第六章 字处理 53
  字处理软件 53
  使用模板书信 54

第二部 书信篇 57

第七章 推销和业务关系书信 59
  介绍情况的书信 59
  推销书信 68

附带通知续缴费用的书信　　87
　　通知产品展览会的书信　　88
　　介绍商品目录的书信　　89
　　咨询销售回复书信　　92
　　商业会谈邀请信　　93
　　表示感兴趣的书信　　97
　　给难得一见的潜在顾客的书信　　99
　　询问主管的书信　　100
　　进一步确认预定的书信　　101
　　后续书信　　105
　　重新联系的书信　　112
　　致新顾客的欢迎书信　　113
　　请求推荐的书信　　115
　　促销书信　　116
　　致客户的节日慰问书信　　117
　　商业伙伴关系周年答谢书信　　118
　　公共关系书信　　119

第八章　客户服务书信　　128
　　客户投诉的回复书信　　129
　　道歉书信　　140
　　接受订货单的回信　　150
　　致返回错误商品的顾客的书信　　151
　　发货错误的改正书信　　152
　　有关产品和服务资讯的书信　　154
　　致顾客的感谢信　　160
　　致流失了的顾客的书信　　165
　　公司通知产品定价的书信　　166
　　通知地址更变的书信　　169
　　项目情况的书信　　170
　　产品使用说明的书信　　175
　　介绍调整对顾客影响的书信　　176
　　回复订购的书信　　177
　　写给股东的书信　　183

第九章　信贷与收款方面的书信　　199
　　请求商业信用消费的书信　　200
　　信用信息书信　　201
　　通知信用政策调整的书信　　203
　　退回支票的书信　　205
　　向商业兴信所投诉的书信　　208
　　信用证明信息的书信　　208
　　拒绝信用账户的书信　　213
　　同意信用消费的书信　　214
　　通知信用消费金额提高的书信　　217

目 录

  通知删除信用消费中有争议的条款的书信　218
  通知停止兑现支票的书信　219
  征收费用的通知书信　220
  通知暂时取消信用消费权利的书信　231
  通知恢复信用消费权利的书信　232
  接受部分还款的书信　233
  确认还款的书信　236
  通知交付押金的书信　237
  与贷款方重新商谈还款日期的书信　238
  顾客投诉账单错误的书信　239

第十章　写给销售商和供应商的书信　240
  订购书信　240
  索要免费材料的书信　242
  询问经销商姓名的书信　243
  索要产品有关信息的书信　244
  询问产品销售折扣情况的书信　245
  赞扬销售商的书信　246
  投诉账单错误的书信　248
  投诉供应商的书信　250
  要求取消合同的书信　253
  因为经济状况不佳而终止与供货商的业务关系的书信　254

第十一章　人事书信　255
  请求应聘职位面试的书信　256
  个人简历的伴随书信　260
  撤销求职申请的书信　265
  回复求职申请的书信　266
  感谢推荐求职者的推荐人的书信　281
  提供工作的书信　283
  接受或者拒绝提供工作的书信　290
  欢迎新员工的书信　293
  推荐书信　294
  赞扬书信　299
  评价书信　307
  升职书信　309
  宣布新员工的书信　311
  要求和拒绝加薪的书信　312
  介绍外部人员的书信　315
  宣布员工离开的书信　316
  辞职书信　318
  退休书信　319
  批准休假的书信　321
  由于经济形势的原因而将员工降职的书信　322
  谴责书信　323

解雇书信　324
　　答谢员工工作周年的书信　331
　　宣布人事变动的书信　332
　　鼓励员工的书信　333
　　辞别员工的书信　335

第十二章　送文函　336
　　付款的送文函　336
　　发送合同的送文函　343
　　发送索要的文件的送文函　344
　　发送文稿的送文涵　346
　　发送稿件给修改者的送文函　347
　　发送最终消费报账单的送文函　349

第十三章　确认书信　350
　　确认供应商口头指示的书信　350
　　确认价格和折扣的书信　352
　　写给演讲者确认计划安排的书信　353
　　确认约定的书信　354
　　确认访问计划的书信　355
　　确认电话交谈内容的书信　356
　　确认电报的书信　357
　　确认收到材料的书信　358
　　确认任务的书信　360

第十四章　请求书信　361
　　询问有关会场信息的书信　361
　　询问研讨会有关信息的书信　363
　　请求协助的书信　364
　　请求返回材料的书信　365
　　向讲演者索要材料的书信　368
　　要求改正赊购帐账单的书信　369
　　购买文章复印件的书信　370
　　请求取消订阅的书信　371
　　索要商品目录册的书信　372
　　索要免费样品的书信　373
　　咨询新产品有关信息的书信　374
　　询问有关价格信息的书信　375

第十五章　回复书信　376
　　接受订购的书信　376
　　接受参加会议报名的书信　378
　　汇款书信　379
　　要求澄清错误的回复书信　380

目 录

　　回复询问组织成员信息的书信　381
　　回复政府机构询问有关信息的书信　382
　　回复索要材料的书信　384
　　对推销书信的回复书信　387
　　回复索要产品价目表的书信　388
　　回复索要免费产品的书信　389
　　回复询问新产品信息的书信　390
　　邀请演说者的回复书信　391

第十六章　批准书信　393
　　请求同意再版的书信　393
　　通知如何获得批准的书信　398
　　同意引文请求的书信　400
　　拒绝引文请求的书信　402
　　发送合同的伴随书信　404
　　请求归还版权的书信　405

第十七章　社交、私人和不同主题或方面的书信　406
　　感谢书信　406
　　邀请书信　426
　　回复邀请的书信　432
　　对演讲表示感兴趣的书信　441
　　预定会议设施的书信　442
　　申请俱乐部会员资格的书信　443
　　发表演说的后续书信　444
　　赞扬文章的书信　445
　　祝贺生日的书信　446
　　祝贺生育的书信　447
　　公共服务和筹款的书信　448
　　祝贺新职位的书信　459
　　写给生病员工或熟人的慰问书信　461
　　吊唁书信　464
　　祝贺某人生意开张的书信　465
　　宣布退休的书信　466

第三部　附录　467

　　附录3　缩写　468
　　附录4　语法热线咨询地址目录　477

参考文献　500

第一部

基础篇

> 以我来看,所有书信都应当如谈话一样轻松、自由,
> 而不要故意写成致辞一样……。
> 桃乐茜·奥斯本(坦普尔女士)
> 1653年10月致威廉·坦普尔先生的信

成功的专业人士都知道高效书信的重要性。如果你不擅于通过书信向顾客表达你的意图,那么你就不会拥有一个良好的客户关系。如果一个潜在的消费者对于你们公司的服务和商品的相关描述感到困惑,那么你们的服务和商品也不会行销于市场。由于一份含糊其辞的信,让消费者都不明白正在销售什么,那么售货员又怎么能让商品畅销呢?

书信写作对于每位商业人士的成功来说都十分关键。没有书信写作技巧,商业活动中工作效率就是空谈。

接近本书

《美国管理协会商业书信指南》的目的是帮助读者写作高效书信。没有效果的书信是时间和金钱的浪费。如果意识到这一点,每位专业人员都会产生提高其书信写作能力的念头。书信可以不是你生意中的关键点,但是如果你认为有效的书信写作能够增加你合作关系的质量,扩大你经营活动的范围以及能减少你在时间和金钱上的浪费,那么你就要继续了解写好书信的重要性。

你在准备阅读本书的时候,应该在心中有这样一个目标——学习如何写作

有效信件。请记住，尽管书信写作不是一种简单的技巧，但是通过练习你能够达到写作出色书信的水平。

走进本书

在你写作有效信件之前，你必须先了解一封出色书信的组成成分。本书的第一部分将带你一步一步了解书信写作的基础内容，你将了解到设计一封信和集合所有你所需信息的重要性。当你决定动手写信，并且选择了恰当内容来完成书信的必要组成部分的时候，关于书信的设计就可以开始付诸实施了。只有你知道在书信的结构和形式上采用合适技巧的条件下，写出来的书信才是出色的。要让你的书信完全地被读者理解，那么语法、标点符号、拼写以及语言的使用都是很重要的。你也不要被大量的语法知识所吓倒，我们在这里所需要掌握的是最为基础的"常用"语法规则。这些语法知识不仅易于掌握，而且在写作书信和其他写作中也是会自然而然地经常用到。

第一部分有一章是关于字处理的内容。这章的内容不能回答你在办公室的计算机上写作书信时所遇到所有关于字处理的技术问题，但是它可以引导你通过字处理系统有效利用《美国管理协会商业书信指南》所包含的信息与提供的模板书信。

本书的第二部分是由 365 封以上的模板书信组成的，这些书信分门别类地反映了商业活动各行各业的情况。每章都有一部分内容对其中包含的许多信件的优点进行分析。第二部分中的大部分模板书信是以从事商业活动的专业人士写作和使用的商业书信为基础改编而来的，其中的公司名字和人员姓名已经被改动，而书信的基本内容却保持不变。我们选取在日常商业活动中必须要用的各类书信为模板书信。你可以采用其中的模板书信满足日常商业书信使用的需要，也可以把这些模板书信作为你日常写作书信的标准。

本书的四份附录为你在写作书信的过程中提供获取帮助的方式清单和写信参考规则查询。参考书目的内容注解相关书籍和出版物清单，这些书籍可以作为你进一步提高写作书信能力的指导用书。

所有的事物，只有通过不断的实践才能使其变得完美。如果你在日常写作书信的过程中逐渐应用了在《美国管理协会商业书信指南》第一部分中学习的基础知识和第二部分的模板书信，那么你的书信写作技巧就会不断得到提高。最终结果将是你的书信所表达的思想和意图会如同与你当面交谈一样被收信人所领会。

第一章

设计书信

未雨绸缪对于实现每一个目标都是至关重要的因素,写信也不例外。要完成一封语言清晰、表达准确的书信,你必须要先有一个出色的书信设计。

有些书信没必要提前进行精心的设计,但是一封写给顾客建议购买某种商品的推荐信就不能与感谢为你提供商业午餐的便条一样随便。

凭借经验我们通常可以口述书信写作的设计。如果你在一封信中所要表达的信息比较有限,在你的头脑中就可以勾画出书信的大概轮廓,那么就没有必要通过书信设计来历数所要表达的内容了。精心的书信设计适用于需要进行认真设计的书信写作。

当然了,你在每次写信的时候都按照下述步骤详细地勾画书信的每个细节,也没有什么不妥之处。经过大量的练习,你会更加轻松自如地写作简单书信,而花费在设计书信上的时间也会使你在其他商业工作设计中变得有条不紊。

以下是设计任何书信最为基本的三个步骤:

1. 搜集相关情况
2. 分析书信的主题和读信者
3. 明确你的目的和实现途径

如果你在写信的过程中遵循了上述步骤设计书信,你将会发现你的书信表达清晰,易于被人理解,同时书信所要达到的目标也能成功实现。

基础篇

搜集相关实情

在写信之前,你必须搞清楚要说什么。如果你在未预先考虑的情况下就开始写信,写出来的信十有八九都是令人费解的。

以打草稿的形式,事先把相关的内容都罗列出来。举例来说,假设现在你正准备给一位顾客写信,那么你就要查阅以前与这位顾客来往的所有信件。在这位顾客的书信表达能力相当出色的前提下,你可以通过以前的来往书信了解这位顾客的个性、兴趣和价值观等方面的信息。

在查阅以往通信的过程中,你应该简单概括出这位顾客的一两个显著特点。假如你现在正在浏览与一位名叫萨姆·约翰逊的顾客的来往信件,从他所写的信件中你可以概括出他的以下特点:

▶ 忠实于现存的商业贸易关系
▶ 比较看重与商业伙伴或客户之间的私人关系
▶ 经常提出一些旨在促进与客户或商业伙伴关系和业务活动的建议
▶ 非常希望能通过各种措施降低成本

概括出以上特点之后,你就应该进一步形象化这位顾客的性格特点。你已经了解一些这位顾客的兴趣,为了解的更多,你可以查阅有关与这位顾客业务往来的文件。如果你对收信人的情况了解的已经足够多了,那么你就会很容易完成一封能够完全传达你的意图的书信。

收集完与顾客有关的实际情况资料之后,你就应当开始琢磨书信的主题了。与上一步一样,最简捷而又最有效的方法还是在一张纸上写出你打算在信中要表达的内容的主题。在每个主题下面写出一些例子或者词语来帮助你回忆你与这位顾客曾经进行过的相关讨论。

继续以顾客萨姆·约翰逊为例。你已经与约翰逊先生进行了一次当面会谈,但是你想给他写封后续信。你已经通过上述查询了解了约翰逊的性格特点。你打算在信中表达以下主题:

▶ 感谢出席会谈
▶ 他关于保险箱的想法
　——加快收集速度
　——成本与效力问题

▶ 赏识他关于贸易伙伴关系的态度
　　——忠实于当前的贸易关系
　　——私人关系
▶ 再一次会谈安排

在设计书信阶段,你所罗列的计划在书信中表达的主题的次序是无关紧要的,关键的问题是你在书信中陈述的内容是约翰逊所关心的。

书信内容长短适度对于包括我们所举例子在内的所有商业书信都是极为重要的。当你在思索给你的顾客书信所要表达主题内容的时候,就应该估算出书信中表达主题内容所需的字数。如果书信的长度超过了适度的范围,那么即便是采取行动删减书信的主题内容也是必要的。我们所要记住关于写作书信最基本的一项原则就是:适当的长度是有效书信最为本质的特点。

分析书信的主题和读信者

你已经完成了相关内容的搜集,这样你就了解了收信人的相关信息,同时也对书信中所要表达的内容有了初步的设想。但是你必须对所收集的信息进行分析从而合理地组织书信的内容。

设计书信内容概要是组织书信内容和安排主题次序的有效途径。你可以按照时间的先后次序安排书信内容,也可以按照主题重要性安排书信内容,当然还有其他安排书信内容的次序。

你可以灵活地安排书信主题次序,但是你必须保证书信主题次序安排是有逻辑性的,你不能混淆你的思路也不能遗漏所要表达的主题。

仍然以给萨姆·约翰逊的后续信为例,可以理出如下书信内容概要:

第一段:1. 感谢出席会谈
　　　　2. 赏识他对商业活动的态度
　　　　　　(1)忠实于当前的贸易关系
　　　　　　(2)私人关系的重要性
第二段:关于保险箱的想法
　　　　(1)加快收集速度
　　　　(2)成本与效力问题
第三段:再一次会谈安排

你可以发现书信概要与主题清单的惟一区别就是内容的次序不同。设计主题次序是书信概要的基本功能。

如果一封书信同给萨姆·约翰逊的后续信一样简单,那么在你的脑海中设计书信的概要之后就完全可以直接写作书信的草稿。写作一封出色书信的重点不是写出完美的书信概要本身,而是完成一封逻辑合理、结构得当并能让读信人易于掌握的书信。如果你在头脑中就可以排列合理的次序结构是非常好的事,但是当你直接进入书信草稿写作的时候,遇到必须理顺主题次序难题的时候,你仍然能既省时又有效地完成一封出色书信的时候,那么你的能力真是令人佩服。在对书信进行精心设计的过程中,你会发现设计书信内容概要不仅能让你回忆起相关的事实资料,而且还能帮助你排列书信主题的合理次序。

当你对书信中要表达的主题做出分析的时候,也要参考相关情况搜集中了解的读信人的性格、兴趣和价值观等信息资料,掌握这些信息对于你组织安排书信的内容结构是非常重要的。有些对你来说重要的信息对收信人来说不一定重要,但是你要知道你书信的目的是让收信人清晰明了地理解你的意图,那么对收信人相关信息的了解就是必不可少的工作。

当你完成书信的概要之后,你就可以开始写信了。为了让书信的表达尽可能地清晰,你要尽量使用简短的语句,同时还要避免说废话。为了让你的观点清楚地表达出来,最好是一段话陈述一件事情,而不要把很多观点掺杂在一起表达。例如,当你写给萨姆·约翰逊的后续信的第一段的时候,不要在同一个句子中既表达对他出席会谈的感谢之情,又阐述对他观点的赏识之感,最好是一次只表达一种思想。

> 感谢你昨天出席了有意义的会谈。我非常重视与你共度那段时间,也感谢你与我分享的宝贵信息。

书信的语句要避免任何多余的话。如果刚开始写信你就漫无边际,那你的书信注定会离题万里,这样的信也会让收信人失去兴趣。请记住这样一条原则,一封出色的信必须要能吸引收信人的注意力,并且让收信人能对书信所表达的内容产生积极的回应。

还有一条需要牢记在心的原则,一段话的开头和结尾的语句最能引起读信人的注意,那么在这两处地方安排书信中需要强调的语句是最好的选择。

明确你的目的和实现途径

你写每封信都有一个目的。如果你想要让你的顾客接受你提供给他的信誉期限,那么你就必须围绕这一目的来设计和写作你的书信。在排列书信段落的次序和筛选语句词语的时候,你更应该明确你写信的目的。

设计书信

　　写信之前对顾客的相关信息所作的研究将帮助你完成一封能让收信人做出你所预期反应的出色书信。有关顾客的研究可以让你更加地了解你的顾客及其行为方式。

　　给萨姆·约翰逊的后续信的目的就是感谢他并且吸引他的业务。你已经了解了约翰逊有忠实于现存商业关系的感情和重视客户与经营者之间私人关系的思想，那么你就可以在信中表达对约翰逊这些感情和思想的理解和支持。因为你知道约翰逊善于提建议，那么你对上次会谈过程中约翰逊所提的建议给予回应，这样做也是推进你与约翰逊贸易关系的高招。你的目的是吸引约翰逊的业务，如果你在信中说你希望能再次与他会谈，这样的表达让约翰逊感觉你是非常欣赏他的观点，并且热切期待与他再一次会面来商谈与他建立业务往来的急切心情。以下是基于上述分析完成的给萨姆·约翰逊的后续信的内容：

> 　　感谢你昨天出席了有意义的会谈。我非常重视与你共度那段时间，也感谢你与我分享的宝贵信息。我非常理解你忠实于现存商业关系的感情和重视客户与经营者之间相互了解的私人关系的思想。
>
> 　　在上次会晤的过程中，你建议说，安排一个带锁的箱子可以加快资金的收集。我很愿意来调查研究这项措施的可行性，并进一步评估其对你们公司的效益影响。
>
> 　　我计划在下星期早些时候与你进行一次电话交谈，从而根据你的建议择日与你共进午餐。再次感谢你牺牲宝贵的时间来看信！我期待早日与你建立业务往来关系。

　　给萨姆·约翰逊的后续信是综合运用对读信人的信息研究和对主题分析等相关步骤成果的基础上完成的出色书信的典范。一封精心策划的书信，最终达到的效果将是增加收信人做出回应的机率。

第二章

出色信件的成分

仅仅依靠提前对书信进行设计,还不足以确保收信人能给你一个积极的回复,你还需要合理组织书信的基本成分,这样才能进一步提高书信的感召力。

与其担心书信的基本技巧(结构、形式和语法),你倒不如认真考虑一下你要通过书信传达的态度。你的态度是通过书信的语言、语气以及关注的焦点等内容来传达给收信人的,这些相对独立的结构对于一封成功的书信来说也很重要。

要通过一封信传达你的态度,你首先要搞清一封将会被收信人束之高阁的信与一封被收信人仔细阅读充分理解并做出亲切回应的信之间的区别。围绕收信人来探讨你要传达的态度是写作成功书信的基本要求。在写信的时候你要明白,你的每封书信都是写给特定收信人的,所以你的语言、语气和论述的焦点都必须符合收信人的口味。

清晰语言与含糊语言

语言是交流的工具,但是要做到成功交流,发送信息的人不仅要保证信息被接收,更要确保信息被接受者完全理解。如果交流的语言不够清晰和准确,那么交流就不会成功。

出色信件的成分

一条基本的原则,你在日常的商业活动中所用的语言要和在各行各业工作的人所用的语言保持一致。我们承认每个行业都有一些专业用语,但是在你写信的时候不能出现过于专业的词汇而让读信人对信的内容不知所云。好的语言就是大家都在用的语言。

让你信中的语言直截了当。写出你要说的话,不要兜圈子让收信人苦思冥想地揣度你的意图。

让我们以一封写信人要告诉一位顾客关于一个重要组织的有关信息的书信为例探讨书信的语言问题:

> 我写这封信的最初动机是为了与你分享关于高级服务项目与活动的有关信息,我已经加入好多年的一个组织的有关活动情况。这个县级商业联合会在每月一次的早餐会通过一些有趣的、给人深刻印象的发言人来让当前的政治、经济事件影响小型商业活动。这个组织的时事通讯合法活动在华盛顿地区。还有其他的活动项目我将在信的附件中向你描述。(由于是翻译,书信的混乱原貌无法完全呈现,深感遗憾)

在上述示例书信中有很多问题。首先,我们分析其语言是否简练,陈述是否直截了当。因为信的作者想要告诉收信人关于一个重要组织的相关信息,作者为什么不开门见山地告诉收信人呢?采用以下语句,表达效果就会好多了。

> 我写信是为了向你介绍有关一个组织提供的高级服务项目和活动的情况。这个组织名叫县级商业联合会。我加入这个组织已经好几年了。

在书信的原稿中,直到第二段的第二句话才说出这个重要组织的名字。如果你写信的目的就是为了介绍一个组织,为什么不在一开始就告诉收信人组织的名字呢?

如果写信者不东拉西扯地写,而是直截了当地说明他写信的目的,这样不仅能立刻引起收信人的注意力,而且更能确保读信人继续看下去,从而领会你更多的意图。

让你信中的语言尽可能地简练。如果可以用一句话就能说清楚的内容,千万不要用两句话来表达。

在书信中,你没有太多的空间来表达你的思想。你不是在写小说,也不是在写经济学论文。写信就是要用简练而又清晰的语言来传达你的想法。

基础篇

　　书信中避免使用华而不实的语言。"我写这封信的最初动机是为了与你分享……信息,"这样写乍看起来好像还挺有文化品位,但是却没有使用能够吸引收信人注意力的词语。你写信的目的就是为了和收信人交流,如果你的目的就是"我写信是为了向你介绍……,"那你就应当直截了当地写出来。

　　书信的语言不要模棱两可。有些时候你觉得你书信的语言是清晰明了的,但是收信人会从其中领悟到与你的意图不一致的意思。你的信中如果出现了模棱两可的语言,就不能保证收信人完全准确地理解你所传达的信息。语言含糊不清是上面提到的那封书信中存在的另一个问题。有一段话这样写道:

　　　　这个县级商业联合会在每月一次的早餐会通过一些有趣的、给人深刻印象的发言人来让当前的政治、经济事件影响小型商业活动。这个组织的时事通讯合法活动在华盛顿地区。还有其他的活动项目我将在信的附件中向你描述。

　　其实写信人的原意表达的不是当前的政治、经济事件影响小型商业活动是县级商业联合会每月一次的早餐会的结果。但是由于用词不当,导致的结果是这些句子所表达的意思与写信人想要传达的内容各不相同。如果使用下面的表达就不会产生歧义了。

　　　　通过每月一次的早餐会上一些有趣的、能给人深刻印象的发言人和一个合法活动在华盛顿地区的时事通讯以及其他一些方式,县级商业联合会及时向我们发布影响小型商业活动的当前的政治、经济事件。

　　这样写就不会让读信人对写信人的原本意图产生任何歧义。

　　歧义语句的真实含义一般不容易被人理解。一个经典的例子如下:

　　　　放贷人同意给戴维·马歇尔提供贷款,因为很明显他是一个具有高尚道德素质的人。

　　从以上的句子中,我们无法确定放贷人和马歇尔先生到底谁是具有高尚道德素质的人。代词"他"既可以指放贷人,也可以指马歇尔先生。为了避免歧义,这个句子可以被表达为以下两句:

　　　　因为戴维·马歇尔很明显是一个具有高尚道德素质的人,所以放贷人同意向他提供贷款。

　　或者是:

　　　　因为放贷人很明显是一个具有高尚道德素质的人,所以他同意给戴维·马歇尔提供贷款。

书信的语气

一封信中恰当的语气可以帮助你从收信人那里获得积极的回应。书信的语气在一开始就应该确定,并且自始至终保持不变。商业书信的语气应该是谦虚和友好的,就好像与收信人当面交谈一样亲切。不要试图用过多的技巧来表达你的语气,只要恰当的语言就可让收信人理解你的语气了。

书信的语气可以辅助向收信人展示写信人的人格魅力。如果通过书信中透露的语气,能让收信人感受到写信人是在真诚地关心书信的内容对收信人的影响的时候,让收信人做出积极回应就有一定把握了。

以本书的模板书信2.1为例来分析书信语气的作用。这封信的一开始,写信者就通过回顾公司与顾客之间业务往来和顾客需求的方式为书信确定了强调效率和重视对收信人的私人态度的语气。然后,信用账户管理部经理尼尔斯就直截了当地介绍了公司关于信用账户消费的有关规章制度。

在第一段中,写信人为本封书信确立了基本语气。

> 你能作为我们的客户,我们非常荣幸。

第二段中,尼尔斯通过亲切地称呼收信人伯特兰 R·兰维恩先生为伯特兰继续维持了第一段确定的亲切的书信语气。尼尔斯不仅表达了对作为客户的兰维恩先生的友好态度,也暗示整篇信的语气都是这种友好的态度。

纵观模板信件2.1,全篇都透露给收信人一种亲切友好的语气。如果能让收信人感觉到写信人给他的建议是真心实意为收信人的公司着想的,那么这封信就是一封成功的书信。书信中亲切友好的语气能够增加收信人做出积极回应的机率。

基础篇

模板信件 2.1　　以亲切的语气完成的高效商业书信

[时间]

伯特兰 R·兰维恩先生
兰维恩木材加工园区
邮政信箱 567 号
南达科他州里士满市（邮编 34345）

尊敬的兰维恩先生：

　　欢迎你的加入！你给尼尔斯木材供应公司的汇款已经收到，请放心。你能作为我们的客户，我们非常荣幸。

　　伯特兰先生你是知道的，尼尔斯木材供应公司是一家有 50 年历史的老牌公司，并且拥有 85 个销售点遍布于中西部地区 9 个州。我们向顾客供应装饰房屋所用的全套产品，具体包括：木制品、管材、电器、油漆、厨房设备、浴室设备、五金和各类工具等。作为该领域的佼佼者，我们努力为顾客提供最好的服务。我们的目标就是成为你最值得信赖的供货商。让顾客满意是我们的服务的宗旨。

　　你的账户汇款是 2000 美元，扣除购买产品的费用之后还剩 10 美元。你的账户消费情况我们会在每月第一或者第二个工作日通过电子邮件的形式发送给你。如果你的账户消费透支，我们会在 25 天之后按照透支款的额度每天增收一定比例的利息。

　　尼尔斯木材供应公司的全体员工热切期待再次为你服务，并希望与你建立长期稳定的贸易关系。

　　具体管理你的业务的分支经理名叫希拉·麦克格里克提。她的工作电话为：890-555-8765。

　　诚挚的问候！

　　　　　　你真诚的朋友：拉里 E·尼尔斯（信用账户管理部副经理）

重点关注——"闪光点"

在书信中有一个很重要的概念就是我们通常所说的"闪光点"。书信的"闪光点"就是你要让收信人重点关注的内容。

写一封信是很容易的事,但是大多数情况下,写信人的知识和兴趣与收信人之间存在很大的差别,所以按照写信人的思维习惯写出的信不一定符合收信人的口味。那么,为了你写的书信能引起收信人的兴趣,在你写信之前必须对收信人的相关信息进行研究。我们在第一章中已经讨论过了,这项工作可以在设计信件的阶段进行。

有时候你也不知道一些问题的答案,但是当你坐下来仔细思考的时候,也许就会找到答案。要想让收信人信服你的观点,你就必须写能让他感到对他有益的内容,这也是你的书信传达给收信人的关键内容。

你必须让收信人感受到你是在真诚地与他(她)进行交流。假如在你的公司人员全齐备的情况下,你也不应该用语言冰冷的书信回绝求职者的请求。当然了,也没必要对回复信进行精心设计,但是你应该婉言谢绝他们的请求,为自己留有余地,这样在将来有一天你确实需要他们的专业技术的时候,就好回头找他们了。

模板信件2.2是一封求职申请的回复信,尽管没有为求职者提供工作,但是书信的内容也让求职者倍感亲切。肯尼女士通过一封语言婉转的书信既谢绝了当前的求职请求,又为将来寻求合适的职员留下了希望。

肯尼女士在她的信中使用人称代词"你"来指代收信人。这对于一封能给收信人留下深刻印象的书信来说是非常重要的,但是仅这一点还不够,为了让收信人感受到写信人的真诚,感受到有一个活生生的人在给他写信,肯尼女士又用了一个人称代词"我"。她这样写道:

如果你要取消求职申请,我也能理解,请你通知我们。

基础篇

模板信件2.2　　　委婉谢绝求职请求的书信

[时间]

收信人:密查理·克鲁兹先生
通信地址:宾夕法尼亚州诺里斯敦市卡姆莱拉大街69号
邮编:02134

求职回复信

　　克鲁兹先生,首先感谢你向我们公司投送求职申请!你能将贝蒂百吉饼食品公司作为求职对象让我们倍感荣幸。

　　虽然目前我们没有空缺职位为你提供,但是我们将在一段时间内保留你的求职申请。如果一旦出现空缺职位,我们将会及时通知你进行面试。

　　如果你要取消求职申请,我也能理解,请你通知我们。

　　　　　　　　　　　　　　　　　　　　　　　人事处副经理:简·肯尼

mn

　　如果肯尼女士在这里使用的是比较消极的语气,"……,那也可以理解,……"而不是"……,我也能理解,……,"这样就大大降低了书信的亲切感,似乎显得肯尼女士对于收信人这样做有点情不自愿。
　　书信的"闪亮点"必须放在收信人身上,如果你书信的语言和语气传达的是关心和理解收信人的信息,你就会发现你的书信能引起收信人的注意,并且激励他们做出亲切回应。

书信的长度

每一封书信的长度都会对其外观产生影响。每天都会收到大量信件的商业专业人士和顾客都不愿意对一封本可以用一页内容就足够表达清楚的长达三页的书信做出亲切的回应。

商业书信中的语言不要东拉西扯,要尽可能地简练,整篇长度最好是限制在一页范围内。

在第一段中就开始讨论你的重要主题,这样就会让收信人一开始读信就能知道书信的主要意图。

提前提炼你的语言有助于你控制书信的长度。段落不易过长,当然也不能出现过多的一句话段落。简练的段落是由一些切中要害的语句组成,没有废话的语句让段落也显得格外干练。

第三章

书信的结构

当你在阅读本章内容的过程中,如果参考讨论书信格式的第四章的内容,你会发现效果会更好。不同的书信格式要求对书信各组成部分进行不同的布置。尽管书信组成成分的布置可以变化,但是各部分的内容和功能都保持不变。你会非常自如地将在本章学习的知识应用到第四章讨论书信格式的内容中。

日期栏格式

每封信都应该有日期栏。英语书信的日期布置在信纸的第二行和第八行之间(从上往下数)的某个位置。除简体格式的书信外,大多数书信的第四行被指定为日期栏。因为书信的页面需要精心设计,所以日期栏的布置也比较灵活。

不论书信是什么时候被排版和邮寄,日期栏中出现的日期就是口述书信内容的日期。当然,那些一次次被重复邮寄的标准格式信件要除外。月份要完全写出来,而具体的日期一般用阿拉伯数字来表示(比如1,2,3,……)。

日期栏的具体顺序,首先是月份,其次是具体的日期,之后要加一个逗号才是年份。

五月5号,20X4(英文的格式)

有时候政府和外国书信将会颠倒具体日期与月份的位置,并且也没有逗号。

5号 五月 20X4（英语的格式）

日期栏的标准格式是：月份和具体日期之后加一个逗号，接着才是年份。（具体示例可参照参考书目收录的德里克·艾伦写给国外的商业书信）

日期栏的布置要根据书信格式的变化而定。对于一封正文比较多的书信，日期栏通常布置在信纸上端空白的左端（具体示例参见模板信件4.1），有时候也可以布置在信纸上端空白的中间位置。在简短格式书信中，日期栏布置在第七行（从上往下数）的左端（具体示例参见模板信件4.4）。

在全版面格式（具体示例参见模板信件4.2），半版面格式（具体示例参见模板信件4.3），正式格式（具体示例参见模板信件4.5）和悬挂格式（具体示例参见模板信件4.6）的书信中，日期栏通常都是位于信纸的右端，但是日期栏的内容不能超出信纸右端边界线而进入页边空白。当然，有时候为了让书信的整体结构显得协调也会将日期栏布置在信纸顶行的中间位置。

参考栏

书信的参考栏是可以选择的。参考栏的内容是一个或者一系列数字和写信时参照以往的有关书信的代码。参照栏是为了让档案管理人员更方便地对书信进行分类和管理而添加的附加信息栏。

参考栏可以直接布置在书信日期栏的下面，除非你们公司有特别的规定。通常参考栏布置在日期栏下面的一至四行的范围内的某个位置（具体示例参见模板信件4.1）。

如果书信的内容超过了一页，参考栏必须在每页都有，而且每页上的位置都要和第一页的位置相一致，当然也可以按照公司的规定布置。

私人或机密标注

不是每封书信都要有私人或机密标注，可以根据情况灵活选择。如果书信中一旦使用了私人或机密标注，那就意味着写信人想要让这封信成为他与收信人之间的机密文件。如果你想用私人或机密标注来吸引收信人的注意力，那么也就失去了它的原本意义。

基础篇

除非是正式格式的书信,一般书信的私人或机密标注要布置在信内地址以上的第四行。私人或机密标注通常不用大写字母或者添加下划线,如果你觉得有这个必要选择其中一种就可以了。

Personal(私人信件)
PERSONAL
Personal

因为私人或机密标注通常都意味着书信的内容是私人之间的秘密,所以私人或机密标注在正式格式的信件中很少用到。但是你觉得确实有必要在正式格式的信件中使用的时候,要把它标注在称呼语上数的第四行。

信内地址

所有书信都要有信内地址。除了正式格式的书信外,信内地址要写在日期栏下面第二行至第十二行的范围内。信内地址可以根据书信的长度灵活布置,但是大多数情况下都布局在四行范围内。

在简体格式书信中,信内地址用四行表述在日期栏下面的位置,而在正式格式书信中,信内地址布局在最后签名以下的2至5行范围内。

信内地址一般是在信纸的左端,而且范围不宜超过5行。另外,每行的长度不能超过信纸的中间位置。如果一行的内容实在是太长,那要将其分两行来写,第二行要缩进两个格。

信内地址的具体内容包括:收信人的称谓、姓名、职业头衔以及所在单位的名字和通信地址。如果收信人是一位女士,且对其婚姻状况了解不详,那么称谓就要用"女士"。

南希·西蒙斯女士
产品部主任
贝蒂百吉饼食品公司
弗朗西斯大街25号
马萨诸塞州波士顿市(邮编02222)

在商业书信中对已婚女士的称呼应该是她的第一名字加上"夫人",而不是通常用的她丈夫的姓氏加上"女士"的称呼方式。

如果收信人的姓名和职业头衔都比较短,那么就可以将这两部分放在信内地址的第一行里,并用逗号将它们区分开。

罗伯特·迈尔斯先生,财务员

如果收信人的职业头衔与其所在的公司名称都比较短,那么就可以将这两部分放在信内地址的第二行里,并用逗号将它们区分开。

丽贝卡·加里女士
编辑,塔报编辑部

如果书信的信内地址牵涉到公司名称,那么需要在信内地址中注明公司的名称、收信人所在的部门和公司的通信地址。

保罗工业有限公司
产品销售部
繁华大街十字路79号
弗吉尼亚州温尼伯市(邮编23444)

公司名称要使用全称,并且要按照正规的格式书写,名称中的符号、缩写以及其他内容都要完整无缺。

如果地址比较长,对人的称谓可以缩减。如果你的信是写给好几个人的,你可以按字母顺序列出收信人们的名字,最后再加上一个称谓。如果收信人都是已婚女士,直接称呼"XX夫人"就可以了,完全没有必要再写出她们名字。

科尔、肯尼和劳格夫人

如果完整地表述就是如下形式:

贝蒂·科尔夫人
简·肯尼夫人
玛丽·劳格夫人

有时候在书信中对公司的通信地址的表述既使用街道地址又使用邮政信箱号码。如果你遇到这情况,信封和信内地址最好都使用邮政信箱号码,这样能保证邮局准确地投递信件。

如果街区号码在1到12的范围内(包括12),那么就要用英文拼写出来。如果街区号码是13或者是13以上,就应该用阿拉伯数字表示。

一号大街 186 号
13 号大街 186 号

所有房屋、建筑和办公室的号码都用阿拉伯数字表示，但是一号是个例外，要用英语拼写。

松柏山路一号
松柏山路 210 号

如果街区前有指示方位的修饰语，就用基数词表示街区号；否则，就用序数词表示街区号。

78 西街 226 号
第七十八街 226 号

如果方位名词出现在街区名称前就要完全拼写出来，但是出现在街区名称之后就应当被缩写。

78 西街 226 号
第三十八街 N. W. 226 号

如果房屋号码出现在街区号之前，为了区分开来要用短横线隔开这两部分。

第七十八街 226 号（原文：226 – 78th Street）

房间号码接在街区地址之后，要用逗号或者是两个位置的空格将其区别开。

亨廷顿街 25 号建筑, 408 号房间
亨廷顿街 25 号建筑　408 号房间

尽管信内地址与信封上的地址完全一样，但是信内地址由于对州名用的是全称，所以看起来更加舒服一些。在信封上通常用两个缩写字母来代替州名的全称（参见附录 3：美国州名缩写表）。邮政编码应该放置在信内地址中州的名称之后。

特殊标注

你给一个公司写了封信，但是你想让公司内某个特定的人来接收和阅读这封信的时候，你就要使用特殊标注了。特殊标注在书信中的位置是在信内地址之下和称呼语往上两行以上的范围内。

在全版面格式、版面格式和简体格式书信中,特殊标注不是左端对齐,就是居中。正式格式书信中一般不用特殊标注,因为这种格式的书信都是写给特定的人,所以没有必要再画蛇添足。特殊标注也可以用在悬挂格式的书信中,但是大多数悬挂格式的书信都是推销信,所以特殊标注在悬挂格式书信中不常用。

特殊标注的格式是,"标注"之后或者用一个冒号或者用空格,然后加上你所期待收信的人或部门。特殊标注中的主要单词的第一个字母要大写(英语习惯)。

注意:戴维·马歇尔收阅
注意 戴维·马歇尔收阅
注意:商品订购部收阅
注意 商品订购部收阅

称呼语

在所有书信中都要用到称呼语。在简体格式书信中,称呼语通常在信内地址或者是特殊标注(如果有特殊标注)之下2至4行的位置。

在正式格式的书信中,因为信内地址在正文的后面,所以称呼语在日期栏往下4至6行的范围里。

英语书信的称呼语中,在收信人的名字和称谓前加一个"Dear"是标准的表达,而"My Dear"比较少用。需要注意的是"Dear"中的第一个字母"D"要大写。在非正式的书信中,称呼语也可以只用收信人的第一个名字。

在称呼语中,"先生"、"女士"这样的称谓要恰当地使用。

不论是男士还是女士,称呼语中的职业头衔(如:"Dr.")都要放在个人称谓之前。

对一群既有男士又有女士的最常用的称呼语就是:

女士们,先生们。

当然了,为了简化起见你也可以省略称呼语中收信人的个人姓名和称谓。例如:

基础篇

尊敬的社论主编：

尊敬的销售部经理：

尊敬的客户服务部主管：

简体格式书信可以没有称呼语。这样，在不清楚收信人性别的情况下，可以使用这种格式的书信，从而避免因为称呼不当而闹笑话。

主题栏

主题栏是为了明确书信的内容。除了简体书信之外，主题栏在其他格式的书信中可有可无。简体格式的书信通常都会有主题栏位于信内地址最后一行之下的第三行。

在全版面格式、版面格式、半版面格式和悬挂格式的书信中，主题栏不是在称呼语之上的第二行就是在之下的第二行。主题栏要么是左对齐，要么就是居中。主题栏的内容包括：首先是"主题"一词，然后接一个冒号，最后就是书信内容的概括。

主题栏的词语格式可以是全部用大写，也可以将每个词的第一个字母大写。有时候为了突现主题栏的内容，可以对第一个字母大写的主题栏添加下划线。如果所有字母都是大写的，那就没有必要添加下划线了。

Subject：Proposed Distribution Arrangement（主题：销售安排建议）

Subject：Proposed Distribution Arrangement

SUBJECT：PROPOSED DISTRIBUTION ARRANGEMENT

当整篇书信只有一个主题内容的时候，通常都用主题栏。

书信的段落

当前的许多文字处理软件都会自动完成书信各部分格式设计的任务，但是多了解一点设计书信格式的基本规则也是有好处的。

书信的正文应该在称呼语之下的第二行开始。但在全版、版面、半版面、正式和悬挂格式的书信中，如果有主题栏并且其位置在称呼语之下，那么正文就在主题栏之下的第二行开始。但在简体格式的书信中，正文从主题栏之下第三行开始。

书信正文段落内的行与行之间要保持一倍的行间距,而段落与段落之间要保持二倍的行间距,并且每段的开始文字需要缩进。

在正式格式和半版面格式书信中,段落首行的缩进幅度为 5 至 10 字的长度,一般标准的缩进幅度是 5 个字的长度。在全版面格式、版面格式和简体格式的书信中,段落首行不用缩进。

悬挂格式书信中,段落的第一行不用缩进,而是左对齐,而其他行需要缩进 5 个字的幅度。另外,悬挂格式书信中段落之间相隔二倍的行距,段落内的行距为一倍。

书信中有关数字的内容也要缩进 5 个字的幅度,或者是居中,数字要么放在括号中,要么在数字的后面加上句号。数字内容之间要保持二倍行距,为了不至于混淆每段数字内容在其之后都要用标点符号。

书信中比较长的引用语也要通过缩进的形式加以区别,引用语句整体缩进 5 个字的幅度,并且保持一倍的行间距。

书信中要尽量少使用内容过长的段落。当然了,如果书信的所有段落都只有一句话,那也不是什么优秀的书信,因为读这样的书信会让人感觉到如同机关枪射击一样不连续的节奏,所以书信的段落不易过长,也不能太短,要长短适当。为了保持书信段落长短适度,既要将必要的内容完全表达,又要避免画蛇添足。

书信的第一段应该简要介绍本信的主题,或者回顾上封信或者上次交谈的内容,之后的段落要针对本信的主题展开论述,结尾的段落要进行简短的总结,并要用能促进与收信人之间业务往来的语言展望未来。

书信的后续页

以上讨论的信头的内容都是指书信第一页的内容。那么,如果一封信的内容超过了一页,第二页及其之后的页面又该如何布置呢?

书信后续页的内容从第六行开始,页面布局和书信的第一页相似,首先要布局两行以上的页头内容,具体包括收信人姓名、页码和日期等。

在全版面格式书信中,后续页的页头内容要左对齐。具体格式是:第一行本页的页码,第二行收信人的姓名和称谓,第三行是写信日期。

第 2 页
戴维·马歇尔先生
2005 年五月 5 日

  版面格式、半版面格式、正式格式和悬挂格式的书信中既可以使用上面所述的左对齐格式,也可以采用同一行中布局三项内容的格式,具体布局:收信人的姓名和称谓左对齐,页码居中且前后加连接符,日期则居右端。

戴维·马歇尔先生　　　　　　　　－2－　　　　　　　　2005 年五月 5 日

信尾客套语

  除了简体格式书信之外,其他所有书信都必须有信尾客套语。信尾客套语的位置一般在书信正文之下的第二行。

  全版面格式书信中,信尾客套语要布局在页面的左半部分。而在版面格式、半版面格式、正式格式和悬挂格式书信中,信尾客套语要么从书信的中间开始往右布局,要么从中间向右缩进 5 个字的幅度,或者依据其他原则布局,总之有一条基本的原则就是不能超过书信正文右边的边界线。简体格式书信是没有信尾客套语的。

  信尾客套语第一个词的第一个字母要大写。信尾客套语之后要加一个逗号(英语)。

  具体的信尾客套语要参照书信的正式程度来定。

  以下是一些可供选择的结束语:

    你真诚的朋友!
    你非常真诚的朋友!
    谨启!
    诚挚的问候!
    诚恳的谢意!
    最真诚地感谢!
    最衷心的祝福!
    谨上!

  亲切友好或者非正式的书信中都可以用一些比较灵活的信尾客套语,比如:

永远祝你好运!
最崇高的致意!
最亲切的问候!
最良好的祝愿!
致意!

署名格式

信尾客套语之下就应该是书信作者的签名了。在全版面格式、版面格式、半版面格式、正式格式和悬挂格式书信中,首先书信作者的姓名随正文一起被打印出来,然后书信作者在信尾客套语之下四行的范围里签名。在简体格式书信中,书信作者的姓名在书信正文之下第五行的左端用大写字母打印出来。

书信作者的职业头衔一般在书信作者姓名之下一倍行间距的位置打印。如果职业头衔字数比较少,可以和作者姓名布局在同一行中,那就要将其放在书信作者姓名之后,并用逗号将二者区别开来。

如果信头的内容中包括了写信人的工作单位及其职业头衔,在信尾的署名栏内就没有必要再次提及这些内容了。写信人的工作单位及其职业头衔在信头的内容中没有,而书信的格式又要求有这些内容,那么就要用大写字母在信尾客套语(简体格式书信中的正文最后一行内容)的正下方第二行中打印出写信人的工作单位。

写信人的工作单位名称之下就应该是手写签名,而在写信人的工作单位名称之下的第四行应该是打印的写信人姓名。如果写信人的工作单位名称比较长,那么在版面格式和半版面格式的书信中就可以将其打印在信尾客套语之下居中的位置。

你真诚的朋友!
贝蒂百吉饼食品公司
路易斯·李(手写签名)
路易斯·李,总经理

如果写信人是位女士,并且想在信尾的署名前加上对自己的称谓,那么就应该在打印的姓名前加一个括号(英文书信),并在内打印"女士"一词。只有这种情况,信尾的称谓可以在署名的前面,其他的如学术职称(哲学博士,工商管理硕士等)、职业头衔(特许人寿保险人、注册会计师、注册金融评估师)都必须添加在打印姓名之后,并要用逗号将二者隔开。

如果书信结尾的签名是别人代签的，那要在签名的右下角注明代签人姓名（英语中用姓和名的第一个字母标注）。

你真诚的朋友！
路易斯·李吉姆·史密斯（手写签名）
路易斯·李，总经理

如果助手代替老板或经理在书信上签名了自己的姓名，那么要在签名正下方的位置打印上助手的姓名和职业头衔。

你真诚的朋友！
爱德华·科尔（手写签名）
爱德华·科尔
李先生的助手

辨认栏

对于每封信来说，辨认栏都是可选择的内容，它一般包括写信人与书信打字员姓名的缩写（姓和名的第一个字母组成）两部分内容，也可以只有书信打字员的姓名缩写。辨认栏的位置在签名栏之下第二行居左的位置。

辨认栏可以有各种不同的打印形式，如果只有书信打字员的辨认栏，可以用小写字母打印。

js

也可以是写信人姓名缩写用大写字母在前，打字员的用小写在后，并添加斜短线或者冒号将二者分开。

MN:js

MN/js

当然了，也可以写信人和打字员的姓名缩写同时用大写或者小写。

MN:JS

MN/JS

mn:js

mn/js

只要是需要标明写信人和书信打字员身份的地方，上述任何一种形式的辨认栏都可以使用。

有一种特殊的情况,那就是书信的口述者、打字员和信尾的签名者是三个不同的人。这时候的辨认栏格式为:首先是书信签名者的姓名缩写,紧随其后的是口述者的姓名缩写,最后是打字员的姓名缩写,三者之间都用冒号分开,并且前两位的要用大写,而打字员的用小写。

MN:JS:ms

内附文件和附件标注

如果你的书信中有内附文件,那么就要在辨认栏或者是签名栏(如果没有辨认栏)之下第二行打印内附文件标注。

书信的内附文件按照重要程度递减的顺序放在书信的下面。如果书信的内附文件中有支票,要将其放在书信的上面。

如果有一份以上的内附文件,要在内附文件和附件标注之后用小括号表明附件份数并可以用带数字的标题在内附文件标注后面列出内附文件的份数和每栏的内容。如果内附文件需要返回给收信人,要在括号中注明。

内附文件(2)1.信用账户分析表(请返回)
　　　　　2.国际融资简报

如果你通过电子邮件发送一封附件的信,你要在信中注明"附件"标注。附件标注的具体使用规则与内附文件标注一样,不再赘述。

投递标注

如果你想让收信人知道书信的复印件都发送给了哪些人,那么你就要使用投递标注。有时候投递标注只是出现在书信的复印件中。

投递标注的具体内容包括"书信的复印件发送:"或者是英文单词缩写"CC"再加一个冒号,然后就是收信者的姓名。

书信的复印件发送:路易斯·李
CC:路易斯·李

如果书信复印件不止发送给一个人的时候,按照字母表的顺序列出收信人姓名,但是收信人姓名使用全称还是用姓和名的首字母缩写要根据写信人的偏好或者公司的规定来定。

> 书信的复印件发送:路易斯·李
> 戴维·马歇尔

如果在投递标注中需要补充其他有关收信人的信息(比如,工作单位名称),那么就要在收信人姓名之后添加这些信息,并用括号将其与收信人的姓名进行区分。

> 书信的复印件发送:路易斯·李(贝蒂百吉饼食品公司)
> 戴维·马歇尔(戴维·马歇尔销售处)
> CC:LL(贝蒂百吉饼食品公司)
> DM(戴维·马歇尔销售处)

如果信纸最后的空间比较小,但是又必须要有投递标注,那么就可以在内附文件标注或者是辨认栏之上一倍行间距的地方布置投递标注。

附言

商业书信很少使用附言,但是有些销售书信在强调某一重点内容或者承诺特殊服务的时候常常也用到附言的格式。附言布置在书信所有其他内容之下2至4行的位置。附言的开始要用英文单词"附言"的第一个字母"P"作提示,而不是附言的英文缩写"P. S."。

第四章

书信的外观

  我有一个朋友在波士顿成立了一家公共关系事务咨询公司,公司的服务对象主要是遍布在新英格兰的小商业者、餐馆老板以及金融服务公司。他凭借出众的口才让客户们都相信他的公司能为客户提供比其他公共关系事务咨询公司好得多的服务。

  我的这位朋友成功的一个原因就是他过去做公共关系事务咨询员的几年时间里建立起来的关系网,另一个原因就是顾客的压力督促他不断提高自己的服务质量。

  还有一条他成功的重要原因就是穿着打扮。他着装整洁,没有任何多余的装饰。当他和顾客见面的时候,顾客都认为他是一个善于处理公共关系事务的人,因为从他的穿戴一眼就可以判断出他的职业。

  商业活动中的书信,外观也很重要。毫无疑问,书信所要传达的信息是一封书信最重要的方面。但是,如果收信人打开信封看到的是内容乱作一团的书信,那么,再重要的信息也很难传达给收信人。

  书信的基本格式虽然已经固定,但是你可以灵活设计你要传达给收信人的信息。如果你仔细地设计了书信的外观,具体包括信纸、版面格式、书信的字数和信封的样式,那么你的书信一定会引起收信人的注意,一旦收信人对你的书信感兴趣了,那么你的信息就肯定能传达到。

信纸

  书信的信头设计根据不同的行业有不同的样式,但是一般至少要包括以下内容:

基础篇

- ▶ 行业标识语
- ▶ 公司合法全称
- ▶ 通信地址或者邮政信箱号码
- ▶ 州名、城市名和邮编
- ▶ 电话号码
- ▶ 传真号码
- ▶ 电子邮箱地址
- ▶ 网站地址

在选择书信的信头格式时要重点考虑两方面：首先，要让信头的内容既整洁又易于阅读；其次，信头的内容设计要简明扼要，让收信人不用阅读书信的正文就能掌握其中重要信息的大概内容。

商业书信通常用白色或者其他一些保守颜色的信纸，而信纸的大小用标准信纸尺寸即宽为 8.5 英寸，高为 11 英寸（1 英寸等于 2.54 厘米）。

打印书信的页边空白要保持一致，也就是说信纸上面的空白宽度要和下面的宽度一样，而左右两边的空白也要对称，而空白的具体宽度要根据书信内容的多少来定。如果书信内容多就少留点页边空白，反之，则多留点。有一个约定俗成的原则就是内容多的书信页边留 1 英寸的空白，而内容少的书信，留 2 英寸的页边空白。

如果书信的内容非常少，仅用标准信纸的一半就足够表达所有内容的时候，就可以用宽为 8.5 英寸，高为 5.5 英寸的半页信纸打印书信，半页信纸书信的信头格式与普通信纸的完全一样。

本章所讨论过的全版面格式、版面格式、半版面格式书信都可以用半页信纸打印，并且相关的所有规则和技巧都适用于半页信纸打印的书信。

有些专业人士喜欢使用主管格式的信头。主管格式的信头除了信头的基本内容之外，还要在其后添加写信人的姓名和头衔。

对于所有形式的书信来说，信头格式都是书信第一页的内容，而如果书信内容超过了一页信纸的范围，那么书信后续页的信头既不能使用和第一页完全一样的信头，又不能没有信头内容，而是要根据第一页的信头格式设定具体的后续页的信头内容（具体内容请参见第三章有关后续页格式的讨论）。

还有一点要说明的是，字处理软件可以提供大量的字体供你选择使用。如果你们公司没有规定在写信的时候必须使用那种字体，那么你要自己选择一种字体来打印你的书信。选择打印书信字体的原则是越容易阅读越好，比如，时期字体、新罗马时期字体、快递字体、咏叹字体和凯尔特字体都是容易阅读的字体（英文字体）。

书信的格式

用什么格式来打印书信,都是由写信人决定的。有时候一个公司有它自己写作书信的格式要求,每封以公司名义发出去的书信必须符合公司的要求,然而,具体打印书信的排版格式则必须由写信人做出选择。

全版面、版面、半版面和简体这四种格式都可以用在任何一封商业书信中。也有人会觉得简体格式书信缺少了很多传统书信的特色,但是也有人会认为简体格式在不知道收信人性别的时候是一个好选择。尽管如此,这四种格式都是当前大多数商业书信中常用的标准格式。

悬挂和正式格式不用于日常的商业书信中,它们的使用需要特殊的打印格式配合。有关悬挂格式和正式格式的具体使用将在本章稍后的内容中讨论。

本章讨论的是商业书信的各种格式,而在第三章中我们已经对各种商业书信的组成部分的位置及其功能进行了论述。所以,在学习本章有关商业书信各种格式的过程中,如果参考第三章的内容,你会觉得效果会更好。

全版面格式

全版面格式的具体样式参见模板书信4.1。全版面格式的书信,从日期栏到最后标注的所有内容都要与左边的页边空白对齐。

正文的段落也不需要缩进,仍然是与左边的页边空白对齐。段内保持一倍行间距,段落之间要有二倍的行间距。

日期栏最常见的位置在信头之下第三行,但是也可以根据书信的长短灵活安排在信纸开头第2至第6行的任何位置。如果书信中要出现参考栏,可以直接打印在日期栏之下的位置。

日期栏之下就是信内地址,但是要根据书信的长短确定信内地址在日期栏下2至12行的范围内。如果要使用特殊标注,它的位置在信内地址之下的第二行和称呼语之上的第二行。

基础篇

模板信件4.1　　　　全版面格式书信样板
[日期]
A-354-29

亚历山大·坎贝尔先生
贝蒂百吉饼食品公司
彭德尔顿路14号
宾夕法尼亚州苏格兰市(邮编00012)

尊敬的坎贝尔先生：

　　你所要的记录资料我们已经为你邮寄,请注意查收。由于缩影胶片处理技术方面出现了故障,所以我们不能为你提供更高质量的复印资料,请你见谅。

　　由于本公司的内部问题而给你带来了诸多不便,我在这里向你道歉。你如果需要其他帮助,请直接给我打电话,你也可以拨打我们公司客户服务中心的免费电话1-800-555-1212。

　　最真诚的祝福！

　　　　　　　　　　　　　　　　　　　　　　　安布罗斯·卡麦波尔
　　　　　　　　　　　　　　　　　　　　　　　客户服务中心经理

jls

内附文件

　　称呼语打印在信内地址或者特别注释(如果有特别注释)之下第二行,如果有主题栏,那就打印在称呼语之上或者之下的第二行,书信的正文在称呼语或者主题栏(如果有且在称呼语之下)之下的第二行。

　　书信正文之下的第二行打印信尾客套语,而作者署名要打印在信尾客套语之下的第四行。

　　辨认栏则要打印在作者署名(打印)之下的第二行,其他所有的标注(比如：内附文件标注、投递标注)要在辨认栏之下第二行开始打印。

版面格式

版面格式有时候也叫修正版面格式,具体样式参见模板信件4.2。版面格式与全版面格式主要区别在日期栏、参考栏、信尾客套语和署名栏的位置不同。

版面格式中的日期栏通常是右对齐,但是有些时候为了平衡整个书信的布局也将日期栏打印在居中的位置。本书中有关版面格式的模板书信,日期栏都是右对齐格式。

信尾客套语和署名栏的位置可参见第三章的有关内容。尽管本书的有关版面格式的模板书信中,这些内容都出现在中间偏右的位置,但是你要知道这些内容还可以出现在其他位置。

段落不需要缩进。版面格式书信中段落内的行间距和段落之间的行间距与全版面格式的规定一致。

模板书信4.2　　　　　　版面格式模板书信
[日期]

雅各布L·马丁先生
研究管理中心
亨廷顿大街25号408号房间
新泽西州伯顿市(邮编07005)

主题:贝尔·萨尼尔的会员资格

尊敬的马丁先生:

我非常遗憾地通知你,萨尼尔先生不再是美国投资管理协会的会员了。萨尼尔先生曾在20X6年五月到20X7年五月这一年的时间里是美国投资管理协会的会员,但是在会员资格到期后,他再没有继续办理相关手续而自动终止了会员资格。

在萨尼尔的申请中,他出示了他的会计师资格证、人寿保险、合法护照、房屋产权证和有价证券,他也证实了他是证券交易所的注册投资咨询员。正如你所说的,他的最高学历是哲学博士,这一点也得到了证实。另外,他还声称同时具有美国律师协会、美国人寿保险鉴定协会和百万美元圆桌协会的会员资格。

第 2 页
雅各布 L·马丁先生
[日期]

  我们非常感谢你的关心和帮助。你所提供的信息将被存放在美国投资管理协会会员管理中心的档案中。

  向你致以最真诚的祝福！

利萨·安东丽尼
法律总代理

la/js

  版面格式因为给人一种布局平衡的感觉，所以被广泛使用。在全版面格式中，所有的内容都是左对齐，因此整个页面布局给人向左倾斜的感觉。但是在版面格式中由于日期栏、信尾客套语和最后署名都是布局在页面的右半部分，所以外观比较均衡。

半版面格式

  半版面格式的具体内容参见模板书信4.3。半版面格式与版面格式的惟一区别就是半版面格式书信中正文每段第一个句子要缩进。

简体格式

  简体格式书信与以上所讨论的各种格式书信有很明显的不同之处。简体格式书信的具体格式参见模板书信4.4。

模板书信 4.3   半版面格式模板书信
[日期]

罗杰·伯金斯先生
贝尔托尔大街 95 号
爱达荷州肯塔赤姆市（邮编 00005）

尊敬的伯金斯先生：

  非常感谢你给我们寄来你的作品样板和关于我们空缺的主编一职的见解。我已仔细阅读了你的作品样板，并且认真回忆了我们之间最后一次谈话的内容，特别是在演示作为主编分析主题时，你犹豫的表现。我也面试过其他几位具有丰富编辑经验的应聘者，他们的综合分析能力都比较出色，而且投资领域的专业知识也非常丰富，这些条件正是这个职位所必备的。

  我最后的结论是你的条件不适合我们的需要。坦白来说，你需要进行投资方面的特殊培训之后才能胜任这项工作，但是如果你想成为我们杂志的自由撰稿人，我也非常愿意采用你的稿件。

  再次感谢罗杰先生能对我们提供的工作职位感兴趣。

  诚挚地感谢你！

格洛里亚·华格兰德
出版社社长

GH/ec

模板书信 4.4　　　　　简体格式模板书信

[日期]

艾伦·坎贝尔教授
拉扎勒斯大学
洛林区 43 号
纽约州普拉茨堡市(邮编 02134)

　　市场营销书的订购来信

　　我们给你邮寄了订购你编著的《市场营销：一种新的销售策略》一书的书信。我们希望如此多的订购信能坚定你出版《市场营销：一种新的销售策略》第二版的信心。

　　我们会很快把大量的读者来信转交给你,以便让你及时了解同行对你的著作的评价。

　　　　　　　　　　　　　　　　　　　　　　　　奥托·斯科特——编辑

OS/js
内附文件

　　简体格式书信最显著的特点就是没有称呼语和信尾客套语。如果收信人的性别不详或者书信是发给一个既有男士又有女士的群体,那么简体格式是最佳选择。
　　在简体格式书信中,包括日期栏、参考栏(如果有)和署名栏在内的所有内容都是左边对齐。日期栏在信头之下第六行,而信内地址在日期栏或者参考栏(如果有)之下第四行。
　　简体格式书信中经常有主题栏。主题栏的全部内容都用大写,并位于信内地址之下第三行,而主题栏之下第三行则开始书信正文内容。

简体格式书信的段落不需要缩进。简体格式书信正文之下第五行用大写字母打印写信人署名栏内容,而写信人签名在打印署名栏之上的位置。如果有内附文件标注要打印在辨认栏之下一倍行间距的位置,其他标注则要打印在内附文件标注之下第二行。

如果书信的内容超过了一页,那么后续页的信头格式与全版面格式书信的完全一样,收信人名字出现在信纸顶端之下第六行,并要左对齐,紧随其后的便是页码,页码之下可直接添加日期栏。

正式格式

正式格式大多使用在私人交往的书信中,并通常用他们具有个性化的信纸打印。有一点与半版面格式不同的就是它的信内地址布置在正文之后署名栏之下第二至第五行的位置。正式格式书信的具体模式参见模板书信4.5。

如果正式格式书信中有辨认栏,则要将其布置在信内地址之下的第二行。内附文件标注要布置在辨认栏之下第二行。

模板书信4.5　　　　　　正式格式模板书信

[日期]

尊敬的安布罗斯先生:

你在12月份出版的《关岛城市杂志》上发表的文章引起了读者广泛好评。作为一位非专业人士,你能写出如此深刻的文章实在是太难得了。

在这里,我代表你在文章中提到的艾伦、迈克和格斯以及内蒂克船舶公司全体员工对你表示感谢。原本《关岛城市杂志》的影响就很大,再加上你出众的文笔,使整体的影响更加深远。

第 2 页
安布罗斯先生
[日期]

  对你再次表示衷心的感谢!

    最诚挚的问候!

保罗·帕多尔顿

安布罗斯·凯姆帕尔先生
关岛城市杂志编辑部
交响乐剧院大街 1 号
亚利桑那州关岛市(邮编 72177)

PP:js

悬挂格式

  悬挂格式主要用在推销和广告类书信中。悬挂格式具体样板参见模板书信 4.6。悬挂格式这种非正统的书信格式主要是为了吸引收信人的注意力。

  悬挂格式书信正文每段第一行要和左边页边空白对齐,而其余行则要向内缩进 5 个字母的位置。段内保持一倍行间距,段落之间保有二倍的行间距。

  日期栏布置在信头之下的第三行,并且与信纸右端的页边空白对齐。信内地址和称呼语要与左边页边空白对齐,它们的确切位置在本章前面的内容中已有说明。信尾客套语、署名栏及其之后的其他部分的具体位置与半版面格式书信中的完全一致。

  悬挂格式和半版面格式最主要的区别在于书信正文的段落缩进规则恰恰相反。如果悬挂格式书信中要出现投递标注,那么投递标注的第一行要与左边页边空白对齐,而其余行要缩进 5 个字母位置。

| 模板书信 4.6 | 悬挂格式模板书信 |

[日期]

简·肯尼女士
马尔登城堡 1978 号
新泽西州萨米特市(邮编:01005)

尊敬的肯尼女士:

  你如果能在我们限定的最后期限之前给我们回复,我们将免费为你提供一本下一期的《读者信息摘要》。

  你收到我们的书信之后,如果能在 20X5 年三月 1 日之前给我们回复,你就可以免费获得内容包括最新经济形势的杂志《读者信息摘要》一本。

  只要你在 20X5 年三月 1 日之前将邮资随同回复一起寄来,我们将为你邮寄下期的《读者信息摘要》一本,而且你还可以享受《读者信息摘要》一年的优惠征订待遇。

  在你收到我们邮寄的免费期刊后,请你仔细阅读并决定是否征订。如果你觉得没有必要征订《读者信息摘要》,请通知我们你要取消征订。你也不必交任何费用,我们也将不再为你邮寄《读者信息摘要》杂志。如果你要征订这份杂志,不包括我们免费为你提供的 11 期杂志的总征订费用只需 11.95 美元,与零售价相比可以节省 24.05 美元。

  请注意,我们只在促销活动期间办理优惠征订。如果你想享受征订优惠待遇,请尽快回复。

  最诚挚的问候!

艾伦·斯特顿
出版社社长

AS:JS

内附文件

信封

　　信封的外观合理布局会更加增加商业书信的专业色彩。信封上打印的地址尽量保持平行,且要布局在信封居中的位置。除了信封地址使用美国州名缩写(具体参见附录3 美国州名缩写表)之外,其他内容与信内地址的(参见第三章有关内容)完全一样。使用美国州名两位字母的缩写,主要是便于邮政部门工作人员投递。

　　收信人姓名写在第一行,如果空间允许也可以将收信人的私人称谓写在姓名之后,并用一个逗号将二者分开。在一倍行间距之下的第二行中,打印收信人的私人称谓(如果在第一行中没有打印)。如果第二行内可以布置收信人的单位名称,那就用逗号将其与私人称谓隔开。接下来的第三行中打印具体的通信地址或者邮政信箱号码。最后一行首先是城市名称,加一个逗号之后是州名二位字母缩写,然后空出两个字母的位置后打印邮编号码(英文格式)。

　　如果你的书信不是寄给某个特定的人,而是公司,那么你就要在信封的第一行打印公司名称,第二行打印具体部门的名称或者特殊标注。

　　寄信人的姓名和通信地址要打印在信封的左上角。另外,信封上通常还要包括具体行业的名称。

　　邮票贴在信封右上角。其他特殊的邮寄标注用大写字母直接写在邮票的下面。收信后需要立即回复的标注应当用大写字母打印在信封左上端第九行,并且要与寄信人地址的结束端对齐。信封上最好不要使用斜体字和手写的字,因为这些字体不容易辨认,不利于邮政部门投递。

便笺

　　便笺是单位各办公室之间通信交流的常用形式。不同的行业使用不同格式的便笺,就像每个公司都有本公司专用的信纸一样,商业行业通常也有打印好的便笺专用纸。不论是什么样的便笺一般在便笺顶端都具有以下内容:

致：
来自：
日期：
主题：

在当前许多常用的字处理软件中，都会有很多种便笺模板供你选择。

如果公司没有提前打印好的便笺专用纸，你可以根据便笺的基本格式设计自己的便笺。便笺的正文在便笺顶端主题栏之下第二至第四行的范围内开始。

在写便笺的过程中要遵循以下原则：

1. **在必要的时候使用便笺**。商业从业者每天都会有大量的文件，如果可以不用便笺就能解决问题，那就不要再给商业从业者增加阅读任务了。
2. **让你的便笺尽可能的简练**。便笺是展示你书面表达能力的理想方法之一。你必须让你写的便笺语言清晰、简练，而且表达切中要害，让阅读便笺的人既快捷又准确地掌握信息。便笺也可以超过一页内容，但是除非必要，一般最好保持在一页范围内。

便笺4.1　　　　　　　　向员工通知新保险费的便笺

致：参加伤残保险计划的所有员工
来自：埃特萨克S·尤卡克，员工保险主管
日期：20X4年八月13日
主题：长期伤残保险计划

到目前为止，你们的长期伤残保险都是由美国保险公司承保。保险费按照保险金的0.3%征收。

我非常高兴地向大家宣布，自八月1日起我们将更换长期伤残保险投保的保险公司，这次更换投保公司给大家带来的实惠是每月可以节省25%的保险费。长期伤残保险新的承保公司是萨姆巴克人寿保险有限总公司。

萨姆巴克人寿保险有限总公司的理赔率保持不变，但是保险费将从八月1号降低到原来的11/15，所以，你在八月份账单上会发现保险费仅为0.22%，比以前的0.3%有大幅度的减少。另外，公司仍将为每人交纳50%的保险费。

如果你们还有其他问题，请给我纽约的办公室打电话。

基础篇

传真

　　传真是比邮寄和特快专递更快捷的传递书信和文档的通信手段。各个单位都有各自不同的使用传真通信的规定。有些单位用传真发送书信，而有些单位为了保险起见在通过邮政邮寄信件之后，还要通过传真发送再发一遍书信的复印件。

　　用传真发送书信或者便笺都要用到本章讨论过的格式。如果你用整页的传真文档发送文件，接收者一眼就能看出接收的是什么内容。大多数的字处理软件都可以提供传真所用的模板。有些公司也有整页或半页样式的传真专用纸，这些专用纸上包括了"致："、"发自："等的设置以及电话号码、传真号码和总共传真页数等标注信息。为了减少传真所用的纸张数，可以把相关的标注信息布局在第一页传真纸的左右两个上角。

　　有一点需要大家注意，你用传真发送信件的时候，不管你是否在传真文档上标注"机密"字样，你的文件很可能会被收信人之外的其他人看见。如果你要保证书信的机密性，要么你让收信人一个人接收传真，要么你就通过邮寄的形式发送。

电子邮件

　　在很多商业行业中，电子邮件已经取代了便笺和普通信息交流书信的地位。由于它具有快速和使用方便的特点，所以在公司之间传递文件的时候，电子邮件也取代了传真的位置。

　　电子邮件软件提供的模板和便笺模板一样，你只要在特定的位置填写特定的内容就能完成邮件，而不必对其进行特殊的格式设定。很明显，你没有必要为采取何种格式而苦思冥想，因为每个电子邮件软件都有它自己已经设计好的格式。通过电子邮件，你可以轻松自如地和办公室内或者其他地方的同事讨论正在实施的计划。你可以在发送电子邮件之后，用传真或者邮寄的形式发送更为详细的内容，你也可以将这些文件用附件的形式直接通过电子邮件发送。想要快速获得相关意见和建议的情况下，也经常使用电子邮件。越来越多的人力资源管理部门使用电子邮件向员工发布工资、福利等影响员工切身利益的相关信息。

电子邮件的及时性是它最吸引人的特征。对于现在的人们来说，坐在电脑桌前匆匆打出一封电子邮件并发给收信人是件极为平常的事。在使用电子邮件的时候，如果你要回复一封使你怒火中烧或者是令你万分失望的电子邮件时，你可以先把回复信在电脑上写出来，但是不要立即发送，你可以先使用每个电子邮件软件都提供的"存储草稿"功能将其保存起来，等到你的情绪平静下来的时候，你再打开这封信看一看是否真的有必要将其发送出去。

对于电子邮件的合适长度没有硬性的规定，但是有一个约定俗成的规则就是在写电子邮件的时候直接进入主题，让你的电子邮件越短越好。当你给从事商业的人士写电子邮件的时候，你要严格遵循书信的写作规则，比如语法、词语的用法以及句子结构等。为了避免由于匆忙而出现遗漏大写和标点等问题，你最好在发送前检查一遍电子邮件的内容。在公司内部的同事间经常发送电子邮件是一个练习写电子邮件的好方法。如果你经常给公司之外的人士发电子邮件，那不仅可以锻炼写电子邮件的能力，同时也能提高你的写作技巧。出色地使用书信能给公司留下深刻的印象，如果你能潇洒自如地使用电子邮件，那也会让大家对你刮目相看的。

据国际数据研究中心推测，美国当前的9000万工人每天大概要发送28亿封左右的电子邮件[1]。在对工作场所的电子监控状况进行调查的过程中，美国管理协会发现，2001年有47%的被调查公司对员工的电子邮件进行保存和检查[2]，这一比例比2000年的38%有所增加，据估计将来还要继续增加。

从法律角度来看，公司在工作期间对员工通过公司电脑接收和发送的电子邮件进行检查是完全合法的。但是，员工认为检查他们的电子邮件会导致侵犯个人隐私。公司却认为如果不对发往公司以外的电子邮件进行监控，公司员工泄露了公司的机密，也无人察觉。

所以你要记住在公司所写的电子邮件会被公司在必要的时候作为证据而提取。有一个例子，一家公司起诉另一家公司的一位员工诽谤他们公司从而导致一项计划受到影响。法院提取电子邮件记录进行调查，并发现该员工确实曾在电子邮件中将原告公司称为"松散的大炮"。此案中的原告得到了经济补偿。尽管最终裁定被推翻，但是由此也给被起诉的公司带来了不少尴尬局面和法律代价。在另外一个案例中，由于黄色笑话通过电子邮件在办公室的同事间泛滥，所以有人起诉受到了色情信息的折磨，最后的结果是不仅解雇了最先通过电子邮件发送黄色笑话的员工,也解雇了通过电子邮件继续在公司内部传播黄色笑话的员工。发生在爱德华·琼斯公司路易斯街道经纪人分公司的这件案件最后以解雇 19 名员工,1 人辞职,和对 41 人给予警告而告终。[③]

由于电子邮件的及时性和易于使用的特点,人们有时候就忘记电子邮件与在电话里交谈、或者是当面聊天的不同之处,在公司的电脑上发送电子邮件会被保存记录。这就是我们一再要你慎重写作电子邮件内容的原因。

使用电子邮件的基本原则如下:

▶ 确保主题栏的内容既概括又简短——保持在 3 个单词之内。
▶ 确保电子邮件的内容言简意赅。
▶ 确保电子邮件使用的语法和拼写与普通信件一致。
▶ 避免在商业电子邮件中使用非标准的缩写和表情符号。因为收信人可能会读不懂这些内容。
▶ 不要用大写字母表述所有内容,因为那样的表达好像你在向收信人怒吼着说话。
▶ 不要过于松散,因为你的电子邮件可以反映出你的专业素质。
▶ 在使用商业电子邮件的时候不要通过群发的形式向收件人"兜售垃圾邮件"。
▶ 在所有的电子邮件中使用固定的署名格式。
▶ 不要传播通过群发的方式收到的各种电子邮件。
▶ 当你回复电子邮件的时候,如果软件允许,最好不要返回你收到的电子邮件全部内容。如果你需要参考其中的某些内容,那就只包括这些需要参考的内容即可。否则,整个电子邮件会显得既很长,又混乱,不利于阅读。
▶ 只有在必要的时候使用附件,并且确保附件没有携带病毒。

琳达·拉姆和杰尔·皮科编著的《有效使用电子邮件》一书对于想用好电子邮件的人来说,是一本理想的入门读物。这本书由欧·威尔利联合出版社出版。另外,欧·威尔利联合出版社还出版了爱德华·克罗尔的《因特网用户指南》一书,这本书详细地介绍了包括电子邮件在内的网络技术工具的使用方法。同其他出版者一样,欧·威尔利也有自己的电子邮箱(nut@ora.com),如果你对他书中的内容有疑问或者是在使用电子邮件过程中遇到麻烦,都可以通过电子邮件和他联系。

注释

① 达纳·霍金斯,《电子时代的办公策略》,美国新闻和世界报告,1999年3月22日,59页。

② 2001年美国管理协会的调查报告《工作场所监控的策略和实践》,网址:http://www.amanet.org/research/pdfs/ensfu_short.pdf.

③ 杰弗里 L·斯格林,《你收到了电子邮件,你也正在被监视》,《纽约时代》权利事件专栏,1999年7月18日,第3节,4页。

第五章

语　法

　　写作有困难的人经常害怕自己写的书信中有错误,而语法错误又是最令他们头痛的问题。

　　其实你完全没必要对语法错误如此害怕。写完书信之后,如果你能再仔细地检查一遍,就完全可以检查出其中的语法错误。当我问及一位商业人士是如何设法让她的书信如此完美的时候,她回答说:"很简单,我有一位好秘书。"她的秘书帮她检查书信中的错误,从而保证了书信的质量。当然了,只要认真检查,大多数人自己就能改正书信里的错误。

　　如果你真的在语法知识上有困难,那也不要紧,因为有大量简单易懂的语法书籍,你可以通过阅读这些书籍了解基本的语法知识,从而避免你经常所犯的语法错误。在本书后面的参考文献中我们就介绍了这方面的一些书籍。

　　在本书附录4中,你会看到《语法热线咨询地址目录》,其中收录了遍布美国各州的可以帮助你提高语法知识的免费咨询的大学教授和专家的姓名、电话号码、电子邮箱等信息。有些语法热线咨询目录还提供了有关问题咨询的因特尔网站地址。

　　大多数字处理软件都具有语法检查功能。尽管如此,最好你还是掌握一些写作的基本语法规则。本章将向你介绍写作一封出色书信所需的最基本的语法知识。

语法

　　语法规则的基本功能是保证语言和书面表达更加清晰明了,所以,大多数语法规则都是合乎逻辑的。当然也有一些规则看起来似乎不太合乎逻辑,但是总

语 法

体上来说，遵循语法规则能让你的表达与其他人的保持一致，并很容易被其他人完全理解。

口语表达一般比较随意，但是，写信的时候你也不要过于担心你的表达会过于口语化，只要你掌握基本书面表达的语法规则，并在头脑中清楚而准确地理清需要表达的内容，那么你就会很轻松地完成一封出色的书信。

所有类型的语法错误都可能出现。在下面我们讨论了比较常见的几类语法错误，在你写信的时候要特别仔细地留意这些错误，只要你在完成书信草稿之后能认真地进行检查，就完全有可能将这些错误排出。

代名词错误

在英语中人称代词"我"有主格和宾格之分，但是有些人总是喜欢使用主格，结果在要使用宾格的地方还是出现了主格，就导致了代名词错误。

在写受动者为两人的句子时会经常出现这样的错误。如果你觉得在使用这类句子的时候有困难，那你先将句子改为一个受动者练习一下，你会很明显地发现受动者要用代名词的宾格形式，然后你会很容易地将另一个受动者的准确代名词添加到句子里，这种简单的方法可以有效地避免代名词使用错误。

为了避免代名词的使用错误，你还要掌握英文中代名词的三种形式：主格、宾格和所有格。主格代名词是在句子做主语，是动作的实施者。宾格代名词在句子中做动作的直接宾语或者间接宾语，也可以做介词的宾语。在句子中宾格代名词做介词宾语的形式非常普遍，所以你在句子中用到介词就应该首先考虑使用宾格代名词。所有格代名词反映所属关系，在句子中使用的频率远远没有主格和宾格代名词的频率高。

另一个常见的错误就是在表示比较关系的省略句中的代名词错误。判断代名词使用是否准确的方法就是将省略部分补充完整再进行判断。

关于代名词的使用还有很多语法规则，这里只是简略介绍了容易出错的代名词使用规则。如果你对代名词的使用还是没有把握，你可以通过朗读是否顺口的方式进行判断。如果你还不能确信自己的判断那就要咨询语法专家了。

代词与先行词

有关代词与先行词最常见的错误就是代词的指代不清。为了避免你的书信

47

中出现指代不清的问题,你在使用代词的时候一定要让代词与先行词的指代关系显而易见。

以下是两个指代不清的例子:

洛伦·加里和盖伊·马丁准备了宣传广告牌,并且也走访了客户新的办公大楼。那真是一项完美的工作。(完美的工作指代的是宣传广告牌还是客户新的办公大楼,无法确定。)

布赖恩·帕拉向罗伯特·朗说起了合作的可能性。他觉得这个想法非常好。(到底是布赖恩·帕拉,还是罗伯特·朗觉得这个想法非常好,不很清楚。)

主谓一致

句子中主谓之间单复数形式的不一致完全是粗心的结果。

单数表示只有一个人或物,复数可以表述一个以上的人或物,在使用单复数的时候要记住以下两个基本规则:

1. 单数主语要跟谓语动词的单数形式
2. 复数主语要跟谓语动词的复数形式

在简单句中,保持主谓一致很容易,但是如果在主语和谓语之间出现短语或者句子中出现无法确定单复数单词的时候,保持主谓一致就变得比较困难。你要记住的是不管主谓之间出现多少单词,谓语动词的形式永远要和主语保持一致。

但你在句子中使用不定代词的时候,有时候就不能确定到底是单数还是复数。有些不定代词需要跟谓语动词的单数形式,而有些又要跟谓语动词的复数形式,还有些要通过分析上下文来确定谓语动词的形式。

复合主语的谓语动词要用复数形式,而用"或者(or)"和"也不是(nor)"连接两个主语的时候,要用单数形式的谓语动词。

如果你对所写句子主谓一致情况进行认真地检查,一般不会出现主谓不一致的错误。如果你一旦不能确定到底该用动词的单数形式还是复数形式的时候,你可以通过查阅介绍语法知识的书籍来解决这个问题。

摇摆修饰

当一个短语的修饰对象不能明确地被确定的时候,我们就称为"摇摆修饰"。

你的句子中出现修饰成分的时候,一定要明确修饰的对象。大多数句子中摇摆修饰都是粗心造成的,只要你能在写完书信之后对其进行认真地检查,一般情况下都可以完全排除摇摆修饰的错误。

劈开不定式

将不定式的组成分开不一定就是错误。有些人认为句子太长如果不将不定式劈开整个句子就会显得难看。

一条基本的规则是为了保证句子的表达不出现结构混乱现象,最好不要将不定式劈开。然而,如果劈开不定式的句子比保持不定式完整的句子表达更加流畅,这时候劈开不定式也是可以接受的。

平行结构

平行结构最常见的错误出现在排比句子中。在写排比句的时候,你一定要保证排比句的平行部分用的是相同的语法格式。

无论排比句中哪部分出现不合理的平行结构,你都可以将其改正。必须记住的重要原则是要保持所有平行部分的语法格式完全一致。

标点符号

写作使用标点符号是为了让书面表达更清晰地传达信息。标点符号使用在书写者认为有必要停顿和强调的地方。

附录2介绍了各种标点符号的使用,这部分内容可以帮助你在写作书信的时候准确有效地使用标点符号。

使用标点符号最重要的是要做到始终如一。美国作家爱默生·拉尔夫·瓦尔多曾说过:"愚蠢的一贯性是小心眼的怪物。"但是在使用标点符号的过程中保持一贯性不是愚蠢的行为,因为只有这样才能清晰地将你的信息传达给读者。另外,也要避免标点符号的滥用。

字母大写

字母大写是另外一个需要保持一贯性的地方。除了适当的名词和形容词之外,大家都知道句子的开头也需要大写。然而关于大写还有许多的特殊规定。当你不能确定是否用大写的时候,最好使用小写,当然你也可以通过查阅相关参考书的方式来解决大小写的问题。有关各种格式书信中使用大写的讨论,请参阅第四章的相关内容。

单词的拼写

有很多介绍拼写的书可以帮助你解决拼写问题。但是最常用、最有效的方式还是查阅词典。为了避免粗心导致的拼写错误,你应当在词典上查阅所有不能确定正确拼写的单词。防止书信中出现拼写错误的两条途径:一是认真写信;二是手头有一本词典。

大多数字处理软件都提供"检查拼写"的功能。如果你对所写的内容没有把握,你可以使用"拼写检查"功能,它不仅能检查出拼写错误,而且还能提供拼写正确的单词供你选择。"检查拼写"只能检查拼写错误的单词,而对单词的错误使用却无能为力,那么为了保证单词不被错误使用,你需要仔细检查所写的内容。

专业术语

对于想通过清晰、简练的书信向读者传递信息的人来说,专业术语是一个难题。一方面写信人需要完全掌握专业术语的含义,另一方面,只有在收信人也完全了解这些专业术语的情况下,才能准确理解写信人的所要表达的信息。所以在写信的时候,最好是尽量少用专业术语。

语 法

经常使用专业术语的人给人们留下深刻印象的原因,不是通过专业术语传达的信息更为准确,而是使用专业术语本身就可以炫耀说话人掌握的专业知识。在您写信的时候,千万不要试图通过向别人炫耀你掌握的专业术语而给人留下深刻的印象。

写信的时候把焦点放在如何让你的表达更加清晰上,而不要放在展示你的专业知识上。所以,在写信的时候你可以暂时忘记这些专业术语。

使用的语言越简单越好,收信人十分喜欢这样表达清楚、易于理解的书信。

滥调陈词

英文中所谓的滥调陈词就是那些多年来被人们广泛使用的固定表达。滥调陈词通常都是以比喻的形式出现,比如"像公牛一样大","睡得像木头一样沉",这些表达过于陈旧,根本没有什么新意。

在商业上也有一些频繁使用的表达也可以被认为是滥调陈词。这些表达本身没有什么语法错误,但是由于它们过于频繁地被人们使用,所以也就失去了向别人传达更多信息的能力。

为了让你的书信中每个单词都能发挥传达信息的作用,在写信的时候尽量不要使用这些滥调陈词。如果你需要比喻句,也千万不要从一大堆滥调陈词中选取,你还是自己写一个比喻句。

多嘴

在第二章中我们就曾说过,如果你不直接写出你的真实想法,你的表达就会含糊不清。我不想在这里重复强调了,写信的时候一定要直接进入主题,不要东拉西扯。

下面罗列的提示有利于你克服多嘴的毛病。如果你要想写出语言简练、表达清晰的书信,请记住下面的"五不要":

1. 不要炫耀你的文才。在写信的时候,不要试图通过展示你的词汇量或文学功底而给收信人留下深刻印象,这样会使你书信的内容变得过于复杂。
2. 不要短话长说。用最简练的语言表述收信人所要知道的信息。你完全没有必要一遍又一遍地重复同一个内容。
3. 不要画蛇添足。书信表述要开门见山,删除那些没必要的单词和句子。如果你的书信渲染的内容太多,收信人会不耐烦的。所以你要尽量让表述简练、精准。
4. 不要使用没有意义的程度副词。像"很"、"非常"、"相当"等这类的程度副词添加在句子中,通常是没有什么作用的。
5. 不要做没必要的解释和说明。只能对那些真正需要解释的内容进行解释,不要解释收信人早已了解内容。

修改书信能帮你消除书信中多余的内容。在修改的过程中,你应该重点做以下工作:

(1)重读书信,确保你的意图完全被表达;(2)删除任何没必要的单词和短语;(3)让你的书信简练到只传达有用的信息为止。

第六章

字处理

对于第一次使用电脑和字处理软件的人来说,最大的难题不是不懂如何开机、如何格式化软盘、如何导入系统,而是不会打字。所以,在人们对电脑时代所带来的变革手足无措的时候,那些学会打字的人已经可以熟练地使用电脑字处理软件来应对各种挑战。

有些人会争论说字处理软件存储在电脑上,所以掌握了电脑的工作原理才能有效地使用电脑。掌握电脑知识也包括了解电脑程序以及如何通过添加硬件而升级电脑的处理能力。而我想说的是:"我不关心电脑如何工作,我只是想让它为我所用。"

我有一台煮咖啡的机器,它会在我每天起床之前为我准备好一杯热咖啡。我根本不了解它的工作原理,我所知道的只是把咖啡粉和水装进去,并按动一些按钮,然后我就可以在设定的时间享受热咖啡了。

使用电脑和上面提到的咖啡机是同样的道理。我虽然不知道电脑的各个部件是用什么做的,也不知道各部件之间如何连接,但是我知道如何让它完成我想要它做的工作。

字处理软件

尽管你已经知道如何使用字处理软件,尽管你已经可以熟练使用字处理软件,但是你还需要学习。在我购买第一台电脑的时候,销售商不停地向我介绍如何使用软件。在头几个月中我学的很快,到第七个月的时候,我已经掌握了字处理软件80%的功能。值得庆幸的是软件开发商不断地完善和发展这些软件导致现在使用它们变得难以置信地容易。

有各种各样的字处理软件供你选择。如果你在大公司工作,那么很可能你使用的软件与大多数人使用的一样。如果有一部软件比其他的更易于操作,那么不是因为它的用户界面更加直观,就是它的使用说明清晰透彻。其实,大多数字处理软件都能够完成书信写作的任务。

当前的大多数字处理软件都可以实现不同软件之间的文件转换,也就是用其他软件写的内容,在大多数字处理软件上都可以进行阅读和编辑等操作。需要补充一点,字处理软件可以为你提供大量的书信模板格式供你在写作书信时选择。

使用模板书信

同一封信有可能会被写给不同的商业客户。与其每次都重新输入一遍相同的内容,不如将那些你经常使用的书信存储在你的电脑上,每次需要的时候直接更换一下收信人信息就可以了。

以模板书信6.1为例来说这问题。它是一封发给那些开新账户的顾客的信。与其每当有人开新账户之后重新输入一遍模板书信6.1的内容,你不如将存储在电脑硬盘或者是可以移动存储器(比如移动硬盘、U盘)上的这封信复制过来,并将其粘贴在恰当的位置即可。你给不同的顾客发送一遍这封书信,你就应当将其作为不同的文件保存一遍,以便保持你文档管理的完整性。

模板书信 6.1　　　　致新账户的欢迎书信

［日期］

麦瑟尔·佳丽女士
副经理
迈克高飞—摩杜格尼公司
弗莱彻大街 43 号
宾夕法尼亚州帕克坦尼市（邮编 43434）

尊敬的佳丽女士：

　　感谢你在波恩顿服饰店开设消费账户。我们将通过邮寄的形式每月向你通知你在本店的消费情况，同时我们也将向你介绍本店新款服饰的有关信息。

　　我们将尽力为你提供一流的服务。如果你有什么需要和要求，你都可以拨打电话 555-5968 联系我，你也可以拨打我们公司的免费电话 1-800-555-6866。

　　向你致以最真诚地祝福！

　　　　　　　　　　　　　　　　　　　　　　　　　　　丹尼·刘易斯
　　　　　　　　　　　　　　　　　　　　　　　　　　　副总经理

dl/js

在本书的模板书信中有许多都是处理日常商业事务所频繁使用的书信,所以你完全可以将它们直接存储在你的电脑上以备后用。因为不同的行业对书信的具体要求有所不同,那么在你使用这些模板书信的时候一定要选择适合你们行业要求的内容。

要知道写信的目的之一还要让收信人感受到是一个实实在在的人在给他(或她)写信。所以简单地将模板书信一遍又一遍地打印出来发送给一个又一个的顾客不一定适合于所有情况,必须还要有其他的办法。

举例来说,有一家公司现在电脑系统内建立"私人文件夹"和"共享文件夹"。他们通过将五台电脑联网来共享一块硬盘,每位终端用户都可以使用"共享文件夹"内的内容。但是如果电脑使用者想写一封个性化的书信,那么他就可以从"共享文件夹"中将模板书信复制到只有自己才可以使用的"私人文件夹"里,然后对书信进行个性化修饰。

这个系统可以更有效地使用模板书信。以前模板书信的内容涵盖了所有可能的内容,所以段落数量过多,发信人需要筛选内容合适的段落。现在好了,书信可以被员工进行个性化的编辑,只有那些必要的段落才会出现在书信中,所以通过这个系统书信变得极简短又易于掌握。

但是有一点必须指出来,不论你对字处理软件的使用如何地精通,它只能是你的工具,所以你不要指望使用一款价格昂贵的字处理软件来让你文才平平的书信一下子变得如散文般优美。所以字处理软件只能让你写作和使用书信更加方便,而不能弥补你写作技巧方面的不足。

对于需要建立一个常用商业模板书信数据库的私人和公司来说,《美国管理协会商业书信指南》是一本非常有用的书。而对于不使用字处理软件的人来说,这本书也只能是提供书信模板的参考书。

第二部

书信篇

> 在各种形式写作开始之前都有一个写作提纲。
> 但是在具体写作的过程中,作者会根据
> 他的写作技巧和写作需要以及突发
> 事件等因素不断调整写作提纲。
> ——小威廉·斯卓克和
> E. B. 怀特《文体的要素》

从设计书信和书信的结构到书信外观和语法,我们已经介绍了写作书信的基础知识。看过以上内容之后,你也就掌握了写作一封出色书信的基本技巧。

本书的第二部:书信篇的内容将带你继续深入了解有关商业书信的写作技巧。第七章到第十七章将通过商业活动中常用的360多封书信向你介绍如何完成各种形式商业书信的写作。

选取第一部中作为书信基础知识运用示范书信的出发点主要有两个:第一,选取日常商业活动中经常用到的书信;第二,选取写作水平比较高的书信。

第二部中的大多数模板书信都可以收藏到你的商业模板书信数据库中。这些模板书信只要修改一下其中的姓名、数字和地址等内容就可以变成你发给顾客的书信了。

第二部中所有的模板书信都写得非常漂亮。通过这些书信你要学会针对各种情况如何写作出色的商业书信。

每封模板书信的标题都会对书信的目的加以简要描述。而在每封模板书信之前还有一小分段文字对书信中的要点进行分析。

书信篇

　　对于大家来说，不一定要通读第二部中所有的模板书信，你只需要阅读那些对你有帮助或者是适合你的工作需要的模板书信就足够了。如果在学习这些书信的过程中能将第一部中所学的知识运用到其中，你很快就会掌握写作出色商业书信的要领，并能亲自写出优秀的书信。

第七章

推销和业务关系书信

推销书信的目的就是要让收信人对推销的商品或服务做出积极回应。一封成功的商业推销书信要抓住顾客的注意力,并让他们相信你的商品和服务完全能满足他们的需要。

无论收信人是消费者还是商业用户,你都要使用一种友好和亲切的语气,这样才能抓住收信人的注意力。如果你以一本正经的语气向别人推销商品和服务,那将事与愿违。

本书第二部中的所有模板书信都试图说服收信人采取行动,所以这些书信都可以被认为是广义的推销书信。而本章的书信是真真切切的推销信,它们的目的就是为了让收信人购买商品和服务。

介绍情况的书信

模板书信7.1至7.7都是介绍销售人员或者销售公司的推销书信。

模板书信7.1的主要内容是一个销售员通知她的一位客户,由于销售员的升职,将由一位新的销售员接替她的工作。这位即将被提升的销售员开门见山地宣布她将被提升而她的工作由另一位新的销售员来接替。然后,她想安排一次这位客户和新销售员的见面。最后,销售员通过强调新销售员会继续保持和客户的业务往来方式,表达了她对接替者的信任。

书信篇

模板书信 7.1　　　介绍新销售员的书信（全版面格式）

[日期]

劳伦斯·沃尔普先生，出纳员
波恩顿医药中心
哈伦路 100 号
威斯康星州密尔沃基市（邮编 54321）

尊敬的沃尔普先生：

　　上周我曾向你提起过我将被提升为戈林查爱医疗器械供应公司的副经理。我当前的工作将会由费利西亚·马梅接替。费利西亚已经在我们公司的印地安那州办公室工作了四年。

　　我和费利西亚将在五月 25、26 两天去你们那里出差。我们希望能在这两天的某个晚上能与你和马克·迈勒特尔共进晚餐。我希望通过这个机会让你们俩认识一下费利西亚。

　　拉里（劳伦斯的昵称）你要知道，费利西亚是我精心挑选的接替者。我相信她的服务会让你们公司感到满意的。我也相信你会对我的选择满意。

　　我希望你在确定我们会面的具体时间之后给我们回复。

　　　　最美好的祝福！

爱丽丝·克鲁斯
销售代理人

AK/js

书信复印件发送：劳伦斯·沃尔普
　　　　　　　　马克·迈勒特尔

模板书信7.2是一位新销售员写给客户的信。同模板书信7.1一样，信一开始就直接进入主题介绍新的销售代理人，也提到了被接替者。然后，写信人向客户说明了她与原销售代理员的联系的方式，同时也表达了想安排一次与收信人见面机会的希望。

模板书信7.2　　　新销售员自我介绍的书信（版面格式）

[日期]

帕特斯·帕拉先生
帕拉运动用品商店
霍华德大街139号
西弗吉尼亚州多佛市（邮编26000）

尊敬的帕拉先生：

　　我是你光荣牌球拍新的销售代理人。我在一个月前涉足这领域，并与我的前任代理鲍勃·雪菲尔德一起工作至今，现在我已熟悉了这个领域和领域内的经销商。

　　我希望能安排一次与你和帕拉运动用品商店全体员工的见面会。我将会给你打电话来商定在你我都方便的时候安排见面会的具体时间。感谢你对我们销售代理人员更换过程表示出的耐心。

　　向你致以诚挚的问候！

贝瑟尼 J·科尔
销售代理

bjc:nlc

书信篇

　　模板书信7.3是公司内被降职的销售人员向客户介绍他的继任者的信。尽管写信人被降职,但是他通过阐述他在新职位上的机遇表达了他积极的态度,同时他在信中也表达了他对继任者的信任。

模板书信7.3　　　　降职职员的说明书信(全版面格式)

[日期]

艾伦·贝特曼先生
经理
维斯喀什商业论坛
马丁路1433号
乔治亚州琼斯博罗市(邮编40440)

尊敬的艾伦先生:

　　我写信是为了告诉你我在公路公司的职位发生的变化,我的职位由原来的区域销售经理调换成现在的内部业务经理。我的上级领导认为15年的道路销售经验能帮助我从更宽广的角度审视公司的运行,并能帮助公司从内部提升竞争力。

　　我也很高兴能获得这样的机会。遗憾的是我不能再像以前那样和你进行业务合作了。伯特·托勒沃将从下周开始接替区域销售经理的职务。他是一位经验丰富的经理,我相信他可以为你继续提供高质量的服务。

　　感谢在多年的业务往来中你给予我的支持和信任。如果你需要我的帮助,请打电话给我。

　　　　　最诚挚的祝福!

　　　　　　　　　　　　　　　　　　　　　　　　　　安布罗斯·凯布特

推销和业务关系书信

　　模板书信7.4至7.6都是向客户介绍公司情况的书信。模板书信7.4是一封介绍新公司的书信。在第一段中写信人宣布了新公司的名称,在随后的段落中详细介绍了公司的主要工作人员,同时还表达了为收信人提供服务的渴望,另外,也提出了与收信人会面的请求。

　　模板书信7.5是一封公司经理致潜在顾客的书信。在信中公司经理宣布了公司的业务活动,并介绍了顾客如何从本公司获取高效的服务。这封信除了介绍普通的服务范围之外,还精心策划了能吸引收信人兴趣的特别服务内容介绍。

　　模板书信7.6也是一封介绍公司情况的书信,但是与上两封信不同的是它作为一次简短会面的后续信发出的。同以上书信直接进入主题一样,这封信开场就说明了写信的原因是为了保持与收信人的业务关系。然后,写信人又简要介绍了自己所在公司的情况,并在书信的最后声称要和收信人保持联系。

模板书信7.4　　　　介绍新公司的书信(全版面格式)

[日期]

艾德丽安·丽女士
阿尔卑斯山大街186号
马萨诸塞州波士顿市(邮编02125)

尊敬的艾德丽安女士:

　　我已随信给你附带了一本介绍我们金融规划公司的小册子。我们公司名叫新贝德福德金融计划服务有限公司。我们公司的50位专业金融服务人员将会向你提供所有金融计划有关的咨询服务。

　　公司的各部主管都有丰富的金融计划经验,他们和公司的其他高级员工都有过在全国知名金融计划公司工作的经历。他们也都为许多从小规模迅速发展为中型规模的企业制定过金融发展计划。

　　艾德丽安女士,如果你需要,我们能为你提供任何形式的金融计划服务。我们相信只要你给我们机会,我们将能为你提供一流的金融计划服务,并赢得你的信赖。

书信篇

第 2 页
艾德丽安·丽女士
［日期］

  艾德丽安·丽女士
  我打算在你方便的时候向你介绍我们公司的重要成员。如果你想进一步了解新贝德福德金融计划服务有限公司的服务范围，或者你需要我们为你做点什么，请给我们及时回信。

    最衷心的感谢！

                  昆廷·卡麦珀逊
                  经理

QC/js

内附文件

模板书信7.5   公司及其服务范围的介绍信(半版面格式)

[日期]

伊莱扎·格瓦伯女士
朗格里公司
安杜佛大街200号
密歇根州巴港市(邮编67892)

尊敬的格瓦伯女士:

　　随同书信我给你寄去了由我们公司财务处设计的关于我们公司在过去一年中进行的重大交易的宣传手册。在宣传手册中也介绍了我们公司为密歇根州的客户(包括集体和个人)提供服务的具体内容:

1. 公债和股份承购
2. 私人债务担保
3. 公司拍卖和收购业务
4. 提供有关公司收购、兼并等方面的金融业务咨询服务

　　你要知道我们公司是一家实力雄厚、成效卓越的世界级的工业保险公司。我们底特律金融分公司的目标是集合我们公司的人力、财力和技术资源为密歇根州的集体和私人公司提供高水平的金融服务。

　　我想你会对宣传手册中介绍我们底特律金融分公司的内容感兴趣的。我们热切期待能为你的公司提供服务,帮助你的公司实现金融经营目标。经营像你公司这样规模的企业的金融目标在过去几年的时间里已被大家所公认,具体包括:

1. 通过增加额外资产净值或长期贷款来保证企业持续发展
2. 通过兼并加速企业发展速度
3. 通过各种渠道增加企业的制度投资和零售投资

　　如果我们能为你提供任何帮助,请你及时和我们联系。我希望有机会为你的公司提供帮助。

　　　　最美好的祝愿!

　　　　　　　　　　　　　　　　　　　　　　　　　苏珊·克鲁兹
　　　　　　　　　　　　　　　　　　　　　　　　　　副经理

SC/mn
内附文件

书信篇

模板书信 7.6　以简短会面的后续书信的形式发送的介绍公司情况的书信(简体格式)

[日期]

彼得·瓦斯库兹
经理
卡门帅斯运动商品公司
加兰大街 54 号
加利福尼亚州汉密尔顿市(邮编 00012)

联邦档案研究中心的公共关系需求

　　前不久我和詹尼弗·斯拉就你们公司的公共关系需要进行了讨论。卡门帅斯运动商品公司是一家有悠久历史的运动商品公司,它的梦想就是通过专业化的公共关系扩大销售市场。

　　如果你想通过公共关系来加强你们公司的市场占有率,我建议你们考虑一下我们公司。贝伦松公共关系服务公司是一家专门从事运动商品的市场开发的公司。

　　我随书信给你寄去了我们公司全套的介绍材料,这些资料可以让你更详细地了解我们公司。在你看过这些材料之后,我希望能安排一次包括你和朗达·伯瑞格以及你们公司销售总监在内人士的见面会。

　　感谢你浪费宝贵的时间阅读书信。我将在下周给你打电话商定会面的具体时间。

玛丽·纳西
经理

内附文件

mn/ph

模板书信7.7是一封向客户公司刚升职的联系人介绍自己情况的书信。因为写信人知道联系人具有决断权,所以在信中极力表示支持在过去几年时间里和收信人所在的公司之间建立的业务往来关系。

模板书信7.7　　致客户公司新联系人的书信(全版面格式)

[日期]

凯瑟琳·瑟温女士
副经理
波恩顿劳动服务公司
西主干大街312号
佛蒙特州波恩顿市(邮编90909)

尊敬的瑟温女士:

　　祝贺你被任命为波恩顿劳动服务公司首席运行主管。我希望在你领导公司的时间里我们能为你提供你们需要的劳动力供应服务。

　　我知道你在这段时间里会有很多事要处理。但是,我还是想尽早与你会面以便让我们及早了解你将来的计划,并建立保证我们两家公司互惠互利的业务合作关系。在整个行业都不景气的情况下,你出任公司的领导让我们眼前一亮。

　　我们公司的贸易主管和我想尽早在你方便的时候安排一次会面。我将在下周早些时候给你的办公室打电话商定我们见面的具体时间。

　　再次祝贺你荣升主管。我希望在今后的时间里能与你们公司建立持久和成效显著的贸易伙伴关系。

　　　　最真诚的祝福!

盖伊·刘易斯
副总经理

书信篇

推销书信

模板书信7.8至7.22都是向收信人推销某种商品的书信。

模板书信7.8是一封向顾客介绍优惠活动的书信。在书信的第一段,写信人向老顾客通知了公司的优惠活动,随后又介绍了顾客如何享受优惠。同时写信人也介绍了她们公司在活动期间优惠销售的商品。最后写信人还向收信人通知了优惠活动期间购买商品的最后取货时间。在信中写信人用一种坦诚、热心的语言向顾客介绍了公司的这次优惠活动。

模板书信7.8　　向顾客推销商品的书信(全版面格式)

[日期]

沃伦·拉罗
安杜佛大街78号
堪萨斯州阿勒巴斯特市(邮编90909)

尊敬的拉罗先生:

　　因为你是我们公司的重要顾客,所以我有必要向你介绍我公司的优惠活动:在优惠活动期间,只要你购买4条稍微有点小毛病的男士休闲裤,你就可以享受5折优惠。

　　你也知道,平时购买4条这种稍微有点小毛病的男士休闲裤时,我们只提供4折的优惠。但是在这次优惠活动期间,我们更大幅度地削减了价格,所以你如果现在购买,只需用正常商品的一半价格就可以了。

　　在这次优惠活动期间,购买萨拉特牌纯棉春季休闲裤每条只需22.99美元,而夏季休闲裤每条也只有19.99美元的价格。我们打折出售的商品不仅价格低廉,而且颜色齐全,所以你可以随意挑选称心如意的低价商品。

　　这是一个难得的机会,你可以多选购各种款式的休闲裤以便你在各种场合穿,具体的款式如下:

　　<u>萨拉特牌纯棉短裤</u>——15.99美元/每条

萨拉特牌棉纤混纺裤——17.99美元/每条

萨拉特牌畅销耐磨裤——18.99美元/每条

萨拉特服饰有限公司保你满意。如果你对我们的商品有不满意的地方，我们可以为你更换商品，也可以全额退货。

我们的优惠活动截止日期是7月31日，不要再犹豫了，赶快选购超低价的萨拉特牌裤子吧。

最诚挚的祝福！

洛林·伽柏
销售部副经理

ls

内附文件

模板书信7.9是一封推销商用产品的书信。在书信的前两段，写信人介绍了所推销的商品。在接下来的内容中，写信人又进一步介绍了商品的特点和使用它给用户带来的好处。同时，写信人还指出购买这种商品还有一段免费试用期。书信的最后作者暗示收信人及早订购他所推销的商品。

模板书信7.9　　　　　商用产品推销信(全版面格式)

[日期]

约翰·希尔先生
里士满大街327号
加利福尼亚州圣地亚哥市(邮编90006)

尊敬的希尔先生:

　　第三版《美国管理协会商业书信指南》是一本能满足你写作商业书信需要的好书,其中收编了360多封几乎涵盖各种类型商业活动的模板书信。

　　新版的《美国管理协会商业书信指南》介绍了如何写高效的商业书信。另外,这本书还有15天的免费试用期,在购书后的15天内你不满意,我们可以全额退货。

　　你可以直接选用本书中收编的有关推销、市场开发和客户服务等各种商业场合使用的信件。对于销售人员、人事管理人员、秘书以及经理来说,《美国管理协会商业书信指南》都是一本重要的工具书。这本书可以帮助你、你的员工和你的同事写出卓有成效的商业书信。

　　《美国管理协会商业书信指南》中收录的书信都是已被证明非常实用和有效的,每封书信的选择除了考虑它的语言、格式和语法结构之外,还要看它的实际效果。

　　除了模板书信,《美国管理协会商业书信指南》中还包含了介绍书信写作基本知识的内容,比如,提前设计书信,书信的格式等。了解这些内容不仅可以提高你的表达能力也可以让你的书信更具吸引力。

　　《美国管理协会商业书信指南》的附录内容对于写书信的人来说,也是非常有用的,具体包括:《语法热线咨询地址目录》、容易错误使用词辨析、标点使用规则和商业常用缩写表。

　　《美国管理协会商业书信指南》不仅易于掌握,使用方便,而且能让你的书信和便条产生预期的效果。

随同书信我们给你邮寄了这本书的试用版本。请你在 15 天的试用期内试验一下使用本书到底能为你节省多少时间,到底能不能帮助你写出能引起积极回复的有效书信。

试用期内你无需付款。如果你觉得使用本书不能提高你书信的质量、也不能为你节省多少时间,你只需将这本书返还给我们就行。如果你决定购买本书,请及时给我们汇来购书费用。本书的价格是 69.95 美元,但你还要支付邮寄本书的费用。

要想通过书信从你书信的收信人那里得到回复或者提高你的书信写作技巧,那就马上订购一本《美国管理协会商业书信指南》吧。

真诚地祝福!

莫里·纳乌司
出版社主任

jls

内附文件

模板书信 7.10 是一封向顾客推销服务的书信。同其他推销书信一样,写信人在第一段中就清楚地介绍了他所推销的服务内容。然后,又在随后的段落中强调了他们公司提供服务的质量,另外也指出收信人可以方便地订购这些服务。书信的最后写信人试图鼓励收信人立即订购他们的服务,并说明随书信一起邮寄了公司的宣传资料。

书信篇

模板书信7.10　　　向顾客推销服务的书信(半版面格式)

[日期]

乔安妮·瓦格纳女士
富贵草大街456号
新泽西州萨斯西德市(邮编09090)

尊敬的瓦格纳女士：

　　你没有必要再继续购买兰德菲洗衣店的服务了,因为兰德菲洗衣店能提供的服务,洁净洗衣店能做的更好,而且收费也更低。如果你在20X3年4月30日之前转投洁净洗衣店,你将可以享受一周的免费服务。

　　你为什么还要在兰德菲洗衣店花高价钱呢？并且你还要亲自将要洗的物品送去和取回。来我们洁净洗衣店吧,所有这一切都由我们来干,你只要在家准备好要洗的物品就行。

　　我们有专门的车队和专业的司机为你提供上门服务。我们最新购买的"艺术殿堂"牌的洗衣设备大大提高了我们的工作效率,同时也保证让你花最少的钱就可以享受一流的服务。

　　洁净洗衣店时刻准备提供你想要的服务,即便是你早上交付清洗的物品当天下午取回,我们也能做到。我们按季度收费的计划可以让你免除每周缴费的麻烦。

　　我们保证你一旦签约享受洁净洗衣店的服务将会使你的生活更加轻松和便利。

　　我们随信给你邮寄了各种服务及收费价目表。如果你决定享受我们的服务,请你尽快将订购服务表给我们寄来,以便你有机会享受我们提供的一周免费服务。

当然最快的订购服务的方式是给我们打电话,我们的免费服务电话是1-800-555-8537。我们恭候你的佳音。

　　真挚的祝福!

贝弗莉G·克鲁兹
副经理
销售部

bgk/lls

内附文件

　　模板书信7.11是一封推销专业服务的书信。同以前所述的推销书信不一样的是,写信人想在宣布公司名称之前让收信人自己产生购买这种服务的欲望。前两段让收信人在心中有了疑问。第三段通过回答顾客问题的方式,写信人公布了他所提供的服务。然后,书信又对公司的服务免费保险和为客户提供的特殊服务进行了阐述。最后书信还提到了公司的一项优惠活动。

模板书信7.11　　专业服务推销书信(半版面格式)

[日期]

比阿特丽斯·亚历山大女士
办公室经理
麦考密克有限公司
瓦恩特大街34号
新墨西哥州拉克市(34321)

尊敬的亚历山大女士:

　　你是否想知道为什么每当你的复印机出毛病的时候要么复印机客户服务中心的电话总是占线,要么维修人员要等一个星期才能来?

书信篇

第 2 页
比阿特丽斯·亚历山大女士
［日期］

　　你们公司是否在复印机坏了之后，每天都会有大量的任务因此而完成不了，每天都有大量的文件要花钱让别人复印？你是否也因此而烦恼不已？

　　别着急！如果你选择安德森复印机维修公司，我们保证只要你需要我们帮你解决复印机问题，我们就会马上出现。我们的职员都是有多年工作经验的复印机维修人员，他们丰富的工作经验保证能让你罢工的复印机及时恢复工作。

　　另外，你也不必担心在维修期间长时间没有复印机可用的问题。在我们的技术人员为你维修复印机的过程中，我们可以为你提供一台临时复印机供你使用直到你的修好。除非你的复印机是"极品"，一般的维修在一个小时内就可以完成。

　　安德森复印机维修公司专门为你这样的小商业用户提供服务。我随书信给你附带邮寄了我们公司当前的服务客户清单。你可以向他们咨询我们公司的服务情况。我想你得到的肯定都是一致赞扬我们公司服务的回答。

　　对新客户我们有一项优惠活动，在前 6 个月的服务期中，我们只收 3 个月的服务费用。要享受这项优惠你必须在 5 月 31 日前与我们公司签订服务关系合同。合同已随书信一起给你邮寄，你只要将填好的合同返还给我们，你的复印机可以开始享受没有烦恼的维修服务了。

　　赶快行动吧，你还有机会享受我们的优惠活动。

　　诚挚的谢意！

拉尔夫 L·安德森

rla/jls

内附文件

推销和业务关系书信

模板书信7.12是为了促进出版物征订而写的推销书信。为了引起收信人的注意,书信采用了销售书信专用的悬挂格式。写信人并没有多费口舌,在书信的第一段就指出了推销的是出版物。紧随其后写信人进一步解释了他所推销的内容。在最后一段中,写信人指出征订是有时间期限的,并暗示收信人尽快汇款。与前面所述的推销书信一样,模板书信7.12并没有通过列举一大堆推销的内容来迷惑收信人。一封好的推销书信最好是让收信人知道你在推销什么,推销的商品和服务有什么作用以及怎么充分利用它。

模板书信7.12　　　　推销征订的书信(悬挂格式)

[日期]

简·加里利女士
马尔登社区1978号
新泽西州萨米特市(邮编01005)

尊敬的加里利女士:

　　我们出版社现在有一项促销活动就是在活动期间选择一些具备资格的读者,免费赠送下一期的《读者信息文摘》。

　　只要你在20X2年3月1日之前给我们回复,你就有机会获赠一期内容包括最新经济形势的期刊。

　　在20X2年3月1日前,你如果将我们给你邮寄的征订表格返回给我们,那么你将可以免费获得下一期的《读者信息文摘》,另外你还可以享受优惠征订的待遇。

　　当你收到免费期刊后,你看看是否有必要征订这本杂志。如果你觉得没必要征订,那么就在我们给你的账单上注明"取消"字样并将其返回给我们,你不需要付任何费用。但是你如果征订这本杂志,你只需为剩余的11期交费11.95美元,与普通征订者相比可以节省24.05美元的费用。

　　要知道这项优惠活动是有时间期限的,如果你想享受优惠征订待遇,请尽早给我们回复。

　　　　诚挚的问候!

　　　　　　　　　　　　　　　　　　　　　　马克·娜德司
　　　　　　　　　　　　　　　　　　　　　　出版社主任

MN:JS
内附文件

书信篇

　　模板书信 7.13 是一封鼓励订阅者继续征订书刊的书信。书信的第一段解释了写信的目的,第二段指出尽早续订可以享受优惠待遇,第三段说明如何续订。

模板书信 7.13　　　　续订书刊推荐书信(版面格式)

[日期]

埃瑞克·哈恩女士
斯纳克瓦斯广场 1045 号
乔治亚州罗斯韦尔市(邮编 11583)

哈恩女士:

　　我们给你的信息很短但是也很重要。你对《读者信息文摘》的征订即将到期,但是我们又没有收到你继续订阅的通知。

　　我们相信你不会错过杂志的每一期,现在就续订以便你能继续收阅期刊。这样你才可以保证每月收到在美国成长最快的卓越杂志——《读者信息文摘》。

　　为了便于你续订,我们随同书信给你邮去了书报订阅汇款单和一支铅笔。只要你将填好的订阅汇款单给我们寄回,你就可以继续收阅每月一期的《读者信息文摘》。

　　美好的祝愿!

托马斯·斯绍特
发行部主管

TS/ny

内附文件

模板书信 7.14 是一封欢迎出版物新征订者的书信,其实也就是一封成功的征订推销信的后续信。首先书信中对征订者表示了欢迎,然后写信人请征订者核对征订单上的信息是否准确无误,并向征订者介绍了期刊邮寄的程序,特别指出如果订阅者居住在郊区收到期刊要晚一点。通过向征订者表示关心和让征订者了解整个系统如何运作以便让征订者产生对发行人的好感从而有利于出版社获得更多的续订。

模板书信 7.15 是一封推销一次有教育意义的研讨会的书信。因为研讨会是无形的,作者所出售的是出席研讨会的人从中所取得的收益。书信的第一段通过描述研讨会的某些环节暗示了此次研讨会的内容比以往的都重要。随后的内容中宣布了有一个第一段中提及主题的研讨会。最后写信人还让潜在的出席者就有关议题发表自己的见解。对顾客的需求做出回应是推销成功的关键。

模板书信 7.14　　　　新订阅者的欢迎信(全版面格式)

[日期]

简·汤姆森女士
布赖恩大卫和拉瑞恩有限公司
圣会大街 55 号
马萨诸塞州波恩顿市(邮编 12543)

尊敬的汤姆森女士:

　　欢迎你订阅《读者信息文摘》。

　　请仔细核对我们随书信给你邮寄的订阅单上你的姓名和地址是否准确无误。如果有需要改正的地方,请将改正后的订阅单随同你的付款单一起寄给我们。

书信篇

第2页
简·汤姆森女士
[日期]

　　如果你有离开住址一个月以上时间的计划,我们可以将《读者信息文摘》发送到你的临时住所。杂志的投递需要一周多的时间。我们要保证你及时收阅订阅的期刊,所以在你改变住址的前三周请通知我们你的临时住址,以便我们对给你邮寄杂志的地址进行调整,从而确保你在新住址收阅《读者信息文摘》。

　　感谢你的订阅。能为你服务我们倍感荣幸。

　　诚挚的祝福!

伊冯·瑟瓦恩
副出版主任

ys/nw

内附文件

模板书信7.15　　有教育意义研讨会的推销信(版面格式)

[日期]

塞缪尔·约翰逊女士
审计师
密苏拉财会服务公司
蒙大纳州密苏拉市(89898)

尊敬的约翰逊女士：

　　对于会计师来说这是一个千载难逢的机会。以前会计师们有数不清的问题不知道从哪里得到答案。

　　为了解决这些问题，你需要出席第十届西南地区会计师研讨会。我们的组委会设计的会议程序将能够回答你的有关问题并帮助你在未来建立良好的个人关系。

　　我们随同书信给你邮寄了有关下午会议主题的调查表。你的回复将会成为确定会议主题的重要参考。在调查表上填写你的意见并和你的参加会议报名表一起邮寄给我们。

　　我们期待你的参与。

　　　　　诚挚的问候！

　　　　　　　　　　　　　　　　　　　　　　　吉姆·博斯韦尔，主席
　　　　　　　　　　　　　　　　　　　　　　西南地区会计师研讨会组委会

jb/js

内附文件

书信篇

模板书信7.16是一封扩充实力之后的公司向老顾客推销新服务项目的书信。写信人感谢了顾客多年来的业务支持,并详细向顾客介绍了公司提供的新服务项目。

模板书信7.16　　　　新服务推销书信(全版面格式)

[日期]

布赖恩·帕拉女士
采购部经理
格兰德福克斯剧院
内布拉斯加州格兰德福克斯市

尊敬帕拉女士:

　　我们很荣幸多年来能为你在格兰德福克斯剧院演出歌剧提供演出节目表。我想你对我们的服务质量和收费都是比较满意的。

　　通过实力扩充我们公司的业务范围有所扩大,所以我们想帮助你设计和打印你演出的纪念册。这些彩色的纪念册可以收藏你演出节目的精彩瞬间,并作为永久的纪念赠送给你的赞助人。

　　我们对老顾客制作这样的纪念册提供优惠,定制2000册以上,我们按原价的80%收费。我们将和你一起设计这些纪念册。这些纪念册一旦设计完成,我们保证在七个工作日内完成所有工作,将所有的纪念册交到你手里。

　　如果你对此项服务感兴趣,请跟我联系,我的电话是555-8458。我们希望能继续为你提供令你满意的服务,同时我也希望我们的新服务项目能满足你的需要。

　　诚挚的祝福!

　　　　　　　　　　　　　　　　　　　　　　　　　　雷切尔·蒂格斯
　　　　　　　　　　　　　　　　　　　　　　　　　　地区销售经理

推销和业务关系书信

模板书信7.17至7.19都是推销各种组织会员资格的书信。

模板书信7.17是一封回复一位专业人士咨询的书信,但是主题内容还是推销专业组织的会员资格。书信根据咨询的内容介绍了会员可以享受的服务项目和收费情况,并表达了对收信人加入该组织的期盼。

模板书信7.17　　　会员资格推销书信(半版面格式)

[日期]

约瑟夫Y·史密斯先生
通风设备研究会
阿尔菲大街45号
宾夕法尼亚州伊丽莎白市(邮编34343)

尊敬的史密斯先生:

　　感谢你来信询问有关美国通风设备联合协会的会员资格情况。为了给美国通风设备联合协会的会员提供更多的服务,国家管道设备俱乐部将通过认可美国通风设备联合协会的会员为其分支协会会员的形式支援美国通风设备联合协会。

　　作为通风设备专家,你不仅可以享受国家管道设备俱乐部的所有服务,而且还可以获得有关通风设备的市场行情等其他一系列的信息。你也有机会被收录在《管材专家名人录》中,当然这需要支付一点费用。

　　如果你想加入作为国家管道设备俱乐部分支协会的美国通风设备联合协会,你需要交纳50美元的会费,另外,办理各种入会手续还需15美元。有关国家管道设备俱乐部具体活动和服务内容的宣传资料我们随信一起寄出,同时信中也有入会申请表。为了提高国家管道设备俱乐部的分支协会——美国通风设备联合协会整体实力,你有必要申请专家会员资格。

　　如果你还有其他的问题,可以跟我电话联系。我们期待你成为我们的会员。

　　　　美好的祝愿!

　　　　　　　　　　　　　　　　　　　　　　　　　　　布德·吉恩
　　　　　　　　　　　　　　　　　　　　　　　　　　　执行理事

bg/mn

内附文件

书信篇

　　模板书信 7.18 是一封写给一位地区专业协会的潜在会员的推荐书信。这封信的背景是收信人以嘉宾的形式出席了该协会的一次会议。所以书信没有必要详细介绍协会会议讨论的主题，书信一开始就直接表达了对收信人加入该协会的期盼之情。

　　模板书信 7.19 的目的是推销当地一家健康中心的会员资格。首先，表达了对收信人及其所在团体的欢迎。在第一段中写信人通过表达他对这个城市的喜爱之情来拉近他的健康中心与收信人团体之间的距离，随后介绍了健康中心的功能。另外，书信中还提到了健康中心针对新会员的优惠活动。这封信通过描述健康中心对收信人及其团体的关心来给收信人留下真心为她们服务的印象。

模板书信 7.18　　会员资格的后续推销书信（版面格式）

[日期]

罗德尼·麦克纳尔先生
麦克纳尔联合会
特波尼大街 11 号
伊利诺斯州南赞恩市

尊敬麦克纳尔先生：

　　我非常荣幸能在南赞恩市商业会议大厅举行的商业休闲俱乐部会议上见到你。通过这次由南赞恩地区酒店协会和南赞恩医学协会联合赞助召开的会议，你可以看出商业休闲俱乐部是一个非常成功的协会，它可以为会员提供大量与其他行业专业人士交流的机会。

　　我们协会在 20X5 年还有更精彩的会员活动计划。我们非常希望你能加入我们协会。随同书信我们给你邮寄了入会申请表。如果你还有什么问题，我非常乐意为你解答。

　　诚挚的问候！

佐伊·纳尔逊
会员活动部经理

zn/mn

内附文件

模板书信7.19 健康中心的会员资格推销书信(半版面格式)

[日期]

艾伦P·斯瓦尔女士
维斯坦施大街908号
马萨诸塞州哈夫萨尼市(09087)

尊敬的斯瓦尔女士:

　　欢迎你来到哈夫萨尼。我真诚地希望你喜欢你的新团队。我们工作在哈夫萨尼健康俱乐部的全体同仁都觉得哈夫萨尼是一个适合居住和工作的理想城市。

　　我们哈夫萨尼健康俱乐部已经有25年的发展历史了。我们现在拥有众多的健身场馆,具体包括:两所体育馆,一所奥林匹克运动场大小的游泳馆,两个体重测量室(其中的一个为女士专用),一个供男女老少使用的存物室,一个跑步房,六个手球场,四个壁球场,一个训练房。另外,我们还配备了一个临时婴儿看护所。我们有100多个健身计划供你选择。

　　为了帮助你认识新的朋友以及顺利开展你的健身计划,我们为你提供30天的免费家庭或者个人会员资格。你只要将我们附在信内的申请表填好并返回给我们,你就可以得到免费会员资格证以及活动安排表,然后你就可以尽情享受我们提供的健身服务了。

　　再次对你来到哈夫萨尼表示欢迎。如果你还有问题,请拨打电话555-6666与我们联系。

　　　　诚挚的问候!

西蒙·萨恩
执行理事

st/mn

内附文件

书信篇

　　模板书信7.20是模板书信7.19的后续书信,是为了表示对新会员的欢迎而写的书信。这封信一开始就重申了俱乐部会员可以获得的利益以及俱乐部帮助会员的承诺。

模板书信7.20　　　　　欢迎新会员的书信(半版面格式)

[日期]

艾伦P·斯瓦尔女士
维斯坦施大街908号
马萨诸塞州哈夫萨尼市(09087)

尊敬的斯瓦尔女士:

　　欢迎你加入我们哈夫萨尼健康俱乐部。你将可以享受一年的会员资格。在这期间你可以通过参加我们俱乐部安排的各种活动,同其他新会员一起学习保持健康的技巧和进行健身锻炼,从而保持健康的身体。

　　在这一年的时间里你要充分利用你的会员资格,我们希望能帮助你更好地利用俱乐部的所有场馆设施,也希望你能有个好的健身计划和结交一些新朋友。为了保证你选择合适的健身计划,最好浏览一下俱乐部最新的健身计划日程表。

　　你有问题可以随时打电话给我或者俱乐部的任何一名员工。俱乐部将"会员至上"作为我们工作的宗旨,所以我们时刻都在准备聆听会员的心声,并尽我们的全力满足会员的需要。

　　　　诚挚的问候!

西蒙·萨恩
执行理事

st/mn

内附文件

推销和业务关系书信

模板书信7.21是健康中心通知即将到期的会员继续购买会员资格的书信。在书信的第一段清楚说明了书信的目的。随后又介绍了会员可以享受的待遇，并指出了继续会员资格的缴费方式。最后一段中写信人劝说收信人继续保持在该健康中心的会员资格。

模板书信7.21　通知会员继续购买会员资格的书信（版面格式）

[日期]

艾伦P·斯瓦尔女士
维斯坦施大街908号
马萨诸塞州哈夫萨尼市（09087）

尊敬的斯瓦尔女士：

　　现在你需要继续购买哈夫萨尼健康俱乐部的会员资格。你知道为了保持你在身体、精神和感情上的良好状态，你必须继续具有我们俱乐部的会员资格。

　　我们为会员提供现代化的健身设备和卫生干净、环境优雅的健身场馆，我们的员工以热情的态度时刻准备为会员提供高质量的服务。我们还有丰富有趣的健身计划可供选择。我们俱乐部的最大吸引力是俱乐部健身场馆都位于交通便利便于会员利用的地方，另外，我们俱乐部的各项收费都比较低。

　　续缴会员资格费用有很多便利的方式可供选择。我们建议你使用每月自动转账方式缴纳会员资格费，但你也可以选择使用万维萨信用卡、事达信用卡或邮政汇款中的任何一种方式。

　　请你及时续缴会员资格费。我们希望在新的一年里你能继续享受我们哈夫萨尼健康俱乐部为你提供的健康、娱乐和保健服务。

　　　　诚挚的问候！

西蒙·萨恩
执行理事

st/mn

内附文件

书信篇

模板书信7.22作为模板书信7.21的后续信,是一封再次通知即将到期的会员继续购买会员资格的书信。写信人清楚地说明收信人目前仍然具有会员资格以及保持会员资格可以避免再次申请所需交纳申请登记手续费的麻烦,并更加详细地说明了续缴会费的付款方式。与其用强硬的语气给会员施加压力,不如用婉转的语言告诉会员继续交纳会费和避免会员资格过期给会员带来的好处,这就是书信作者的高明之处。

模板书信7.22　第二次通知会员继续购买会员资格的书信(版面格式)

[日期]

艾伦P·斯瓦尔女士
维斯坦施大街908号
马萨诸塞州哈夫萨尼市(09087)

尊敬的斯瓦尔女士:

　　我给你写这封信是为防止你没有收到或注意我们通知你续缴会员资格费的第一封书信。我们希望在新的一年里你能继续享受哈夫萨尼健康俱乐部的会员待遇。有以下几种缴费方式供你选择:

* 每月自动转账。我们将无限期地继续你的会员资格。如果你想终止会员资格,你要提前一个月通知我们。

* 打折的现金交费。如果你直接用现金交纳会员资格费,你将可以享受低廉的打折优惠。

* 用万维萨信用卡和事达信用卡也可以交费。

　　因为你的会员资格马上就要到期,如果你现在就续缴会员资格费,你就可以节省30美元的会员申请登记手续费。

　　我们期望你在下一年能继续出现在哈夫萨尼健康俱乐部的会员健身场馆里。

　　诚挚的问候!

西蒙·萨恩
执行理事

st/mn
内附文件

附带通知续缴费用的书信

模板书信7.23是一封通知收信人交纳年度保险费的书信。在谈到收信人自动续缴保险费时,写信人不是简单地告知收信人自动交费的情况,而是表现出对收信人是否核实去年自动交费申请表的关心。在书信的第一段中,写信人清楚地说明了书信的目的,并且说明了不认真检查申请表的后果。书信的最后写信人表示可以为收信人提供保险方面的帮助。

模板书信7.23　　附带通知续缴费用的书信(版面格式)

[日期]

哈罗德·莱斯特先生
牛顿大街100号
缅因州宾厄姆顿市(邮编90009)

尊敬的莱斯特先生:

　　你的保险自动续缴费用表我们内附在书信中,请注意查收。因为你的保险费是自动转账,所以你必须认真核对自动交费申请表中所填信息确保准确无误。

　　如果发生严重事故,你要对你的保险申请表中没有申请保险的毁坏负责。所以为了避免财产损失,我们建议你认真检查你申请保险的项目,你可以打电话或写信通知我们修改你的保险申请表。

　　如果你有什么问题或者要对保险项目进行调整,你可以打电话给我们,也可以直接来找我们。如果没有疑问,那你只需将填好的续缴保险费申请表返回给我们就可以了。

　　最诚挚的问候!

贝瑟尼 J·科尔
副经理

mn

内附文件

书信篇

通知产品展览会的书信

　　模板书信7.24是一封写给潜在的顾客通知产品展览会的书信。在信中写信人提起了曾经成功举办过的展览会，并邀请收信人及其朋友参加即将到来的展览会。写信人明确介绍了这次展览会的报名方式，同时也指出参加展览会可以对公司的产品有一个全面了解的机会。

模板书信7.24　　　通知产品展览会的书信（简体格式）

[日期]

艾伦D·辛普森先生
斯文森大街1980号
新泽西州比洛克西市（89898）

　　产品展览会

　　辛普森先生，我们欢迎你参加我们公司的管弦乐器展览会。事实上，我们以前举办的展览会广受大家好评，有好多顾客请求我们再举办一次以便他们的家人和朋友也能参加。

　　如果你想参加，请在4月14日之前将我们随同书信一起寄给你的申请表填好并寄给我们。注意，你要注明你参加展览会的具体日期。另外，你也可以将你希望参加展览会的朋友的姓名和地址标注在申请表上，我们将邀请他们。

　　如果你还需要什么帮助，请打电话给我。

约翰·萨文森
副经理

js/mn

内附文件

介绍商品目录的书信

模板书信 7.25 至 7.27 都是邮寄商品目录的书信。

模板书信 7.25 是一封邮寄商品目录的伴随书信。首先写信人介绍了公司的情况,然后说明了书信内附了公司商品目录册。最后,写信人表示愿意帮助这位潜在的顾客选购她所需要的商品。

模板书信 7.25　　　邮寄商品目录的伴随信(半版面格式)

[日期]

贝丝·卡帕巴格夫人
卡帕巴格部门百货店
宫殿大街 1 号
亥俄州西柏林市(邮编 02202)

尊敬的卡帕巴格夫人:

　　伯特伦商店陈列器材公司是一家可以提供商店陈列用品设计、生产、送货和安装等全方位服务的公司。

　　随书信一起给你邮寄了我们公司当前的商品目录和价目表。如果仔细浏览我们的商品价目表,你会发现我们商品的价格是非常有吸引力的。另外,其中的一些商品在销售的时候还可以有折扣。

　　如果你还有什么要了解的问题,请给我们打电话,我的电话号码是 1-800-555-5467。能满足你的需要是我们最大的荣幸。

　　　　你真诚的朋友!

威廉·帕瓦恩
副经理

wb/gm

内附文件

书信篇

　　模板书信 7.26 是一封回复商品目录索要请求的书信。写信人首先感谢了收信人的索要请求,然后又提及了潜在顾客询问的特定商品的情况,并表示愿意提供特价商品。这封信虽然简短,但是信中内容切中要害,完全可以满足收信人的需要。

模板书信 7.26　商品目录索要请求的回复书信(版面格式)

[日期]

贾斯廷·朗格恩先生
哈特福德部门商店
格兰扁大街 186 号
北卡罗来纳州多尔切斯特市(邮编 23232)

尊敬的贾斯廷先生:

　　我们随同书信给你寄去了我们公司的商品目录以及你索要的商品展览橱窗的广告单。就像我在电话里说的一样,这些商品展览橱窗非常适合陈列罩衫和毛线衫等商品,并且也能给你的商店增添不少光彩。另外,这些展览橱窗的价钱也比较低廉。

　　贾斯廷先生,如果你购买我们的展览橱窗我们将为你提供一条龙服务,不仅送货上门,而且帮助安装。另外,我们还能在收费的时候对你提供优惠。

　　最美好的祝福!

艾莉森·克鲁瓦
销售代理

ak/mn

内附文件

模板书信7.27仍然是一封邮寄商品目录的伴随书信。这封书信比前两封都要长。为了吸引潜在市场,这封信的语气更加的友好。尽管语气和蔼,但是书信的表达同样清晰明了。写信人不仅介绍了商品目录,还指出为了激励顾客早点订购,公司开展了优惠活动。最后以如何具体订货结束书信。

模板书信7.27　　　　邮寄商品目录的伴随信(半版面格式)

[日期]

格雷格·邓卓斯先生
纳瑞恩大街1966号
新泽西州戈达德市(邮编57000)

尊敬的邓卓斯先生:

　　我们密德斯种子公司现在又增加了一些蔬菜和花卉品种的种子,我们经销种子的全部品种在我们给你随同书信的商品目录上都有具体介绍。

　　我们公司用了3个月的时间搜集新品种种子供应方面的信息。现在,我们公司的供应商品中除了有你喜爱的品种外,你还可以发现不少新的品种。

　　今年我们新引进了100多种世界上优质花卉和蔬菜的种子。另外,我们照常保证供应商品的质量和售后服务。我们密德斯种子公司是有100多年历史的老牌种子公司。

　　如果在20X3年3月30日之前订购,你将可以获得价值5美元的优惠券。你可以利用这5美元的优惠券为你的花园选购花卉种子,比如,蓝带紫苑、深红色的矮牵牛和青铜色的大菊花等。当然你也可以在我们公司好几百种的蔬菜品种中选购家人喜欢的蔬菜种子。

　　因为现在不是旺季,所以我们公司的商品现在销售的价格要比春季或夏季低20%~25%。你如果尽早给我们寄来订单,你将会可以节省很多费用。

　　你可以通过电话订购。我们的订购电话是1-800-555-3733,周一至周五的早上9点钟到晚上9点都有人接听。你可以用信用卡支付订购费,也可以使用其他方式。我们在4月份给你邮寄种子之前不会向你发送账单。

　　祝愿你有一个色彩斑斓的花园。

　　　　最诚挚的谢意!

　　　　　　　　　　　　　　　　　　　　　　瑟恩德G·密德斯
　　　　　　　　　　　　　　　　　　　　　　经理

cgm/bjc
内附文件

书信篇

咨询销售回复书信

　　模板书信 7.28 是一封回复潜在顾客咨询一种商品信息的书信。写信人在回答了这位潜在顾客的有关问题之后还强调了他们公司的信誉。书信的最后写信人还向收信人许诺可以帮助选购合适的商品。

模板书信 7.28　　　咨询销售的回复书信(全版面格式)

[日期]

爱德华 J·瓦格纳先生
基思和西蒙公司
特维利特大街
俄勒冈州恩斯尼市(09876)

尊敬的瓦格纳先生：

　　感谢你对弗洛伯德牌产品的信赖和支持。我们已将你索要的有关产品资料随同书信一起给你邮寄,请注意查收。

　　我们 M.L.尼尔盖瑟特公司自 1886 年开始就生产质量优质的建筑材料。我们非常愿意帮助你选购适合你的需要的商品。

　　如果你有什么问题,请拨打我们办公室的电话 617-555-6666。

　　　　最美好的祝福!

马丁·尼尔盖瑟特
销售部经理
建筑产品

mn/js

内附文件

商业会谈邀请信

模板书信 7.29 至 7.32 都是写给潜在顾客的商业会谈邀请信。

模板书信 7.29 是一封很短的商业书信,具体内容是写信人将要去收信人所在的城市并希望能与收信人进行一次商业会谈。在信中写信人向收信人清楚地叙述了安排会见的程序。

模板书信 7.29　　　　商业会谈邀请书信(全版面格式)

[日期]

西蒙·罗恩先生
极致胶卷洗印厂
爱达荷州克斯戈瓦夫市(88899)

尊敬的罗恩先生:

我计划 9 月 1 日去克斯戈瓦夫与你商谈彼密尼项目的合作事宜。

我将在下周给你打电话确定一下你是否方便与我会面。

　　　真诚的祝福!

　　　　　　　　　　　　　　　　　　　　艾丽丝·贝尔格
　　　　　　　　　　　　　　　　　　　　经理

ab/rb

书信篇

　　模板书信 7.30 是一封简短商业会谈的后续书信。写信人首先感谢收信人花时间与其进行会谈,并提到了给写信人推荐收信人的人是收信人的同事。最后写信人说将在周末与收信人通过电话确定两人再次会面的具体时间。

模板书信 7.30　　举行进一步会谈的邀请书信(版面格式)

[日期]

拉尔夫·汉密尔先生
托马森公司
前景大街 111 号
加利福尼亚州汉密尔顿(邮编 89898)

尊敬的汉密尔先生:

　　感谢你上周五浪费宝贵的时间与我交谈。

　　爱丽丝·克瓦夫顿建议我与你和桑德拉·纳斯科讨论托马森公司的公共关系需求问题。我给你随书信一起寄去了我们为一家高科技客户——韦斯顿软件公司设计的公共形象广告复印册。通过广告宣传树立形象是我们公司为托马森公司提供市场营销的重要组成。

　　我想尽早在你方便的时候与你和纳斯科女士会面以便了解你们公司及其公共关系目标。我将在下周末给你打电话商定具体会面的时间。

　　预祝我们的会谈成功。我确信你们能在汉密尔顿打开市场。

　　　　最真诚的问候!

　　　　　　　　　　　　　　　　　　　　　　　　　　吉恩 O. 克勒

go/mn

内附文件

在被告知有另外一位负责人之后,模板书信 7.30 的作者又写了模板书信 7.31 给这位负责人。写信人叙述了他和收信人所在的公司接触的历史,也提到了推荐与收信人商谈的情况,最后还是提出了与收信人会面的请求。写信人也清楚地说明了要与收信人通过电话商定具体会面时间。

模板书信 7.31　模板书信 7.30 的后续书信——邀请公司相关人员会谈的书信(全版面格式)

[日期]

洛伦·格雷先生,经理
托马森公司
前景大街 111 号
加利福尼亚州汉密尔顿(邮编 89898)

尊敬的格雷先生:

　　爱丽丝·克瓦夫顿建议我与你和桑德拉·纳斯科讨论托马森公司的公共关系需求问题。在最近的讨论中,他们告诉我你具体负责这些问题的审核工作,我才知道我发给汉密尔先生的那些材料最终要由你处理。

　　我想尽早在你方便的时候与你会面以便了解你们公司及其公共关系目标。随同书信我给你寄去了最近刊登在《汉密尔顿杂志》8 月份这期上我们为客户设计的广告,我们的这家客户是一家高科技软件公司。这个广告的内容主要围绕的是如何寻找软件供应商而设计的。

　　我将在下周早些时候给你打电话确定与你会面的具体时间。感谢你支持。

　　　　诚挚的问候!

　　　　　　　　　　　　　　　　　　　　　　　　　　　吉恩 O. 克勒

go/mn

内附文件

书信篇

模板书信 7.32 是一封通知收信人重新安排会谈日期的书信。在写这封信之前写信人和收信人已经商定要举行一次会谈,这封信就是为了进一步确定会谈日期而写的书信。

模板书信 7.32　重新安排日程之后邀请会面的书信(版面格式)

[日期]

贝瑟尼 J·科尔
美国伯特贝克公司
瓦萨恩大街 4545 号
伊利诺斯州韦恩市(邮编 45321)

尊敬的科尔女士:

我去韦恩市的具体时间有所改变,我希望在 1 月 22 日能与你会谈。具体的时间和地点我初步定在下午 6 点在你的办公室,不知道你是否方便?

请尽早给我回复。

诚挚的问候!

威廉·贝里
副经理

wb/mn

表示感兴趣的书信

　　模板书信7.33和7.34都是表示对某一项目感兴趣的书信。这类商业书信的目的是为了给写信人所在的公司拉来有吸引力的项目。

　　模板书信7.33也是为了特殊目的所写的书信,写信人在信中不仅解释了他自己以及手下人感兴趣的原因,而且还试图与收信人举行一次会谈。

模板书信7.33　表示对项目感兴趣并要求会面的书信(半版面格式)

[日期]

詹姆士·温格博士
乔宾学院
宾大街47号
缅因州诺瑞斯特市(邮编58585)

尊敬的温格博士:

　　我是恩德瑞斯产品研讨会的程序协调员。你在人力资源管理方面的威望引起了我的注意。我们非常想就你所擅长的领域举行一次研讨会。

　　除了人力资源管理外,我还想同你讨论有关程序安排方面的问题。

　　我计划20X2年1月21日去乔宾学院。如果你觉得方便我想在校园与你见面。我将在1月20日到达诺瑞斯特市,并且打算在学院宾馆住宿。

　　我期待与你会面。同时我也想对你能提供帮助,请在你方便的时候给我打电话。

　　　　衷心的祝福!

　　　　　　　　　　　　　　　　　　　　　　阿奇博尔德·罗伯特
　　　　　　　　　　　　　　　　　　　　　　程序协调员

ar/mn

书信篇

模板书信7.34是一封写给已经会过面的收信人表示对项目感兴趣的书信。写信人对与收信人讨论过的项目表示出浓厚的兴趣,并且鼓励收信人将所有关于项目的资料发送给他。写信人也分析了收信人与写信人所在公司合作的有利之处。最后写信人再次表达了想看到项目资料的期盼。这封信的目的不仅仅是表达写信人的兴趣,更重要的是为公司将来的工作争取一个有利的地位。

模板书信7.34　　表达对项目强烈感兴趣的书信(版面格式)

[日期]

保罗·詹森先生
桑瓦尔企业学院
贝瑟尼大街98号
马里兰州桑瓦尔市(90909)

尊敬的詹森先生:

　　我非常荣幸上个月能在桑瓦尔企业学院认识你。感谢你就我们讨论过的研讨会写来的建议信。

　　我对你的项目非常感兴趣,我们想了解更多的情况。我们知道你已经准备了一些项目材料,如果方便的话我们想了解一下这些材料。我们也愿意将我们关于你的项目讨论的结论与你一起分享。我相信我们的建议对你的工作会有所帮助。

　　詹森先生,我知道你非常想举办一次有关你的项目的研讨会。作为研讨会的发起者,你应该有自己的标准选择一家研讨会的承办单位。当然承办单位要有销售、营销、广告和售后服务等方面的经验。安道维斯研讨会公司在上述方面都具有优势。25年多来,安道维斯研讨会公司重点开展三个方面的工作:1.通过一系列高质量研讨会对市场拓展进行了分析;2.维持研讨会内容的高标准;3.通过集中发展策略达到研讨会最大规模市场。

　　我期待你的回复。同时祝你的项目顺利开展。如果你认为我能对你的项目提供帮助,请电话联系我。

　　诚挚的问候!

马丁·纳特

mn/js

给难得一见的潜在顾客的书信

模板书信7.35是一封写给多次联系未果的潜在顾客的书信。书信的第一段写信人通过叙述多次用电话联系不到收信人的情况而透露了写信人的困境。但是,写信人通过表达对收信人工作繁忙的理解而没有让收信人处于很尴尬的位置。写信人意识到收信人工作繁忙,所以没有浪费时间,第二段立即进入主题。写信人简要解释了他所在公司可以为收信人提供什么样的帮助。书信的最后写信人表示要再次给收信人打电话商讨举行会面的事宜。虽然以前多次联系都失败了,但是通过这封信写信人为成功联系收信人打下坚实基础。

模板书信7.35　　给难得一见的潜在顾客的书信(全版面格式)

[日期]

艾伦・肯尼先生
瓦特福特有限公司
阿尔马大街78号
罗瓦州埃皮尔市(09090)

肯尼先生:

　　上个月我给你打了好几次电话,都没有联系到你。我知道你们公司在安装新的电脑系统,所以你非常忙。

　　帕拉保险公司是一家非常有竞争力的保险公司,专门为你们这样的公司提供周到的服务。我们将个人联系、分公司的便利位置与总公司的综合实力全面结合来为顾客提供高质量的服务。

　　我将在近期给你打电话来确定在你方便的时候去你们公司洽谈业务的具体事宜。我期待与你的见面。

　　　　　诚挚的问候!

布里奇特・帕拉
副经理

bdp

书信篇

询问主管的书信

  模板书信 7.36 是一封写给新顾客公司询问业务主管的书信。写信人首先感谢客户公司的新业务,然后提出了要与收信人及其所在公司中能决断购买写信人的商品的主管会面的请求。

模板书信 7.36　　给新客户公司业务主管的书信(全版面格式)

[日期]

拉尔夫·斯图尔特先生
采购业务主管
普拉茨堡高品质颜料有限公司
洛林大街 43 号
北达科他州格兰德福克斯市(邮编 58201)

尊敬的拉尔夫先生:

  感谢你将萨塔德佩格门特的业务交由我们公司处理。我们理解你在过去几个月的时间里一直都没有给我们答复的原因,因为你要仔细考察我们的产品是否适合你们的需要。你们最终的选择让我十分激动。感谢你对我们产品的信任。

  现在可以确定我们马上就要一起工作了,所以我想与你以及你们公司其他参与我们业务的人员举行一次见面会。能与你一起工作自然是非常荣幸的事,但是我们知道业务中的所有问题都找你也是不现实的,所以我也想认识你们公司其他部门主管。

  如果你觉得方便,我想下周某个时间请你喝咖啡,顺便讨论我们正式会面的人员名单。我会给你的办公室打电话确定具体安排。

  再次感谢你选择我们与你开展业务合作。我祝愿我们的合作愉快。

  最真诚的祝福!

艾伦·格拉斯
副经理

进一步确认预定的书信

模板书信 7.37 至 7.39 都是写给顾客进一步证实曾经的推荐的书信。这些书信都是与潜在顾客初次联系之后,为了进一步接触而写的。

模板书信 7.37 是在写信人通过电话与收信人就收信人的保险需求进行讨论之后写的一封信。书信首先回忆了上次谈话的内容,并且也提到了收信人和写信人都认识的熟人曾给写信人提的一条建议。随后书信简要介绍了这条建议,最后还提示收信人如何实践这条建议。

模板书信 7.37　　　　　确认推荐的书信(半版面格式)

[日期]

爱德华·达维克先生
埃玛里敦联合会
丹斯德大街 56 号
阿拉巴马州剑桥市(45454)

尊敬的达维克先生:

我写信给你主要是为了告诉你我对上次我们的谈话非常满意,另外,我也想就你投保一事给你一些我的建议。

我给你随书信寄去了约翰杰伊保险公司人寿保险投保申请表,具体的条款包括以下内容:

(1) 每月收益 2900 美元
(2) 60 天的预备期
(3) 保险费持续到 65 岁
(4) 保险单只适用于投保人
(5) 资费调整与物价上涨保持一致
(6) 投保人对赔款方式的选择权

书信篇

第 2 页
爱德华·达维克先生
［日期］

  从我私人的角度，我觉得约翰杰伊保险公司是你最佳的选择，所以我向你推荐它。请在申请表上签名并将其邮寄给我。另外，你还要准备 733.25 美元支票向约翰杰伊保险公司交纳你的保险费。

  预祝我们合作愉快。我希望早点与你见面商讨具体事宜。

  最诚挚的问候！

拉瑞恩·格雷
业务主管

LG/mn

内附文件

模板书信7.38是一封回复预定典礼大厅和公共餐饮设施的书信。写信人首先答应了收信人的预定要求,并重复了具体预定内容。然后写信人又介绍了具体的费用和使用房间的注意事项。最后写信人还提到随书信给收信人寄来了菜谱帮助她确定典礼的具体菜单。

模板书信7.38　回复预定典礼大厅和公共餐饮设施的书信(简体格式)

[日期]

南希·阿米塔基女士
斯坦菲尔德大街186号
俄亥俄州西波林市(邮编80976)

　　主题:阿米塔基与凯通的婚礼预定服务

　　南希,我很高兴你们预定豪普斯凯彻宾馆的大伦敦大厅作为20X6年1月18日周六下午1点到5点之间举行的阿米塔基与凯通的婚礼的典礼大厅。我们将遵照你的指示安排75位客人的接待以及午宴和娱乐活动。

　　大厅使用费是800美元,食物和饮料的费用原来总共2000美元,我们为你提供10%的优惠。

　　我将具体的费用账单给你随书信邮寄了过去,你签名并将它返回给我们后,你的预定将正式奏效。另外,你还需要交纳800美元的押金,我们将在14天后返还给你。

　　本次典礼在我们宾馆的所有费用必须在典礼当天交纳。在宴会开始前,你将费用交到宴会经理那里,具体的缴费方式可以用现金,也可以是保付支票或信用卡。如果你用支票那就最好了。

　　我也随同书信给你邮去了我们的菜谱供你订餐点菜,我们希望你在三周内将你确定的菜单返回给我们。

　　我们期待为你服务。我们也将尽全力保障这次婚礼的顺利举行。

戴维L·贝希顿
市场开发部经理

dlb/ajm

内附文件

103

书信篇

　　模板书信 7.39 是模板书信 7.38 的后续信。在顾客确定具体的房间和菜单之后,写信人写信是为了进一步确认菜单,并暗示收信人要提前交付使用典礼大厅的费用。在仪式之前写信人将书信写的很短,并且表示如果有需要写信人可以随时提供帮助。

模板书信 7.39　模板书信 7.38 的后续确定的书信(简体格式)

[日期]

南希·阿米塔基女士
斯坦菲尔德大街 186 号
俄亥俄州西波林市(邮编 80976)

　　主题:阿米塔基与凯通的婚礼预定服务

　　南希,你的结婚典礼即将到来,为了确保各项准备工作顺利,我们将你确定的菜单和婚礼安排给你邮寄过去,请你核对是否符合你的要求。如果没有问题请你将签名的菜单和婚礼安排程序单返回给我们,如有改动请你标示出来。

　　我们希望你在典礼前的两个工作日之前将参加你婚礼的确切人数通知我们,以便我们计算最终的费用。你通知我们的数字越准确,你我的麻烦事就会越少。

　　我们期待为你的婚礼提供服务。如果我们能为你提供什么帮助,请你不要客气。

戴维 L·贝希顿
市场开发部经理

dlb/ajm

内附文件

后续书信

　　模板书信7.40至7.46都是向潜在的顾客进行第一次推销之后写的后续书信。

　　模板书信7.40是在与潜在的顾客举行第一次面谈之后的后续书信。写信人首先对收信人肯花时间与其面谈表示感谢,然后简要介绍了他们公司的经营范围,最后表达了愿意与写信人开展业务往来的期望。

模板书信7.40　　　　会见的后续书信(半版面格式)

[日期]

杰拉尔德·吉恩翰逊先生,主席
国家石油冶炼厂
马斯考特大街75号
乔治亚州阿尔德宾市(邮编89898)

尊敬的吉恩翰逊先生:

　　感谢你上周二在百忙之中抽时间在球拍俱乐部接见我们。上次我和戴维·帕拉有幸会见你以及你们公司其他负责人并且还就你们公司数据处理需求进行探讨,我们非常高兴。我希望这次会面是我们两家公司之间业务伙伴关系的良好开始。

　　记得见面的时候我说过,我们公司专为你们公司这样的客户提供服务。我们随时欢迎你就你们的需要与我们讨论。我也很乐意与你们再次会面就你们的需要进行进一步商谈。

　　再次感谢你肯出席上次会面。我希望在不远的将来我们就能开展业务往来。

　　　　　真诚的祝福!

　　　　　　　　　　　　　　　　　　　　　　　艾伦·罗斯
　　　　　　　　　　　　　　　　　　　　　　　　副经理

ar/fk

复印件发送:戴维·帕拉

书信篇

模板书信 7.41 是一封电话交谈后的后续书信。写信人开门见山地说明写信的目的是为了邮寄收信人在电话交谈中索要的材料。最后写信人表达了对上次谈话的满意之情,同时也感谢收信人对他们公司服务的兴趣。

模板书信 7.41　　　电话交谈后的后续书信(版面格式)

[日期]

沃尔特 B·辛格尔先生
克里斯多佛公司
邮局汇票 45 号信箱
华盛顿州迈纳和格恩市(邮编 98765)

尊敬的辛格尔先生:

　　我随书信给你邮寄了昨天电话交谈的时候你索要的我们公司的宣传材料。另外,这些宣传资料内还有我写的我们公司主要职员的简历和客户清单。

　　我希望在 10 月 5 号左右能与你举行一次见面会谈。感谢你对恩亦埃斯公共关系公司的支持。我会很快与你联系。

　　　　你真诚的朋友!

　　　　　　　　　　　　　　　　　　　　　　　马克·尼尔顿

mn/mv

内附文件

推销和业务关系书信

模板书信7.42是写给决定改换服务公司的老顾客的后续书信。通过与收信人所在公司的某个职员谈话，写信人了解了收信人所在公司将业务转向其他公司的原因。首先写信人陈述了当前两公司的关系，然后承诺如果收信人公司能继续与他们公司开展合作，他们一定能提供比竞争对手更好的服务，并保证满足客户公司的需要。最后写信人表达了愿意继续为收信人提供服务的愿望，并且表示愿意为收信人提供帮助。

模板书信7.42　　　致流失的顾客的书信（半版面格式）

[日期]

卡尔B·威普里克先生
玛雅尔斯有限公司
迈瑞马克大街456号B4号房间
纽约州威廉斯堡市（邮编34345）

尊敬的威普里克先生：

　　当我查看业务往来记录的时候，我没有发现你与我们兹伯林克办公用品公司的业务往来记录。当我给你的办公室打电话的时候，你们公司的工作人员告诉我，你们现在已经使用了其他公司的产品。你的办公室主任萨德·戈洛帕克还向我说明你们公司不再使用我们公司产品的原因是我们的产品缺少可以保持你们公司业务的标注。

　　我很高兴地告诉你我们已经在所有产品上按照戈洛帕克先生的意见添加了新的归档标注线。另外，我们除了供应彩色编码的悬挂式文件夹之外，又添加了适用于法律、书信等方面的文件夹。

　　我想当你得知我们公司已经建立了当天送货和通宵提供服务的业务之后也会非常高兴，因为戈洛帕克先生曾经说过这项服务将非常有助于你们公司。这项服务是我们的任何一家竞争对手都不能提供的。

　　戈洛帕克先生告诉我玛雅尔斯有限公司的所有采购决定都由你最后决断。威普里克先生如果你需要其他信息请给我打电话。我希望能再次为你公司提供服务。我将尽全力让你们满意。

　　　　　衷心地祝福！

　　　　　　　　　　　　　　　　　　　　　　　　　罗伯特·凯普瓦尔

rk/js

书信篇

　　模板书信 7.43 是销售之后写的一封后续书信。书信的一开始写信人首先对上次交易表示感谢,并且向收信人保证他的公司可以继续提供高质量的产品和服务。书信的结尾写信人提到了随书信邮寄给收信人一份产品清单,同时鼓励收信人如果有问题可以打电话给他。

模板书信 7.43　　　　成功交易的后续书信(版面格式)

[日期]

贝瑟尼 J·科尔女士
学会服务有限公司
邮政汇票地址 3456 信箱
肯塔基州拉丁市(邮编 54433)

尊敬的科尔女士:

　　感谢你在今年早些时候从迪斯库克服务公司购买电脑配件。我和我在迪斯库克服务公司同事非常乐意为你和你们公司提供服务,换句话说就是愿意为你们公司提供电脑软、硬件方面的信息。我们在拉丁地区有很多业务,所以我们了解你们公司运作所面临的挑战。

　　为了便于你了解迪斯库克服务公司,我随书信给你寄来了我们最新的产品清单。如果你有问题可以随时打电话给我或者我的同事。我将在今后几天的某个时间通过电话向你介绍我的一些情况。

　　我期待与你会面。

　　诚挚的问候!

　　　　　　　　　　　　　　　　　　　　　　　　艾伦·马克莱索托
　　　　　　　　　　　　　　　　　　　　　　　　副经理

Am/mn

内附文件

模板书信 7.44 是一封写给刚刚参加了写信人所在公司的产品展览会的已有业务来往的顾客的书信。简要回顾了展览会之后,写信人介绍了他们公司最新上市的新产品。最后写信人对收信人业务上的支持表示感谢。这封信的目的不仅仅是向顾客推销产品,更重要的是及时向顾客发布最新的产品信息。

模板书信 7.44　致产品展览会参加者的后续书信(简体格式)

[日期]

劳伦斯 Z·魏玛尔先生
魏玛尔形象公司
迈伦大街 454 号
宾夕法尼亚州查斯特市(邮编 34343)

　　新产品的宣传材料

　　拉里(劳伦斯的昵称),在三月份的展销会上我们推出的新款宣传摄影放大机,广受展销会各界的好评。为了让你更好地了解摄影放大机,我们随书信给你邮寄了我们公司新产品的介绍资料。

　　除了向你介绍新的摄影放大机外,我们还要告诉你我们公司的其他一些变化。我们公司的设备再次大规模更新,可以为你和你的顾客提供更高质量的服务。我们现在能够更快速地处理订单,而且服务效率也大大提高。

　　以上是我们今年推出让顾客兴奋的承诺。我们希望能有机会让我们向你兑现承诺。

迈克尔·克里
销售部副经理

MK

内附文件

书信篇

　　模板书信7.45是在收信人被其同事推荐给写信人之后写的一封书信。写信人在书信的第一段通过指出推荐人的姓名明确了写信的目的。如果潜在顾客认为推荐人是值得他信赖的人,他就会继续阅读书信。写信人然后又介绍了他所提供的服务,另外也说明随书信邮寄了具体服务内容的宣传册。在书信的结尾,写信人希望收信人能够跟他联系。

模板书信7.45　　写给被推荐人的书信(全版面格式)

[日期]

约翰·纳维斯先生
市场开发部主管
纳维斯奥亚有限公司
常山大街681号
马萨诸塞州诺斯塔市(邮编09999)

尊敬的纳维斯先生:

　　比阿特丽斯·可尔尼格建议我写信给你,因为她认为你会对我们公司提供的这项特殊服务感兴趣。

　　我经常在交易会、展销会以及公司会议上表演魔术。我表演的目的是为了推销产品和介绍新产品,所以在这些场合魔术表演就是为了通过娱乐的方式达到商业宣传的目的。每次表演之前我都要精心设计以便让顾客清楚了解产品的性能。

　　为了让你获得更多的信息,我给你随书信邮寄了我的宣传册,这些材料可以帮助你更详细地了解我通过魔术宣传商品的情况。

　　如果你觉得我们的魔术宣传对你们纳维斯奥亚有限公司有所帮助的话,请跟我联系。我期待你的回复。

　　　　诚恳的谢意!

　　　　　　　　　　　　　　　　　　　　　　　　　　　雷·福特莫尔

rf/jm

内附文件

模板书信7.46是在写信人给收信人写了一封建议信之后又写的一封后续书信。

模板书信7.46　　建议书信的后续书信(全版面格式)

[日期]

比阿特丽斯·耶锐代女士
耶锐代软件开发公司
查尔斯大街48号
新罕布什尔州凯特罗那市(邮编32334)

尊敬的耶锐代女士：

　　8月20号我们写了一封建议你们公司集合包装软件产品从而节省包装费用的书信。因为一直都没有收到你的回复，所以我觉得应该再次向你重申我们的建议。我相信我们的建议能有效地满足你们的需要，并且节约你们的成本。

　　我随书信给你寄去了已经粘贴邮票的信封以便你给我们回复。感谢你体谅我们的工作。我们期待与你进行合作。

　　　　真诚的问候！

　　　　　　　　　　　　　　　　　　　　　　　　　　拉里·道格拉斯
　　　　　　　　　　　　　　　　　　　　　　　　　　市场开发部主管

书信篇

重新联系的书信

　　模板书信 7.47 是一封写给潜在顾客的书信，这位潜在顾客以前在另一家公司工作的时候写信人就认识她。首先写信人祝贺收信人获得新职位，并且提醒收信人写信人是谁。然后，写信人表示他的公司可以为收信人提供她所需要的服务。

模板书信 7.47　　　重新联系的推销书信（半版面格式）

[日期]

林赛·哈尔博士
执行副经理
爱默生沃尔多联合公司
戴维尼提大街 1 号
俄亥俄州库珀市（邮编 98989）

尊敬的林赛：

　　得知你担任爱默生沃尔多联合公司执行副经理一职我很高兴。请接受我们安布罗斯运输公司全体员工的祝贺。

　　你应该还记得在你担任吉瓦姆斯公司业务副主管的时候，我们曾有过几次电话交谈。但是就在那个时候，我的工作发生了调整，由原来负责长期运输工具出租调整到负责爱默生沃尔多联合公司这样的大公司业务上来。

　　如果我能够帮助你为你的顾客提供服务，请及时通知我。我们安布罗斯运输公司致力于为大公司贸易提供安全、高效的运输服务，这是每次成功交易所必需的服务。

　　我再次祝贺你取得成功。

　　　最美好的祝福！

C. C. 兰格
副经理

ccl/jlb

致新顾客的欢迎书信

  模板书信 7.48 是一封欢迎新客户的书信。首先,写信人表示对顾客的欢迎,然后介绍了处理客户业务的职员以及公司如何帮助他和他可以从公司得到哪些服务。书信的最后写信人通知说收信人的业务代理人将会给收信人打电话商量举行一次会面的具体事宜。这封语言简练的欢迎书信不仅向客户说明了公司提供的服务,更重要的是让客户感受到即便是他已经同意将业务交给写信人所在的公司,公司还是很重视对客户的关心。

模板书信 7.48   致新顾客的欢迎书信(半版面格式)

[日期]

亚历山大·海斯先生
华特瑞富有限公司
波利维耶大街 98 号
新泽西州科特兰市(邮编 54545)

尊敬的海斯先生:

  欢迎你成为我们的新顾客,并借此机会感谢你选择尼尔戈斯科沃巴克公司帮助你理财。我们公司将为你提供一流的服务和专业的金融咨询顾问。

  我们安排格里塔·林肯为你的私人理财员和第一联系人。当然了,为了确保你的各项金融业务顺利运作,格里塔也将密切保持与我们公司全体员工的联系。

  我们专门为你和你的公司提供战略性金融计划。除了评定你过去的金融运行状况外,我们还将对你的金融前景进行分析。更重要的是,我们可以为你提供帮助你成功的辅助服务,比如满足你需要的金融管理软件。

书信篇

第 2 页
亚历山大·海斯先生
[日期]

　　作为尼尔戈斯科沃巴克公司的客户,你可以收到每月一份有关最新税率和金融形势的时事资讯。你也将会被邀请参加我们定期举行的有关客户金融利益的研讨会。

　　格里塔·林肯会在近期会给你打电话商讨安排你们初次见面的具体时间。如果你对我们的服务还有什么问题和疑问,请你打电话给我或者马克斯。

　　再次欢迎你成为尼尔戈斯科沃巴克公司的客户。

　　诚挚的谢意!

尼尔斯·科沃巴克
总经理

nc/mr

请求推荐的书信

模板书信 7.49 是一封写给写信人最近才会见过的顾客的书信。首先写信人告诉收信人他的申请已经收到,然后写信人请求收信人推荐可能对他的服务感兴趣的人。写信人描述了他所寻找的顾客类型并且暗示收信人他将会打电话商讨此事。书信的语气委婉,虽是要别人推荐但是并不令人讨厌。写信人很明确地表示能否推荐全凭收信人自己决定。

模板书信 7.49　　　　请求推荐顾客的书信(半版面格式)

[日期]

杰弗里·斯帕尔丁先生
动物食品有限公司
马克思大街 45 号
加利福尼亚州奇科市(邮编 32345)

尊敬的斯帕尔丁先生:

　　我非常荣幸上周在瓦科魁特餐厅能与你共进午餐。我已经收到你寄来的人寿保险申请表和第一笔保险费。我很高兴我给你推荐的我们公司的人寿保险业务能够满足你的需要。我想我们公司的人寿保险业务会像其他业务一样让你满意。

　　上次午餐期间,你曾提到在处理业务的过程中你认识了很多小商业业主。如果你觉得合适,我希望能有机会为这些小商业业主提供人寿保险服务。

　　我也向你提到过,我们太平洋保险公司在针对小商业业主的额外福利和保险方面的业务越来越大。不知道你有没有认识一些愿意享受我们公司服务的小商业业主?

　　我将在下周给你打电话详细了解你是否可以为我们推荐合适的顾客。你推荐一位顾客如果我们自己开发,我和我的同事要花很大的气力才能做到。

　　我期待下周与你的交谈。

　　　　最美好的祝福!

　　　　　　　　　　　　　　　　　　　　　　　　吉诺·伊瑞克

gi/js

书信篇

促销书信

　　模板书信 7.50 是一封特殊情况下的推销书信。在书信的前三段，写信人解释了销售产品的情况。在书信的结尾写信人向收信人说明了如何利用这次机会。写信人明确指出了开展这次促销活动的原因，并且也说明了收信人如何从中受益。

模板书信 7.50　　　　产品促销书信(半版面格式)

[日期]

佐伊·帕特森女士
莱瓦马大街 34 号
犹他州埃帕瓦市(邮编 38928)

尊敬的帕特森女士：

　　你现在有一个机会接手一所准备工作已经完成的房屋建筑。

　　由于房主患了严重的疾病，所以这所位于繁华地段的房屋无法继续建设。房主愿意以远远低于市场价的 79900 美元出售这块地皮。

　　具体内容包括一英亩的规划建设停车场，3400 平方英尺的房屋建设面积，所有的建设房屋许可证，一些临时的供水和供电设备以及价值 2500 美元的建筑材料。

　　如果你对此有兴趣，请打电话和我们联系，我们的电话号码是 888-8888。我们计划在 20X6 年 1 月 25 日公开拍卖这项半截子建筑，所以你若有意，请赶快打电话与我们联系。

　　最真心的问候！

马科斯·杰弗里斯
经理

mn

致客户的节日慰问书信

模板书信 7.51 是一封写给顾客的简短的节日慰问书信。这封信可以适合任何宗教庆典的节日。虽然这封书信具有普遍的适应性,但是书信的语言也并不乏味。

模板书信 7.51　　致客户的节日慰问书信(全版面格式)

[日期]

沃尔特 O·克莱尔先生
瓦萨欧大街 99 号
佛罗里达州马特奥市(邮编 65124)

尊敬的 O·克莱尔先生:

　　我们帕克达汽车服务公司的全体员工向你表达节日的问候。我们感谢你为我们提供的业务,并且希望在新的一年里有机会为你提供更高质量的服务。

　　祝愿你和你的家人在新的一年里身体健康、生活愉快,同时也希望你过一个安全愉快的节日。

　　　　你真诚的朋友!

　　　　　　　　　　　　　　　　　　　　　　　　　　　萨姆·罗沃尔

书信篇

商业伙伴关系周年答谢书信

模板书信7.52是一封庆祝商业伙伴关系周年的书信。书信不是为了回复咨询也不是为了推销商品,写信人只是想通过友好的方式联络他与客户感情以便加强当前的商业合作关系。

模板书信7.52　商业伙伴关系周年的答谢书信(全版面格式)

[日期]

托妮·塔姆尔斯女士
托妮健身中心
珍珠大街1247号
马萨诸塞州罗斯韦尔市(邮编02219)

尊敬的塔姆尔斯女士:

你相信吗?现在距离我们萨姆逊体重测量器材公司第一次为你的健身中心安装设备已经过去了10年时间。时间虽然流失,但是我们高兴地看到你的生意就像你的顾客身上的肱二头肌一样越来越大,同时我们之间的业务合作关系也越来越紧密。

在庆祝这个合作10年的时刻,我们想让你知道我们公司将一如既往满足你的需要。我也希望当你的建身中心庆贺成立12周年的时候,我们公司依然是你的合作伙伴。

祝贺你在健身中心上取得的成功,我们也希望在你再次扩展健身中心规模的时候能跟我们联系。

最诚挚的问候!

罗德尼·凯伯勒罗

公共关系书信

　　作为市场开发的工具，专业人士利用公共关系引起公众对他们业务的注意。模板书信 7.53 至 7.60 都是适用于不同情况的公共关系书信的样板。

　　模板书信 7.53 是一封邀请一群新闻记者参加写信人所在公司特殊产品新闻发布会的书信。在书信的第一段，写信人表达了邀请之意，然后简单地描述了产品的情况，同时也提到在新闻发布会上记者还可以获得公司其他的一些信息。书信的结尾写信人表示她将会打电话询问收信人是否能出席新闻发布会。这封书信既语言简练又信息丰富，收信人一看就会明白写信人的意图。

模板书信 7.53　　邀请参加新闻发布会的书信（版面格式）

[日期]

帕特丽夏·帕拉女士
弗拉斯新闻报道社
哈沃德大街 134 号
康涅狄格州弗拉斯市（邮编 09087）

尊敬的帕特女士：

　　我希望你能参加 1 月 6 号早晨 9 点的一部有关私人金融管理的电视系列节目的新闻发布会。这次发布会将由我们的合作伙伴克维恩大众金融公司主办，具体的地点在弗拉斯市埃德马特大街 45 号。

　　这部名为《如何理财》的六集电视系列节目从 20X2 年 1 月 5 日开始在消费者有线电视台面向弗拉斯地区播放。这部电视系列节目通过真实的例子以及金融专家的点评向观众分析一系列人们在金融投资中经常遇到的问题。通过这六集系列节目观众应该学会如何通过短期投资来实现自己的金融目标。

　　这部系列节目的制片人和主办人将代表克维恩大众金融公司和我们公司出席这次新闻发布会，并且要回答记者的提问。

　　我将在下周给你打电话以便确定你是否能参加这次新闻发布会。我期待早日与你见面。

　　诚挚的问候！

贝琳达 J·卡尔森
公关部经理

bjc/jls

书信篇

模板书信7.54是一封邀请客户参加写信人所在公司的顾客招待会的书信。写信人清晰地介绍了这次活动的具体细节,同时写信人给收信人寄去一张已付邮资的回复卡。

模板书信7.54　　　　招待会邀请书信(全版面格式)

[日期]

布赖恩·帕拉先生
副总经理
帕拉旅游服务公司
华盛顿大街434号
南卡罗来纳州波士顿市(邮编30330)

尊敬的帕拉先生:

　　一年一度的旅游服务行业招待会即将到来。今年的招待会将于12月10日至15日在莱顿票据制作设备公司的总部所在地萨克拉曼多举行。我希望你能参加这次招待会以便你有机会更加详细地了解我们公司和萨克拉曼多。

　　我们也希望你能在萨克拉曼多期间参观我们莱顿票据制作设备公司的生产车间。经过与这次招待会的主办者协商,在12月12日下午参观完我们公司最新适用你的行业的票据制作设备之后的8点至10点的时间里将由我们公司举行晚宴招待与会者。

　　我随书信给你邮寄了一张已付邮资的回复卡,请你在回复卡上注明是否参加我们公司的晚宴。我期待12月在萨克拉曼多与你相见。

　　最真诚的祝福!

　　　　　　　　　　　　　　　　　　　　　　　　　　垂克·伏特
　　　　　　　　　　　　　　　　　　　　　　　　　　经理

内附文件

模板书信7.55也是一封参加专业年会的邀请信。这封信与模板书信7.53一样,写信人清楚地介绍了这次活动的内容。首先表达对收信人的邀请,然后介绍了会议的主题,同时也提到了出席会议可以享受的服务,最后鼓励收信人尽快回复。

模板书信7.55　　　　　　出席会议邀请书信(简体格式)

[日期]

南希·肯沃丝女士,编辑
汉密尔顿金融杂志
格兰德大街54号
加尼福利亚州汉密尔顿市(邮编00012)

　　国家投资咨询师年会

　　肯沃丝女士,我们诚挚地邀请你参加第十届国家投资咨询师年会。这次会议将于10月5日至10日在爱达荷州帕里克市的爱达荷州世界贸易大厅召开。我们邀请的宾客将可以参加全体会议、教育性会议、展览会,当然也可以享用我们安排的膳食。另外,在10月6日我们还将安排与媒体的见面会。为了方便与会者,我们将报到处设在爱达荷州世界贸易大厅。

　　此次会议将会有2000多位投资咨询师参加。在4天的会议期间,有3次全体会议,另外还有100多场由重要企业领导主讲的有关10个主要领域的教育性会议。展览会的主要内容是介绍300多家公司的金融产品和服务。我随书信给你邮寄了介绍这次会议详细内容的会议日程。

　　这次会议的主要发言人包括国内著名的投资评论员艾丽丝·塔尼·涅克尔,另外在会议期间我们还要组织与会者就金融投资咨询行业的发展前景展开讨论。闭幕会议由著名的私人国内投资专家托马斯主持。

书信篇

第 2 页
南希·肯沃丝女士，编辑
[日期]

  我们还将为你及其他新闻工作者安排针对发言人、企业领导、与会者以及国家投资咨询师管理委员会的主要官员的新闻采访。我和我的员工非常乐意为你安排新闻采访。

  为了确保你选择合适的住宿，我建议你尽可能在 8 月 30 日之前将我们给你邮寄的登记表填好后返回给我们。如果你有其他问题可以通过我们的免费电话联系我们，电话号码为 617-555-2217。

  20X5 年的国家投资咨询师年会上将会有很多你在其他地方无法获得的信息发布。我们希望能很快收到你的回复。

帕梅拉 A·哈恩
公关部经理

PAH/trw

内附文件

模板书信 7.56 是一封介绍新公司的书信。写信人详细介绍了顾客可以从这家公司可以获得的服务,同时也暗示收信人应该写一篇介绍这家公司的新闻报道。

模板书信 7.56　　　　介绍公司情况的书信(半版面格式)

[日期]

约翰·希尔先生,编辑
《本地商业报道》编辑部
加尼福利亚州桑埃纳马特市(邮编 43456)

尊敬的希尔先生:

　　去年夏天西堡林国际商业俱乐部的成立标志着桑埃纳马特成为世界知名城市又向前迈进了一大步。《本地商业报道》读者一定对加入西堡林国际商业俱乐部能给他们带来什么样的国际机会非常感兴趣。

　　桑埃纳马特的西堡林国际商业俱乐部已经和 50 多个遍布世界各地的此类俱乐部相互协定为会员提供工作和生活上的便利服务。这些俱乐部对于经常出差的商业人士来说,会让他的旅行变得方便、舒适,因为在你所到之处如果有协定的俱乐部,那么你不仅可以轻松享受可口的膳食,而且还将为你安排当地语言翻译、临时办公场所和秘书服务,另外,你还可以享受宾馆住宿打折的优惠待遇。这种俱乐部之间互惠的会员服务几乎遍布世界各大商业中心,他们将为你的商业旅行提供工作和生活方面全方位的服务。

　　在国际市场正在萎缩的今天,我们认为有关西堡林国际商业俱乐部及其发展历程的文章将会给你们的读者提供有价值的信息。

　　提前感谢你介绍西堡林国际商业俱乐部的文章。我将会在下周通过电话了解你的意见。

　　　　诚挚的问候!

　　　　　　　　　　　　　　　　　　　　　　　　　　　　艾伦·哈伦

ah/mn

书信篇

  模板书信 7.57 是一封向所有客户宣布公司将与另外一家公司合并的决定。书信的一开始就宣布了公司的合并,同时也承诺为顾客提供的服务不但要继续,而且新成立的公司还将设法提高服务质量。书信的第二段解释了公司合并的好处。最后写信人公布了她的公司的客户关系部经理的电话号码,以便收信人获取更多的信息和帮助。

模板书信 7.57 宣布两家公司合并的书信(全版面格式)

[日期]

安娜·帕塞女士
撒克逊山路 2531 号
马萨诸塞州得巴伯堡尔市(邮编 03219)

尊敬的帕塞女士:

  我们写信给你是为了通知你隔壁的维德绍莫影碟商店将于 200X 年 2 月与马格尼托影碟公司正式合并。我们向你保证新成立的公司不仅要继续维德绍莫影碟商店的服务,还要提高服务质量。作为对你这样的顾客的回报,我们将在明年为你提供六次免租金观看影碟的机会。

  两家公司合并之后,我们将能给你和你的家人带来更多的实惠。除了以上提到的免费活动外,我们还将推出一种常用顾客会员卡。凭借此卡,每当你租用影碟达到 12 张就可以免租金观看 1 张。我们也承诺你每次租影碟都有一位职员帮助你挑选适合你口味的影碟。另外,每次租影碟,你都将可以免费抽奖一次,如果中奖,将可以享受更多次的免费观看影碟的服务。

  我们非常感谢你对我们公司的支持,同时我们也希望以后能继续为你提供娱乐服务。如果你对我们公司的合并有任何意见和建议,请跟我们的客户关系经理乔治·布什怀特联系,他的电话号码为 1-800-321-7839。

  诚挚的问候!

马哈勒 F·斯文森

推销和业务关系书信

　　模板书信 7.58 是一封由一位即将开展自己商业活动的人写给他在商业上的熟人的书信。在书信的第一段写信人宣布了他的新业务，然后简要描述了业务活动的具体内容。书信的结尾写信人表达了与收信人会面的愿望。虽然写信人没有直接向收信人推销他的产品，但是写信人清楚地意识到这封信一定会起到作用的。

模板书信 7.58　　　　宣布新业务开展的书信（版面格式）

[日期]

塞缪尔·约翰逊先生
卡特路 19 号
乔治亚州利奇菲尔德市（邮编 08765）

尊敬的塞缪尔先生：

今年 8 月份辞去了波斯瓦尔咨询公司的职务之后，我建立了自己的咨询公司。我想借此机会向你介绍我公司的业务。

我的新公司的主要业务包括：

* 为审定会计公司提供有关使用电脑处理审计、税收和管理方面的咨询服务以及顾客电脑咨询，特别是金融分析等。

* 为小企业提供自动管理咨询服务。

* 专门电脑软件的使用培训，如：Excel、Word、Powerpoint、Outlook 和 Windows 等。

最近的四个月我的业务已有所成就，现在公司的业务已经扩展到纽约、波士顿以及欧洲的一些地方。

如果你有机会到纽约和波士顿有意与我会面，请给我打电话。

　　　　诚挚的谢意！

罗伯特·兰
总经理

rl/js

书信篇

　　模板书信 7.59 是一封伴随书信,伴随的主要内容是一个专业组织为一位顾客提供的用作教育工具的资料。在书信的前两段,写信人解释了给收信人邮寄这些资料的原因,然后对邮寄的资料进行了简单的介绍。书信的结尾,写信人表示为了满足收信人所需要的信息可以安排一次收信人与专业人士的见面会。

模板书信 7.59　　　　行业信息的伴随书信(简体格式)

[日期]

雅各布·威尔斯先生
《威尔斯杂志》编辑部
波士顿大街 45 号
马萨诸塞州纳什维尔市(邮编 90876)

　　帮助顾客应付股市下跌

　　最近的股票大幅下跌让股民们对经济前景和自身的金融处境迷惑不解。坦白说股民的信心开始动摇。

　　怎样才能让股民克服内心的恐惧保持对他们金融前景的积极态度呢?

　　这个问题的答案在书信的内附资料中有详细的解答。这份资料是由国家投资咨询协会提供的旨在帮助股民应付当前金融问题的背景资料。国家投资咨询协会是一家拥有 10000 名职员的投资咨询公司。

　　在这份资料中有全面的投资策略可以帮助股民合理投资从而满足他们长期和短期的金融反战目标的需要。

　　现在你也可以向权威的投资咨询专家了解如何应对当前金融投资困难的策略。如果你想当面向投资咨询员了解更多的信息,请你跟我们联系,我们的电话号码是 212-555-6767。

帕梅拉 A·哈恩
公关部经理

PAH/trw

内附文件

一项成功的公共关系策略就是及时了解专业领域内的变化。模板书信7.60的作者以收信人的职位变动为借口,不仅表达了祝贺之意,同时也推销了他的服务。虽然书信中明确说明是表示祝贺,但是写信人通过简要介绍自己的工作能力增加了收信人购买他所推销的服务的可能性。

模板书信7.60　　　顾客升职的祝贺信(全版面格式)

[日期]

帕梅拉·琛女士
赛莫西门斯公司
特沃克布维大街45号
密歇根州亚历山大市(邮编34321)

尊敬的琛女士:

　　祝贺你被任命为赛莫西门斯公司的副经理。我可以想象你会为顾客大量的保险问题而发愁,我非常乐意在处理这些问题上能帮你的忙。

　　我们萨维哈尔保险公司专门为你这样的专业人士提供保险服务。我们会对业务推荐给予快速回复。

　　祝你工作顺利。我希望能够为你提供你所需要的服务,也希望能帮助你解决你所遇到的问题。

　　　　诚挚的问候!

艾伯特·弗林
副经理

af/cc

第八章

客户服务书信

　　客户服务书信是商业书信中最重要的类型之一。满足顾客的需求是继续赢得顾客信赖的有效方法。即便是处理顾客投诉和价格上涨这样棘手的问题时，体现对顾客的尊重同样是维持业务完整性和取得理想结果的关键所在。

　　本章的所有客户服务书信都以客户为中心，其中大多是为了加强客户对当前业务的信赖，其他一些书信在取得理想结果的同时也并没有疏远当前的顾客。

客户投诉的回复书信

  模板书信8.1至8.8都是为了处理顾客投诉而写的书信。模板书信8.9是一位顾客在几次试图解决问题未果之后写的书信。

  模板书信8.1是在收到顾客的投诉之后写的回复书信。在书信的第一段写信人确认了收信人的投诉,并表示投诉一旦被调查属实,公司将会在投诉人的账户上添加信用资金。最后,写信人告诉收信人如果有问题如何与客户服务中心取得联系。

模板书信8.1 收到投诉的回复书信(半版面格式)

    [日期]
    A-564-654567-90000

艾莉森Q·阿姆波尔夫人
汉诺伏特大街546号
纽约州马萨皮夸市(邮编94032)

尊敬的阿姆波尔夫人:

  你要求亨德森百货商店退还超额收取的金额的书信我们已经收到。我们已经写信给商店管理部门要求他们解决此事。一旦他们给予回复,我们将立即写信通知你。

  在我们展开调查的过程中,我们会在你的账户上添加86.81美元的临时信用金额。

  如果你还有什么问题或者我们可以为你提供进一步的帮助,请你打电话给我或者其他的客户服务代理人,你的月结账单上有我们的联系电话。

    诚挚的谢意!

                莱斯利T·怀特
                客户服务部经理

ltw/jls

书信篇

　　模板书信8.2是写给一位投诉顾客的回复信,这位顾客投诉内容是他的支票账户扣去金额不准确。在书信中写信人表示为了对投诉展开调查,顾客需要提供进一步的资料。书信的前三段,写信人说明顾客如何加速调查的进度。最后写信人感谢顾客提供的帮助,同时也鼓励顾客如在调查此事的过程中有其他问题可以打电话联系。

模板书信8.2　　为了澄清账单要求顾客配合的书信(版面格式)

[日期]
A – 456 – 8765 – 87777

西蒙F·华莱士先生
道格拉斯大街43号
宾夕法尼亚州法希尔市(邮编23234)

尊敬的华莱士先生:

　　为了查清你所投诉的20.95美元的不合理收费,我们需要你上次交费所用支票正背面的复印件,如果复印件上的内容不清晰,你要标注清楚。

　　在这件事查明之前,你不能使用这张支票付款,请给我们邮寄替代的支票。我们随书信给你邮寄了一个信封以便你将替代支票及其他材料寄给我们。

　　在处理这件事的过程中,我们会在你的账户上添加一笔临时信用金额。如果我们在12月7日之前没有收到上述材料,我们将取消这笔临时信用金。

　　我们非常感激你为了使问题尽快解决所提供的帮助。如果你还有什么问题或者我们可以为你提供进一步的帮助,请你打电话给我或者其他的客户服务代理人,你的月结账单上有我们的联系电话。

　　衷心地感谢!

莱斯利T·怀特
客户服务部经理

ltw/jls

模板书信 8.3 是一封通知顾客解决投诉的相关资料还没有收集齐全的书信。这封书信可以作为模板书信 8.2 要求提供进一步资料的后续书信。写信人扼要重述顾客的投诉,并且解释说临时信用账户正在被废除,所以告诉收信人如果有其他任何问题要及时联系。这封信的参考信息栏的内容和模板书信 8.2 的完全一样,表明它们所指的是同一个账户。

模板书信 8.3　通知顾客解决他所投诉的问题的必要材料没有发送来的书信(全版面格式)

[日期]
A-456-8765-87777

西蒙 F·华莱士先生
道格拉斯大街 43 号
宾夕法尼亚州法希尔市(邮编 23234)

尊敬的华莱士先生:

　　你最近投诉的不合理收取你 20.95 美元的金额我们还没有返还到你的账户上。

　　为了调查清楚这个问题,我们已经通知你邮寄其他一些材料。因为没有收到你寄来的必要材料,所以我们取消了添加在你账户上的临时信用金。

　　如果你还有什么问题或者我们可以为你提供进一步的帮助,请你打电话给我或者其他的客户服务代理人,你的月结账单上有我们的联系电话。

　　衷心的感谢!

莱斯利 T·怀特
客户服务部经理

ltw/jls

书信篇

　　模板书信8.4也可以作为模板书信8.2的后续书信,但是书信的内容是写信人证实了顾客的投诉,并试图解决此事。在书信中写信人解释了出现这一问题的原因,并且也告诉收信人如何解决此事,同时也对此表示道歉。书信内容虽然不多,但是既解决了问题又能让顾客安心。

模板书信8.4　证实顾客投诉的模板书信8.2的后续书信(版面格式)

〔日期〕
A－564－654567－90000

艾莉森Q·阿姆波尔夫人
汉诺伏特大街546号
纽约州马萨皮夸市(邮编94032)

尊敬的阿姆波尔夫人:

　　由于我们工作疏忽,将另一位客户的20.95美元的消费添加到了你的账单上。我们已经将向你多收的20.95美元返还到了你的账户上,具体内容你可查阅下月的账单。

　　由于此事给你带来了诸多不便,我们向你道歉。

　　如果你还有什么问题或者我们可以为你提供进一步的帮助,请你打电话给我或者其他的客户服务代理人,你的月结账单上有我们的联系电话。

　　　　诚挚的谢意!

莱斯利T·怀特
客户服务部经理

ltw/jls

客户服务书信

　　模板书信8.5也是一封回复顾客投诉的书信,但是书信的内容是重申了公司的规定,并表示不能满足顾客的要求。然而,写信人仍然以将来为顾客提供商品打折的承诺试图来保持顾客的信赖。最后,写信人表示希望顾客能够理解公司的规定。

模板书信8.5　回复顾客投诉并且重申公司规定的书信(全版面格式)

[日期]

利萨·卡布莱特女士
哈瓦那哈大街186号
乔治亚州亚特兰大市(邮编24034)

尊敬的卡布莱特女士:

　　这封信是通知你上周返还给我们的斯第尔顿奶酪已经收到,但是我们公司有严格的规定不对任何食品产品提供退货服务。因为食品产品有卫生和保质期方面的要求,所以出售的商品将一律不予退款。

　　非常抱歉我们的奶酪不符合你的口味,然而,在订货单的注意事项中我们清楚地说明所有的易变质产品一经出售盖不退换。我们也很看重你对我们产品的支持,所以我们决定下次你订购我们公司的奶酪将可以享受25%的优惠。

　　我想你应该能够理解我们公司的规定,我也希望你继续支持我们的产品。

　　　　最诚挚的谢意!

　　　　　　　　　　　　　　　　　　　　　　　　　　　吉姆·沃克
　　　　　　　　　　　　　　　　　　　　　　　　　　客户服务部副经理

内附文件

书信篇

模板书信8.6是一封回复顾客看似不能成立投诉的书信。书信使用正式的语气,但是对于顾客的不满只是局限在一般的歉意。书信的结尾写信人许诺要对客户的投诉进行调查。

模板书信8.6　回复顾客看似不能成立投诉的书信(全版面格式)

[日期]

弗兰克·阿木塔基
哈德拉克大街2881号
密苏里州切斯特兰德市(邮编98422)

尊敬的阿木塔基先生:

　　你1月28日的投诉书信不但态度不好,而且投诉的内容也很不确切。据你投诉书信所说,当你和你的妻子有序购物时候,瓦斯特销售分店的工作人员对你们进行了人身攻击。

　　如果你在我们商店经历了令你不愉快的事,我表示歉意。但是,你所投诉的那位对你不礼貌的职员当天根本就没有上班。另外,我们也没有你所提到商品的销售记录。当然了我还会进一步调查此事。

　　我们客户服务部的代理员将在近期与你联系。感谢你反映我们公司存在的问题,如果我们能帮你什么忙,请你联系我们。

　　诚挚的谢意!

休G·普威茨
商店经理

模板书信 8.7 是一封不接受投诉的回复书信。在书信的第一段,写信人谈到了顾客的投诉,并且表示不支持顾客关于产品的投诉。然后写信人解释说如果收信人因为某些原因对产品不满意公司可以为他提供全额退货。书信的结尾写信人又介绍了投诉的合理程序。

模板书信 8.7　　不受理顾客投诉的书信(半版面格式)

　　　　　　　　　　　[日期]

埃尔玛 T·霍斯坦先生
法布罗德大街 56 号
华盛顿州密涅瓦市(邮编 34345)

尊敬的霍斯坦先生:

　　这封信是为了回复 5 月 12 日你投诉所买的戴迪瓦达蛤肉沙司的书信。我们非常感谢你对我们产品质量的关心,但是我要告诉你的是,我们的产品经过严格的质量检测都已达到高营养含量的标准。

　　如果你对我们的产品不满意,我们可以给你全额退货。

　　如果以后有类似的情况,你可以直接到购买商品的商店办理退货手续。

　　　　诚挚的谢意!

　　　　　　　　　　　　　　　　　　　　　　　詹姆士 T·拉德尼
　　　　　　　　　　　　　　　　　　　　　　　客户服务部经理

jtl/jl

书信篇

模板书信8.8是一封更为详细地回复投诉的书信,这封信的目的主要是为了解决写信人为收信人提供的服务中的问题。首先写信人向收信人表示歉意,然后又说明了出现的问题,并对此事的原因进行了解释。写信人接着提出了解决问题的方案,他向收信人表示愿意负担由于他的失误给收信人带来的所有损失,写信人也承诺了赔偿的具体金额。最后写信人告诉收信人可以通过电话商讨赔偿的具体事宜。

模板书信8.8　　　　处理投诉的书信(全版面格式)

[日期]

米利森特・康罗伊女士
康罗伊士麦那有限公司
伯克伏特大街678号
新泽西州泰勒市(邮编09876)

尊敬的米利森特女士:

　　由于我们给你复印的会议文件没有处理好惹你生气,我向你道歉。你办公室的艾丽丝・法穆尼给我寄回来一套会议文件复印件。通过检查这些复印件,我想提出解决问题的建议。

　　有四份文件是完整的,我随书信给你邮寄过去了。而还有六份文件有缺页问题。

　　我有文件的原稿。要补充完整一份文件,我们需要复印23页缺失内容,每页要复印500张。我认为这些内容中有大量的广告。我建议将这些广告删除,这样既可以减少复印的数量又能让文件外观更美观。如果你同意我的建议,我将估算此项工作。然后我就可以知道需要复印的确切页数,我也可以得出所需总费用。

第一次复印了 5000 张再加上税收，我们一共花了 595 美元。法瓦恩公共关系公司负责支付第一次复印 6 页质量不好的 210 美元的费用。我们也会承担重新复印这 6 页的费用。如果不删除广告，还有 17 页，每页 500 张，总共还有 8500 张（8500×7 美分）。

米利森特女士，我非常抱歉阅读我介绍的这些细节浪费了你宝贵的时间。但是我有责任为你的公司节省不必要的开支。这些复印的总费用在 800~1000 美元之间，但是没有你的批准我又不能擅自作主。

请打电话通知我你打算如何完成这项复印工作。我感谢你的耐心和对我们工作的理解。

诚挚的谢意！

马克·纳斯沃普
客户服务主管

mn/pb

内附文件

书信篇

　　模板书信 8.9 是一封顾客表达对公司的行为极为不满的投诉书信。这封书信没有要求公司采取进一步的措施,也没有试图解决此事,而是详细地描述了写信人不愉快的经历。书信的最后写信人对公司的失职行为表示谴责。书信中写信人也透露了因为公司保健护理员的错误及其误导致使写信人的身体出现不适反应。随同书信写信人邮寄了有关的证据。

模板书信 8.9　多次试图解决未果之后的谴责书信(全版面格式)

[日期]

吉恩·罗素先生
客户服务部保险业务主管
阿尔法—奥米伽保健中心
邮政汇票 1125 信箱
宾夕法尼亚州布鲁伯尔市(邮编 19422)

罗素先生:

　　我写信给你是为了搞清楚在你们阿尔法—奥米伽保健中心遇到的烦心事的原因。上周我收到了你们公司顾客赔偿部门的书信,书信的内容通知我你们将不支付 4 月 15 日我妻子,洛伊斯·卡特塞姆在威克里夫门诊部所接受的医疗诊断服务的费用,理由是你们没有收到我的私人保健医生提供的转诊介绍信。我认为我们没有必要需要转诊介绍信,因为具有法律效力的阿尔法—奥米伽保健中心的合同上有明文规定,此类情况公司要支付诊断费用。

　　我妻子上个月在威克里夫门诊部所接受的诊断是子宫输卵管 X 光检查。如果你查阅你们公司关于不孕不育病症的服务合同(20XX 年 1 月 1 日之前有效),你会发现合同中有明确规定子宫输卵管 X 光检查手续不需要转诊介绍信。为了免去你查找这些文件的麻烦,我随书信邮寄了这份合同的复印件,你可以核实相关条款。你们公司不孕不育病症服务合同的第 6 条款明确规定如果子宫输卵管 X 光检查是由一起参加诊断的专家所提供,那么就不需要转诊介绍信,而给我妻子作检查的威克里夫门诊部的卡皮特医生正好符合这样的情况。

客户服务书信

  请原谅我写这么长的信,但是我和我的妻子对你们公司非常不满。我们已经极度谨慎地遵守你们的保险合同的规定和转诊程序。我妻子已多次同你们客户服务部的代理人交涉要求得到我们应有的利益。但这些职员都不帮助她,我的妻子又向你们的主管索要保险项目合同复印件。但是好几次,她都被告知根本没有这样的合同。最后,我们还是得到了一份这样的保险项目合同。我们并没有接受超出合同条款的治疗服务,我们所接受只有诊断服务。我们知道治疗不孕不育症和诊断是两项内容,我们也能理解你们公司不对治疗程序提供保险。但是令人失望的是,阿尔法—奥米伽保健中心的职员似乎对自己公司的规定都不清楚。由于此事我们已花费的大量时间,而精神压力和病情恶化的后果只能由我们自己承受。

  你也很清楚,我们会以最快的速度更换保险公司,除非是与我有不共戴天之仇的人,其他任何人我是不会推荐给阿尔法—奥米伽保健中心的。我们也会将此事投诉到州级保险委员会。

  不孕不育症本身就是一件令人难过的事,而阿尔法—奥米伽保健中心的无能和误导又让事情变得更加糟糕。我真是为你感到羞耻。

哈维·卡特塞姆
ID#BBC6D3LA

内附 3 份文件

书信篇

道歉书信

模板书信8.10至8.19都是道歉书信的各种例子。

模板书信8.10是一封由于给顾客带来不便而表达一般歉意的书信。因为是一般道歉的书信,所以表达歉意可以在书信的任何位置。

模板书信8.10　　　一般道歉的书信(半版面格式)

[日期]

哈罗德T·哈维格德先生
亚克施瓦大街56号
密歇根州哥伦布市(邮编34343)

尊敬的哈维格德先生:

　　请接受我诚挚的歉意。我代表哈德尔公司请求你谅解我们,我们向你保证我们会尽最大的努力弥补这件事。

　　如果你对此事还有任何问题和建议,请拨打电话或者写信给我。感谢你对我们的理解和支持。

　　　　你真诚的朋友!

　　　　　　　　　　　　　　　　　　　　　詹姆士·埃尔沃德
　　　　　　　　　　　　　　　　　　　　　客户服务部经理

je/jl

客户服务书信

　　模板书信 8.11 是一封由于员工的无理而向顾客道歉的书信。写信人承认了顾客的投诉,并且对顾客所受到的对待表示道歉,同时也强调这件事不能代表公司的整体服务质量。写信人也简要地说明了那位不礼貌的员工受到了公司的批评。最后写信人再次向顾客表示歉意。

模板书信 8.11　对员工无理行为表示道歉的书信(半版面格式)

[日期]

扎克·洛德尔先生
皮斯凯恩大街 56 号
佛罗里达州佛罗纳市(邮编 34345)

尊敬的洛德尔先生:

　　我写这封信是为了回复 20X8 年 5 月 15 日你的来信。在来信中你描述了我们的一位员工对你不礼貌的行为。

　　对你受到如此的待遇我表示道歉,我要告诉你这个员工的粗鲁行为只是个别现象,决不是能反映我们公司的整体服务的质量。我已经和那位员工谈过话了,我向你保证以后决不会再发生此类事件。

　　请接受我的道歉。我们很重视你的业务,我们希望以后能继续保持与你的业务往来。

　　诚挚的谢意!

巴巴拉 T·巴伦茨
客户服务部经理

BTB/jk

书信篇

模板书信 8.12 是一封对产品的问题表示道歉的书信。写信人对顾客不得不将产品返厂一事表示道歉,同时也承诺可以根据顾客的要求对产品进行维修和更换。然后,写信人指出他所购买的产品有极好的声誉,并且也表示如果收信人有其他任何问题,写信人都可以提供帮助。

模板书信 8.12　关于有问题产品的道歉书信(半版面格式)

[日期]

哈维格德 P·瓦克尔先生
亚科伊大街 67 号
内布拉斯加州法恩威雅市(邮编 43456)

尊敬的瓦克尔先生:

　　我非常抱歉你在我们舍曼恩奥克斯商店所购买的立体声音响设备因为存在故障而返回厂家。我向你保证你的音响会尽快地被维修或者更换。

　　你所购买的 Z-186X 音响设备是当前最优秀的音响之一,也是 Z 公司声誉最好的产品之一,消费者对其质量普遍反映良好。我们哈德尔公司将会采取一切必要的措施来保证你对此产品质量和售后服务的满意。

　　如果你对此事还有什么问题,请你给我的办公室打电话。

　　诚挚的问候!

哈萨 N·瑟萨维茨
客户服务部经理

HNS/jl

模板书信8.13是一封向购买了损坏商品的顾客的道歉信。写信人承认是由于公司的失误导致此事，但是为了挽回公司的声誉，他表示这类事件没有前例。而为了保持客户关系，写信人提出为顾客免费更换产品的建议。

模板书信8.13　　　损坏产品的道歉书信（全版面格式）

[日期]

詹姆士·马兹先生
马特尔大街164号
伦敦市
英国 W8 6QT

尊敬的马兹先生：

　　我对你最近订购商品中出现的问题表示非常抱歉。我刚刚收到你5月19日的来信，从信中我了解到我们给你发送的货物中有两张有缺陷的野餐桌。

　　我向你保证在8年的销售时间里，这是第一次出现这样的问题。我们大部分商品都发往美国国内。当然了，对于国外订单，我们会对运送货物采取一些特殊的防范措施。然而，现在意想不到的事情还是发生了。

　　我们已经给你发送了两张替换桌，我们希望这两张桌子能够安全地送到你的手里。另外，你也不需要支付这两张桌子的运输费用。感谢你购买我们公司的野餐桌。

　　　　你真诚的朋友！

戴维·博尔玛雅
经理

书信篇

　　模板书信 8.14 是一封延迟送货的道歉信。写信人告诉收信人货物到达的时间,然后解释了延迟送货的原因,并对由此而给收信人带来的不便表示歉意,同时也指出他们公司已经采取措施保证货物准时送到。

模板书信 8.14　　发送货物延迟的道歉书信(半版面格式)

[日期]

卡罗尔 P·哈尼卡特女士
哈斯库茨有限公司
洛德克利夫大街 34 号
肯塔基州剑桥市(邮编 34345)

尊敬的哈尼卡特女士:

　　我要通知你的是你 5 月 1 日向我们订购的电脑桌已经发货了,估计本周二就能到达剑桥市。

　　接到你 5 月 15 日的来信后,我检查仓库时发现原本要给你发送的电脑桌被工作人员误认为是退回的货而拿了回来。我非常抱歉发生这样的失误,同时我也希望这次发送的电脑桌能及时送到你手里。

　　哈尼卡特女士,我知道我们无法弥补这次事件给你带来的损失。我只希望货物能够尽快地送到你手里以免给你带来更多的不便。

　　如果你还有什么问题,请你给我打电话。我对此次延迟发货再次表示道歉。

　　诚挚的歉意!

阿曼德 L·纽波特
副经理

aln/jls

模板书信 8.15 是一封对延迟满足顾客服务需求的道歉信。写信人解释了延迟的原因,并且承诺了提供服务的期限。书信的最后写信人试图让收信人对一项可以防止此类服务被延迟的销售计划感兴趣。这样的书信结尾既能有希望保持顾客的信赖又表现出积极的态度。

模板书信 8.15　不能及时提供服务的道歉书信(全版面格式)

[日期]

埃德蒙·沙尔普先生
克尔格大街 215 号
乔治亚州东托皮卡市(邮编 30077)

尊敬的沙尔普先生:

　　我们公司最近收到了你请求为你维修户外安全灯光系统的书信。我给你写信是为了向你表示道歉,因为我们不能及时满足你的请求。坦率来说,每当假日期间我们公司的灯光业务都很繁忙,而这次假期由于我们公司有两位重要的灯光技术员辞职而使问题变得更加糟糕。

　　值得庆幸的是我们现在又雇用了新的技术人员,我们将在三周内派人去为你检查和维修灯泡、电线、警报系统以及转动监视器。我希望我们这次维修的时间没有耽误你太多的事。

　　根据我们的记录,你购买我们公司产品已经有两年多的时间。不知你是否对我们的白金会员计划感兴趣?这项计划是我们顶级服务计划。如果你申请我们公司的白金会员,那么我们将会为你提供定期和及时的产品服务,而对安装新的设备我们还将提供打折优惠,我们也会对我们公司的任何灯光设备提供更长时间的担保,而所有的这一切我们只收取固定的费用。为了让你更加详细地了解我们推出的白金会员计划,我随书信给你邮寄了一份宣传册。

　　感谢你的耐心,我们将在三周之内去拜访你。

　　　　　真诚的祝福!

　　　　　　　　　　　　　　　　　　　　　　　安妮·迈克尔斯
　　　　　　　　　　　　　　　　　　　　　　　服务部主管

内附文件

书信篇

　　模板书信 8.16 是一封写给返回了产品之后被收取超标费用的顾客的道歉信。写信人表示愿意承担所有责任。在书信中写信人通过解释造成此事的原因来尽力保持友好的语气。

模板书信 8.16　　对顾客超标收费的道歉书信（全版面格式）

[日期]

利萨·泰威女士
采购部经理
萨维希尔公司
格罗姆帕大街 186 号
华盛顿州牛顿威尔市（邮编 90909）

尊敬的利萨：

　　我真希望我们给顾客的账单永远没有错误。但是，你来信说我们对你返回商品的收费存在过高错误。

　　请原谅我们所犯的错误。尽管我们使用了最新的顾客账单管理软件，但是我们还是出现了错误。我已经和有关人员进行了谈话，他们向我表示已经查明了此事并对账单作了改正。这个错误虽然无法解释，但是我们将会采取一切措施确保以后不再发生此类事件。

　　我随书信给你寄去了改正后的账单。如果你有什么问题或者需要什么服务，请你给我打电话。

　　　　　　诚挚的歉意！

　　　　　　　　　　　　　　　　　　　　　　　　托尼·威尔
　　　　　　　　　　　　　　　　　　　　　　　　账户管理经理

内附文件

模板书信8.17是一封针对账单错误简练的书信。写信人表示已经给收信人随书信邮寄了改正后的账单,并且希望错误的账单没有给收信人带来太多麻烦。这封信虽然比较短,但是切中要害,内容都是收信人想知道的。

模板书信8.17　给顾客发送错误账单的道歉信(全版面格式)

[日期]

亨利·卡勒姆先生
道格拉斯大街43号
俄勒冈州法希尔斯市(邮编23224)

尊敬的卡勒姆先生:

　　我随书信给你邮寄了我们改正后的账户消费通知。我非常抱歉在给你的账单上出现了不正确收费信息。

　　我们采取两次核对账单的方式来确保客户账单的正确,尽管如此有时候我们仍然会犯错误。我希望我们的错误没有给你带来太多的麻烦。我们很重视与你的业务往来,同时也期待在以后为你提供完美的服务。

　　真诚的祝福!

欧阿尔·阿默斯特
客户服务部经理

内附文件

书信篇

模板书信 8.18 是一封账单错误的道歉信。写信人开门见山地向收信人表示道歉,并且解释了解决此事的措施。除了在顾客账户上添加一笔信用金额外,还随书信向收信人邮寄了改正后的账单。最后写信人表示如果有问题可以进一步联系。

模板书信 8.18　　　账单错误的道歉信(全版面格式)

[日期]

詹姆斯·怀特先生
怀特休斯五金器具有限公司
里布沃克大街 1581 号
伊利诺斯州内珀维尔市(邮编 60238)

尊敬的怀特先生:

　　根据你的要求,我们又重新核对了你账户。根据我们的记录,你所购买的 300 只司拉姆锤子总价值为 2975.00 美元。

　　谢谢你提醒我们的错误。如果给你带来不便我们向你道歉,我们已经在你的账户上添加了 326.00 美元的信用金额。另外,随同书信我们给你邮寄了改正后的账单。

　　我们很重视与你的业务往来,并且希望将来能继续合作。如果你对此事还有什么问题,请给我打电话,我的电话号码是 404-876-5415。

　　　　诚挚的问候!

雅各布·科尔曼
账户支付代理员

内附文件

客户服务书信

模板书信8.19是一封通知顾客公司没有他们所订购的产品的书信。书信中透露着道歉的口气。写信人表示将会给顾客退款，并且随书信邮寄了公司当前销售的商品目录以此来鼓励顾客继续购买公司产品。

模板书信8.19　　已脱销产品的道歉书信（全版面格式）

[日期]

哈维特·帕克德女士
罗姆纳大街1103号
得克萨斯州萨帕卓市（邮编55609）

尊敬的帕克德女士：

　　我们最近收到了你订单号为110-2680-3的订货单，你要订购的是我们在冬季产品清单上宣传的价值32.95美元的礼品盒。

　　我非常遗憾地通知你你所订购的商品已经脱销了。这种礼品盒的销路非常好，所以我们200X年4月27日收到你的订单的时候我们的存货已销售一空。

　　我们随书信给你邮寄了你订购商品的支票和我们公司的夏季产品清单。我希望夏季产品清单上有你需要的商品。如果真的有你感兴趣的商品，那就赶快订购吧！我们很重视你的业务，我们也希望以后能有机会为你提供服务。

　　　　诚挚的问候！

麦克D·阿米娜
客户服务代理

内附2份文件

书信篇

接受订货单的回信

  模板书信 8.20 是一封接受订购单的回复书信,并且向收信人解释了发送货物的方式。

  写信人清楚地告诉收信人订货和运送货物所需的时间。最后写信人感谢收信人对他们的业务支持。

模板书信 8.20　　　　接受订单的书信(全版面格式)

[日期]

西蒙·列格恩先生
列格恩家具有限公司
梅里麦克大街 45 号
科罗拉多州威廉斯堡市(邮编 32345)

尊敬的列格恩先生:

  感谢你从我们公司订购 12 桶木用胶,这些商品的总价值为 288 美元,发货清单我们已随书信邮寄给你。

  你订购货物中的 8 桶已在今天早上给你发送出了,预计将在 10 天内到达。非常遗憾地告诉你我们的存货只有这么多,所以剩下的 4 桶我们要向制造商订购。不过你也不必太着急,我们会尽快给你发货保证你在 2 周内收到其他 4 桶货物。由于这种木用胶的销售量大大超过了我们的预期销量,所以我们耽误了给你发货的时间,我们向你道歉。当然了,和以前一样我们为你提供打折优惠。

  感谢你的订购。我们希望以后能与你有更多的业务往来。

    诚挚的问候!

                 凯特·纳可尼

kn/js

内附文件

客户服务书信

致返回错误商品的顾客的书信

　　模板书信 8.21 是写给一位错误地将不是本公司生产的商品返回的顾客的书信。写信人非常礼貌地向顾客解释了顾客返回的产品不是他们公司生产的，并且进一步指出了产品的真正生产商，另外也告诉顾客应该如何联系那家公司。

模板书信 8.21　写给一位错误地将不是本公司生产的商品返回的顾客的书信（全版面格式）

[日期]

布莱恩·哈丁舍普先生
耶瑟德丁大街 98 号
密苏里州法图奥福市(邮编 90990)

尊敬的哈丁舍普先生：

　　我们收到了你于 9 月 15 日寄来的包裹和书信，遗憾的是你寄给我们的鸟笼不是我们公司生产的，我们以航空邮件的形式将鸟笼给你邮寄了回去。

　　你所要返回给厂家的鸟笼很可能是弗拉特有限公司生产的，这家公司的地址在马萨诸塞州昆西市。他们订购部的电话为 600-555-0438。

　　　　诚挚的问候！

　　　　　　　　　　　　　　　　　　　　　　　　　赫伯特·伍德
　　　　　　　　　　　　　　　　　　　　　　　　　订购部职员

书信篇

发货错误的改正书信

  模板书信 8.22 和 8.23 都是在发货错误之后的改正书信。在模板书信 8.22 中,写信人解释说正确的货物正在通过快递的方式发往收信人的途中。因为错误发货,写信人向收信人道歉并且请求在收信人方便的时候将错误发送给他的货物返回给公司,公司将负责返回的费用。模板书信 8.23 与模板书信 8.22 只是货物不同而已。

模板书信 8.22   改正发货错误的书信(版面格式)

[日期]

罗伯特 R·纳罗先生
比克金融学校
泰勒大街 56 号
夏威夷州阿斯兰德市(邮编 32345)

尊敬的纳罗先生:

  我们已经在前天给你邮寄了两箱商业账户工具包。此前我们错误地将零售商业所用账单工具包发送给了你。

  对于我们的发货错误我向你道歉。在你 20X3 年 1 月 5 日的订货单上你清楚地写着"订购两箱商业账户工具包用于教学",但是我们在发货的时候还是出现了错误。

  我衷心地希望这次正确的发货能及时送到你手里以保证你顺利开展教学工作。在你方便的时候请你将两箱零售商业所用账单工具包发送给我们,当然了返回货物的费用由我们承担。

  再次对给你带来的不便表示道歉,我希望你这学期教学顺利。

    诚挚的问候!

梅林·尼斯哥斯

mln/jls

模板书信8.23　　　发货错误的道歉书信(全版面格式)

[日期]

罗伯特·约翰逊先生
哈兹纳特书店
蒙大纳州瑟尔市(邮编05005)

发货单#15248

尊敬的约翰逊先生：

　　让我说什么好呢？我们不仅错误地将一盒书发送给你,而且你将这盒书返回时我们又拒绝接收,由此给你带来了诸多不便,我向你表示道歉。

　　在你方便的时候,我请求你再次将那盒书籍邮寄给我们。我将亲自处理增加你的账户信誉度的事宜,并且将补偿你两次邮寄书的费用。

　　我向你再次表示道歉。我们很重视你的业务,我们也希望能与你建立长久的业务往来关系。

　　诚挚的问候！

戴夫·伊比利亚
客户服务部经理

书信篇

有关产品和服务资讯的书信

模板书信 8.24 至 8.29 都是有关产品和服务资讯的书信。

模板书信 8.24 是一封回复顾客索要账户消费记录复印件的书信。写信人解释说随同书信邮寄了顾客索要的复印材料,并且表示可以为顾客提供进一步的帮助。

模板书信 8.24　　回复顾客索要信息的书信(全版面格式)

[日期]

A-354-29

亚历山大·坎贝尔先生
贝瑟尼百吉饼食品公司
彭德拉顿大街 14 号
宾夕法尼亚州斯科特市(邮编00012)

尊敬的坎贝尔先生:

　　你索要的有关记录我们已经随书信给你邮寄了。因为我们的复印机出现了一些技术问题,所以给你的记录复印件不是十分清晰,请你谅解。

　　十分抱歉我们的技术故障给你带来诸多不便。如果你需要我们进一步的帮助,请你给我们打电话,我们客户服务中心的免费电话是 800-555-4444。

　　　　诚挚的问候!

　　　　　　　　　　　　　　　　　　　　　　　安布罗斯·凯姆帕
　　　　　　　　　　　　　　　　　　　　　　　客户服务代理

jls

内附文件

客户服务书信

模板书信 8.25 通知顾客公司没有他订购的那么多的存货,所以公司只能满足他订购的一部分货物需求,订购其余部分货物的费用公司将返还给顾客。

模板书信 8.25   通知顾客产品缺货的书信(半版面格式)

[日期]

杰姬·马斯坦格先生
韦斯特有限公司
普维米纳大街 98 号
马萨诸塞州洛克菲勒市(邮编 03234)

尊敬的马斯坦格先生:

   我希望货物能够安全送到你手里。因为我们公司的存货没有你订购的那么多,所以我在书信中给你邮寄了剩余 8.76 美元的一张支票。

   我期望 11 月份在彭纳波市举行的经销商展销会上能见到你。

          美好的问候!

                                                        凯特·彼得森

kp/jb

内附文件

书信篇

模板书信 8.26 通知顾客公司没有她所订购的产品,如果她需要其他产品写信人表示愿意提供帮助。

模板书信 8.26　　通知没有顾客订购商品的书信(版面格式)

[日期]

戴恩萨·伦琴女士,零售商
伦琴体育用品商店
哈达里大街 98 号
维吉尼亚州罗姆市(邮编 87765)

尊敬的伦琴女士:

　　感谢你向我们订购内衣和小货架。但是我非常遗憾地告诉你我们没有你需要的小货架。

　　如果你需要其他产品,请打电话通知我。

　　　　诚挚的问候!

　　　　　　　　　　　　　　　　　　　　　　　　凯特 O·彼得森
　　　　　　　　　　　　　　　　　　　　　　　　客户代理

kop/job

客户服务书信

　　模板书信8.27 通知顾客他订购的货物公司已经没有了，但是写信人向顾客推荐了一种替代产品。在书信中写信人解释说这种替代产品已经被许多顾客使用，这些顾客原本也是订购与收信人订购一样的产品。如果收信人愿意接收这种替代产品，写信人请求顾客通知他们。

模板书信8.27　　　推荐替代产品的书信(半版面格式)

[日期]

艾丽西娅T·罕斯德尔女士
尤提卡大街67号
康涅狄格州伊萨卡市(邮编34345)

尊敬的罕斯德尔女士：

　　感谢你最近向我们公司订购500张哈克姆拉斯320双面高密度计算机光碟。遗憾的是这种产品已经没有存货。

　　以前，我们有许多顾客都订购哈克姆拉斯320光盘，但是自他们使用了全星牌782双面高密度计算机光碟之后，都觉得全星牌782的质量更可靠。

　　我想给你邮寄全星牌782光盘，让你先检验一下这种光盘的性能，如果你觉得不满意，你只需要将这些光盘返回给我们就行，我们会将你的订货款全额退还。

　　如果你愿意尝试一下全星牌782光盘，请通知我们。你如果对全星牌782光盘觉得满意，我们将立刻为你发货。

　　感谢你的订单。我们期待你的回复。

　　　　诚挚的问候！

马克E·马萨瓦斯
客户代理

mem/jk

书信篇

　　模板书信 8.28 是一封向顾客解释发送产品损坏原因的书信。写信人表示愿意承担产品损坏的责任，并且提出了解决问题的方案。另外，写信人也感谢收信人在此事上表现出的耐心。

模板书信 8.28　　发送货物损坏的道歉书信（半版面格式）

[日期]

艾伦 T·夸兹恩先生
贝克巴服务有限公司
达特马斯大街 306 号
宾夕法尼亚州特伦顿市（邮编 85643）

尊敬的夸兹恩先生：

　　今天收到你的来信后，我立刻安排我们公司的运输车给你重新发送一批新的电脑桌。当你收到这封信的时候，我们的运输车也差不多会将电脑桌送到你们那儿了。

　　第一次运送的货物损坏毫无疑问是我们装货不合理造成的。在你方便的时候，我们会从你的办公室将那些损坏的电脑桌搬走。

　　由于我们的工作失误给你带来很多麻烦，我在这里向你道歉。我想我们第二次给你发送的电脑桌肯定能够满足你的需要。

　　感谢你耐心读信。

　　　　诚挚的问候！

奥斯卡 E·瓦特
客户部经理

oer/mln

客户服务书信

　　模板书信8.29是一封写给一位顾客的书信,这位顾客将他的一封信邮寄给了公司里不恰当的人。写信人解释了自己的职位并且告诉顾客他会将顾客的来信转交给公司相关人员。这封信虽然内容简短,但是语言也很谦恭。

模板书信8.29　　回复顾客给公司不恰当的职员写信的书信(全版面格式)

[日期]

南希·朗女士,经理
美国咨询服务公司
剑桥大街45号
加尼福利亚州萨克拉曼多市(邮编30990)

尊敬的朗女士:

　　我收到了你9月15日寄来的询问你订购办公桌的订单的书信。我已将你的来信转交给了格拉迪斯·菲力特,她具体管理我们公司的产品订购业务,所以她才是处理你这件书信的合适职员。菲力特女士除了解决你的订单有关问题之外还可以回答你有关订单的疑问。

　　诚挚的问候!

杰尔·哈姆雷特
办公室经理

书信篇

致顾客的感谢信

模板书信8.30至8.34都是写给顾客的感谢信。模板书信8.30是为了感谢顾客给予公司产品和服务的表彰而写的一封信。模板书信8.31中对顾客向公司推荐潜在的顾客表示感谢。模板书信8.32感谢顾客向公司提供新的业务。模板书信8.33对顾客继续与公司的业务合作表示感谢。模板书信8.34是一封感谢顾客重新开展业务合作的书信。

尽管这五封信的原因各不相同,但是五封信都向顾客表达了诚挚的谢意,而且每封信的写信人都想让顾客知道他们是公司很重要的顾客。时而不时地给忠实顾客写感谢信是继续保持顾客对公司忠实的有效途径。

模板书信8.30　感谢顾客对产品的表扬的书信(全版面格式)

[日期]

南希·兰女士
商业贸易学院
斯多米格大街186号
宾夕法尼亚州格兰扁市(邮编32456)

尊敬的兰女士:

感谢你对我们安定罗斯公司的夸奖。你的鼓励让我们知道怎样做才能让顾客满意。

很少有人愿意花时间为我们出色的工作写表扬信。我们非常感激你愿意花费宝贵的时间向我们表达你对我们公司的满意之情。

我也很高兴你从我们这里购买的软件能够满足你账户管理的需要。虽然这款软件不是当前账户管理中最先进的,但是我们认为它是最适合你的一款软件。

再次感谢你的夸奖。如果能有机会为你提供帮助我们倍感荣幸。

诚挚的问候!

曼纽尔L·纳斯格
经理

MLN/jls

模板书信 8.31　　　感谢顾客推荐的书信(版面格式)

[日期]

杰弗里 R·克鲁斯先生
克鲁斯联合公司
亨廷顿大街 25 号 408 室
新泽西州伯顿市(邮编 07005)

尊敬的克鲁斯先生：

　　感谢你向我们推荐需要保险计划服务的凯特·保罗女士。上周三我给凯特打了电话，并且我也在凯特·保罗与海伦·路易丝有限公司与凯特及其公司有关人员进行了面谈。

　　你对凯特保险需求的估计完全正确。我相信我们公司能够满足她的保险服务需要并且帮助她实现完美的保险计划。

　　感谢你提前打电话通知凯特我将会与她联系。她告诉我说你极力向她推荐我们的服务。你对我们公司服务的认可无形之中提高了我们公司的信誉度，也为我们顺利开展与凯特的业务合作奠定了坚实的基础。

　　再次感谢你的推荐以及你对我公司的夸奖。

　　　　诚挚的问候！

　　　　　　　　　　　　　　　　　　　　　　　　　格雷格 B·吕萨斯科
　　　　　　　　　　　　　　　　　　　　　　　　　总经理

gbl/jlh

书信篇

模板书信 8.32　　感谢顾客业务支持的书信(半版面格式)

[日期]

爱德华 J·科尔先生
本尼格咨询公司
摩尔兰大街 301 号
西弗吉尼亚州贝瑟尼市(邮编 26032)

尊敬的科尔先生:

　　时间飞逝,转眼之间帕普卜拉斯公司已经成立 5 年了。回顾过去的 5 年,我们非常高兴地看到我们公司提供的办公室设备及办公室装饰设计服务已经在市场上逐渐得到认可。

　　我们公司的成功绝大多数功劳要归功于你这样的顾客不断给予我们的业务支持。只有我们公司拥有你这样的朋友才能保证我们公司的办公室设备供应和装饰设计服务业务在全州范围内广泛开展。

　　感谢你五年多来给予我们公司的大力支持。我们公司将会一如既往的为你提供一流的产品和服务。我们也希望顾客能继续给予我们公司坚定的支持。

　　再次感谢你!

　　　　诚挚的问候!

玛丽 L·尼尔斯
经理

mln/jls

模板书信 8.33   感谢顾客的业务的书信(全版面格式)

[日期]

戴夫·华莱士先生
帕司尼产品公司
哈灵顿大街 45 号
哥伦比亚特区华盛顿市(邮编 03040)

尊敬的戴夫：

  我写这封信是为了告诉你我们恩伊埃斯有限公司非常重视你的业务以及为你提供服务的机会。我希望这只是我们之间长期业务合作的良好开端。

  如果我们能为你和你们帕司尼产品公司提供什么帮助，请你打电话联系我。请继续保持联系！

    诚挚的问候！

戴维 St·西蒙
销售代理

dss/mn

书信篇

模板书信 8.34　感谢顾客重新建立业务关系的书信(半版面格式)

[日期]

雷切尔·维多利亚女士
坦德大街 39 号 654 单元
新泽西州伯顿市(邮编 07005)

尊敬的维多利亚女士：

　　我想借此机会告诉你我们非常感激你再次与我们建立业务合作关系。另外，我们格雷厄姆产品公司一直都很珍惜与你合作的机会。

　　我们会尽力满足你的需要，同时我们也欢迎你提出宝贵的意见。如果你对我们公司的产品、服务以及工作方式满意的话，我希望你能够将我们公司推荐给你的朋友或者熟人。当然了你有什么不满的地方，我们也希望你能指出来以便我们改正。

　　在你需要我们公司服务的时候请给我们打电话。我希望你能感觉到我们格雷厄姆产品公司随时准备为你提供一流的产品和服务。

　　你最真诚的朋友！

迈尔斯·坎农
经理

mc/mn

客户服务书信

致流失了的顾客的书信

模板书信8.35是一封写给很长时间没有和公司联系的顾客的书信。通过投资并不昂贵的数据库,你可以很容易地了解到顾客的消费活动和消费习惯,对于服务业来说这一行动更加容易操作。写信人还为收信人提供了方便的回复方式。

模板书信8.35　　询问顾客不惠顾原因的书信(全版面格式)

[日期]

艾伯特·达文林先生
斯坦特大街45号
罗德艾兰州普瑞姆市(邮编04005)

尊敬的达文林先生:

　　自从你上次来我们帕拉马汽车服务公司已经有很长一段时间没有见到你了。我希望我们没有做什么让你不愿意再接受我们提供汽车日常维修服务的事情。如果真的因为我们的工作令你不满意,请你告诉我们,我们将会尽力改正。

　　我随书信给你邮寄了一张已付邮寄费的回复卡,你可以用它来给我回复。我期待你的回复,并保证对你所不满意的地方进行调整。

　　　　诚挚的问候!

　　　　　　　　　　　　　　　　　　　　　　　　西蒙·阿特罗恩
　　　　　　　　　　　　　　　　　　　　　　　　客户服务部经理

书信篇

公司通知产品定价的书信

  模板书信 8.36 至 8.38 都是有关产品定价的书信。所有的这三封书信都清楚地罗列了调整价格的产品及其价格，收到这封信后收信人不会对公司的价格调整再有什么不清楚的地方。

  模板书信 8.36 是一封向零售商通知批发商对产品进行价格调整的书信。书信中也说明了价格调整的产品和涨价的幅度。

模板书信 8.36   通知顾客产品涨价的书信（简体格式）

[日期]

保罗·瓦纳斯先生
瓦纳斯照相器材商店
保拉恩大街 96 号
威斯康星州奥什科什市（邮编 43456）

   黑白照相器材的涨价通知

  瓦纳斯先生，从 20X2 年 2 月 26 日开始我们将对部分黑白照相器材进行价格上浮调整，具体的产品及价格上浮情况如下：

HP5 的所有胶卷	价格上涨 3.6%
除去 36 次曝光的 XP-1 胶卷	价格上涨 3.6%
36 次曝光的 XP-1 胶卷	价格上涨 12.0%
波纳斯光面相纸	价格上涨 5.0%
波纳斯绒面相纸	价格上涨 8.0%
所有的液体显影药剂	价格上涨 3.5%

  但是我们很高兴地告诉你彩色胶卷和固体显影药剂的价格将有明显的下调，具体的降价情况请你查看报价单。最新的产品报价单我们将在 20X2 年 2 月 26 日之前邮寄给你。

  我们波纳斯照相器材公司的全体员工感谢你过去对我们的业务支持，同时也希望在 20X2 年能与你继续开展业务合作。

                    莫里·西蒙
                    市场开发部副经理

MS/js

模板书信8.37的主要目的是为了通知停止产品价格上涨的书信,但是写信人抓住这次机会向公司的代理商推荐了几款新产品。所以这封书信不仅起到了客户服务书信的作用,同时也有销售书信的内容。

模板书信8.37　通知顾客产品价格保持不变的书信(版面格式)

[日期]

佐伊·杰弗瑞斯女士
拉罗密设备公司
玛伊恩大街34号
犹他州埃皮奥罗市(邮编35436)

尊敬的杰弗瑞斯女士:

　　我写这封信主要是为了通知你伊坦德卡德产品20X5年的定价情况。我们决定继续保持20X4年的价格,我们将在很长一段时间内尽力保持现行的价格。

　　我们伊坦德卡德有限公司最新推出几款新产品。我们设计的这三款新产品分别是具有耐高温(1000摄氏度)的绳索、保暖性能超强的编织用线和可回收利用的方便绳索。我们公司将继续增加新款产品以满足广大消费者的需求。

　　我们随同书信给你邮寄了新产品的宣传材料,你也可以在盐湖城2月份的产品展销会上了解我们的新产品,我们的展销摊位是444号。

　　我希望在盐湖城能见到你。

　　　　诚挚的问候!

肯耶·库尼
国内销售经理

kq/mn

内附文件

书信篇

模板书信 8.38 是一封通知顾客他所需要的产品到货的书信,同时也介绍了产品销售打折的幅度。写信人希望顾客能够说明他所需产品的数量以及发送货物的方式。

模板书信 8.38　　通知顾客产品打折的书信(半版面格式)

[日期]

安布罗斯·卡姆普尔先生
卡姆普尔建筑公司
邮箱 8765 号
阿肯色州恩瑟娜市(邮编 98765)

尊敬的卡姆普尔先生:

　　感谢你对我们公司的信任。你所需要的墙面装饰板已经到货了。我们可以从这里给你发货也可以直接从小石城给你发货。每张装饰板的价格是 39 美元,另外再加 20 美元的装运费。如果你订购 40 张以上,我们可以为你提供打折优惠。

　　我们接到你的订购是 15 张。按照以往的经验,递送这样数额的货物需要 2 至 3 天的时间。另外,我要告诉你华盛顿物流公司可以提供 50% 的运输费折扣,这可是一笔不少的折扣。

　　15 张装饰板平时的运输费用为 207.50 美元,如果节省 50% 你将可以节省 103.75 美元的花销。

　　你决定购买数量和运货的方式后,请你及时与我们联系。我们期待为你提供服务。

　　诚挚的问候!

马克斯·马丁森
副经理

mm/sf

通知地址更变的书信

模板书信 8.39 是一封通知顾客维修服务公司的地址发生变化的书信。这封书信简洁明了,顾客一看就会知道从哪里能继续获取维修服务。

模板书信 8.39　　　通知地址变更的书信(半版面格式)

[日期]

塞尔达·杰弗罗斯女士
拉罗姆设备公司
玛伊恩大街 34 号
犹他州埃皮奥罗市(邮编 35436)

　　主题:新国公司产品维修服务地址更新

尊敬的杰弗罗斯女士:

　　我非常高兴地通知你,随着业务扩张,我们公司最新在新泽西州的伯顿市增添一处产品维修服务部。这样一来你如果有新国公司的产品需要维修可直接发送到以下两家维修站:

　　新国公司　　　　　　　　新国公司
　　维斯特玛伊恩大街 312 号　　洛瓦恩大街 43 号
　　新泽西州伯顿市(邮编 60070)加利福尼亚州代格市(邮编 41772)

　　有一条需要注意的规定就是我们公司对已经停产的产品不提供维修服务。如果我们对一件待修产品因为缺乏配件而无法维修的时候,我们将会把待修产品返回,当然了我们也不会收取维修费。

　　我们在开始维修之前会给你发送一张维修费用估价单,获得你同意后我们方能开始维修。为了节省时间,你也可以直接随维修产品发送来你的授权维修证明。

　　感谢你的合作与支持。我们将一如既往地为你提供一流的服务。

　　　　诚挚的问候!

　　　　　　　　　　　　　　　　　　　　　　　　马丁·诺斯
　　　　　　　　　　　　　　　　　　　　　　　　业务主管

mn/hl

书信篇

项目情况的书信

模板书信 8.40 至 8.43 都是有关项目情况的书信。

模板书信 8.40 是一封征求有关项目意见的书信。作为一次电话交谈的后续书信,这封信内容非常简练。写信人向收信人解释了时间的重要性并且希望收信人能在截止日期前给予回复。

模板书信 8.40　请求对项目建议给予回复的书信(版面格式)

[日期]

南希·肯沃丝女士
亚欧恩特大街 56 号
加尼福利亚州伯克利市(邮编 34321)

尊敬的肯沃丝女士:

　　我对今天上午与你的谈话非常满意。我和希拉·莫兰都有意将电影剧本《生活在阿迪朗达克山区的男人》搬上银屏,所以我请求你在三个星期内能对我给你的合同给予回复。如果我在 11 月 24 日还没有收到你的回复,我将按照希拉返回给我的意见开展这项工作。

　　南希,计算一下我们在这个项目上所花费的时间,我想你会理解我们急切的心情。我期待尽快收到你的回复,并且希望你同意这份合同。

　　诚挚的问候!

帕梅拉·耶鲁

py/ph
复印件发送:希拉·莫兰

模板书信 8.41 是一封介绍为顾客提供服务项目情况的书信。写信人详细地介绍了她为顾客所做的所有工作并且询问收信人是否对这一切满意。

模板书信 8.41　　向客户介绍计划实施进度的书信(全版面格式)

[日期]

乔治·邓迪斯先生
邓卓沃斯海鲜大酒店
吉姆卢瓦斯大街 1966 号
新泽西州伯顿市(邮编 07005)

尊敬的邓迪斯先生:

　　我与《每日邮报》的自由记者艾伦·普雷斯蒂奇已经交谈过了,我也给他发送了他所需了解的资料,他原计划昨天晚上去邓卓沃斯海鲜大酒店享受晚餐。

　　我接下来再告诉你一件我在 7 月份为邓卓沃斯海鲜大酒店所做的工作。我已多次向食品评论家贾纳·惠顿介绍了你的发展计划。就第 10 期《伯顿杂志》中的有关内容,西蒙·格瑞姆斯已经与迪纳·邓卓沃斯进行了面谈。尽管最终这期杂志中没有出现有关邓卓沃斯海鲜大酒店的内容,但是将西蒙介绍给邓卓沃斯海鲜大酒店也是一件非常有益的事情。西蒙工作在服务业特写部门,而这个部门又负责每年一度的服务行业企业"最佳与最差"排名工作。前几天我与马文·艾伦就他为《每日邮报》所写的一篇报道进行了交谈。他的这篇文章主要是向新来者介绍伯顿地区著名酒店的情况,当然了邓卓沃斯海鲜大酒店也包括在他所介绍的酒店之列。

　　我最近也给《市民消费指南》杂志社邮寄了你们酒店的特色菜谱,希望他们能在有关酒店介绍的文章中加以宣传。贾纳·惠顿向我透露说很有可能在下一期杂志中会对你们酒店的特色菜加以介绍。我还联系了在市民之音广播电台主持《每周饮食》节目的沃德·伍德森,并邀请他来邓卓沃斯海鲜大酒店参加晚宴。我将继续汇报我与这些重要人士的接触进展。

书信篇

第 2 页
乔治·邓迪斯先生
［日期］

　　你曾提到说邓卓沃斯海鲜大酒店收到了有关组织颁发的最佳菜肴奖。我非常高兴地方服务业协会与国内贸易联合会给予邓卓沃斯海鲜大酒店的这种特殊荣誉,这条信息对于提高邓卓沃斯海鲜大酒店在当地的知名度是非常有帮助的。请你告诉我这件事的详细说明。

　　我知道《伯顿杂志》7 月份评选的最佳海鲜酒店中没有邓卓沃斯海鲜大酒店一定让你非常难过,其实我也一样难过。但是我要说的是总有一天邓卓沃斯海鲜大酒店会出现在《伯顿杂志》评选的最佳海鲜酒店行列中,我向你保证。

　　以上就是我所做的主要工作。我相信我的时间没有白费,不久的将来我们将会看到结果。

　　我不知道你是否对我所做的工作满意。我期待你的回复。

　　　　诚挚的问候!

玛丽·尼尔孙森
客户主管

mn/js

客户服务书信

模板书信 8.42 是一封通知顾客接受合同的书信。因为发送出去合同很长时间没有收到回复,所以为了保险起见又写了这封信给顾客。

模板书信 8.42　向顾客介绍项目合同的谈判进展的书信(半版面格式)

［日期］

詹姆士·路易斯先生
拉斯洛普大街 312 号
新泽西州伯顿市(邮编 07005)

尊敬的路易斯先生:

　　我写这封信主要是为了通知你你委托我与桃瑞丝公司谈判的新合同的内容需要扩展,所以正式签署合同的时间要比原计划的要长一点。现在,我同左伊·诺斯的谈判已基本结束,那么合同的签署也不需要等待很长时间。

　　感谢你对我的信任。

　　　　　诚挚的问候!

贝弗莉 J·卡尔森

bjc/ejc

书信篇

模板书信 8.43 是模板书信 8.41 的简缩版本。在这封信中写信人简明扼要地列举了针对收信人所做的工作。同模板书信 8.41 一样，在这封信中写信人最后也请求顾客对所做的工作做出评价。

模板书信 8.43　　介绍项目工作进展的书信(版面格式)

[日期]

塞克·罗曼斯先生
罗曼斯会计事务所
快克尼斯大街 54 号
华盛顿州恩斯诺市(邮编 34345)

尊敬的罗曼斯先生：

我们的工作有了一个良好的开局。我随书信给你邮寄了我们最近工作进展的介绍材料。请你对我们的工作进行批评指导。我随书信主要给你邮寄了以下材料：

★销售宣传材料的样品，包括宣传册的设计方案

★市场开发备忘录——针对你和吉姆的市场开发计划中公司和员工的备忘录草案

★美国会计师协会的许可证——你通过后需要本地贸易协会的许可

★个人简历单——需要员工们填写的，这些简历有助于我们开展国内攻关计划

今天上午我与你派来的爱丽丝·格里普斯特进行了会谈。按照我和你商讨过的计划，我给她安排了任务，比如为我提供你的最新信息以及担当市场开发联络员等工作。

我期待收到你给予我们所做工作的评价。

诚挚的问候！

马尔文·尼斯

mn/js

内附文件

产品使用说明的书信

模板书信8.44是一封向顾客介绍公司产品正确操作程序的书信。写信人清楚地说明了这封信的目的,并且告诉收信人随同书信邮寄了产品的使用说明书。另外,写信人也要求收信人将这些材料转交公司的相关人员。

模板书信8.44　　介绍产品使用说明的书信(半版面格式)

[日期]

罗伦·雷先生,主任
埃夫拉大街45号
马萨诸塞州亨廷顿市(邮编03245)

尊敬的雷先生:

　　随同书信我给你邮寄了我们向广大顾客供应的丙烷的安全使用说明材料。这些材料是在使用丙烷的时候确保顾客身体健康、生命财产安全和防止环境污染的必要说明材料。

　　请你将这些材料直接转交丙烷直接处理的工作人员和你们公司负责安全事务的管理人员。如果你还需要安全使用说明材料或者有安全使用我们产品方面的问题,请你给我打电话,我的电话是323-555-7654。

　　感谢你的业务支持。

　　　　　诚挚的谢意!

O. C. 迪拉尔德
操作工程师

ocd/rgj

内附文件

书信篇

介绍调整对顾客影响的书信

模板书信 8.45 是一封向顾客通知公司将对他的经费进行调整的书信。在书信的第一段写信人清楚地介绍了这封信的目的,然后又介绍了公司对经费调整带来的各方面影响。最后写信人建议与顾客举行一次会面来讨论新规则下如何开展业务往来。另外,写信人告诉收信人公司进行调整的日期越来越近,希望他早做准备。写信人通过这样一封书信让顾客感觉到写信人也很关心顾客的私人利益,从而有助于保持良好的私人关系。

模板书信 8.45　向顾客解释公司调整带来的影响的书信(版面格式)

[日期]

布兰德 S. 帕拉先生
林肯大街 65 号
北达科他州格兰德福克斯市(邮编 32345)

尊敬的帕拉先生:

我们给你随书信邮寄了 20X5 至 20X6 年你的个人所得税的预测报告,你可以根据这个预测报告估算参议院最近通过税收调整法案对你带来的影响。此次调整法案的中心内容是减低个人税率,有很多收税项目将会被降低或者取消。

因为我们给你的这份个人所得税预测报告是以你 20X2 年的个人所得税纳税申报单为基础,另外在分析的过程中我们还有许多假设条件,所以这份报告不能作为你的税收计划,只能为你提供一个参考。

根据参议院最近通过的税收调整法案,你 20X5 年的个人所得税将会比当前政策下增加 261.55 美元。新的收税法案的主要变化如下:

★消极亏损的 36.05 美元将被部分取消
★个人退休账户的 1815.41 美元所得税将会减少
★169.00 美元的消费税将被取消

★149.10 美元的存款利息的扣除额将会部分取消

★315.00 美元的杂项收税将被取消

★边际税率将会从原来的 30% 提高到 35%

当前的各类收税在今后几年内将会逐渐被参议院调整法案规定的收税项目所取代。按照新的收税政策，个人收税项目中的许多将会被部分或者全部取消。预计到 20X6 年你的个人所得税将会比当前政策下增加 209.53 美元。

我们将继续密切关注有关参议院的调整法案与最终收税政策的消息。因为当前的税收制度改革对你所缴纳的个人所得税会产生不利的影响，所以我们希望在你方便的时候能与我们联系以便我们共同讨论降低这次税费改革对你影响的策略。如果你有时间与我们会面，请拨打电话 643-555-4533 联系我们。

最美好的祝福！

戴维·保罗，会计师

DP/JS

内附文件

回复订购的书信

模板书信 8.46 至 8.50 都是回复订购者的书信。无论能不能满足订购者的需求，写信人都尽力满足订购者的要求。

书信篇

　　模板书信 8.46 是一封回复订购者询问在他订购的过程中为什么要及早发出续订通知的书信。这封信的作者承认了这个问题,并且向订购者清楚地说明这是出版社有关续订规定的要求。

模板书信 8.46　　回复有关续订通知问题的书信(半版面格式)

[日期]

约翰 T·拉里先生
约克大街 65 号
宾夕法尼亚州普拉茨堡市(邮编 32345)

尊敬的拉里先生:

　　感谢你关注我们的续订通知。为什么你总是在订阅期满前的很长时间就会接到续订通知,这主要是出版社出于方便工作的角度考虑。我们主要从以下两方面考虑:一、一般读者需要数次通知才能采取续订行动。二、在当前订阅到期满前发出续订通知比期满后通知订阅者更有效果。

　　基于以上两点考虑,在当前订阅到期前发出一系列的续订通知便于读者在续订前有足够的时间思考是否继续订阅。

　　如果你不希望订阅,你可以等到接近到期的时候再作决定。我们将继续给你发送续订通知。感谢您有兴趣了解我们的经营活动。我们期待着你继续订阅我们的杂志。

　　　　最崇高的敬意!

　　　　　　　　　　　　　　　　　　　　　　　　　　哈里特·塔毕特斯
　　　　　　　　　　　　　　　　　　　　　　　　　　出版社主任

ht:js

模板书信8.47 通知订购者要么退款要么继续缴纳所欠款项。

模板书信8.47　通知订阅者出版社降低杂志订购价格的书信(版面格式)

[日期]

约翰R·雷诺兹先生
法斯科特大街67号
新泽西州哈顿森市(邮编07005)

尊敬的雷诺兹先生:

　　原本你这样的读者订购我们《文摘》杂志的全年总费用是87美元,但是现在我们将价格降低到了75美元。另外,你一次订阅2年的杂志,我们将免收半年的订购费用。

　　我们将返回给你12美元的订阅费。如果你希望享受6个月的免费杂志优惠,请你将我们随书信给你邮寄的调查表填写并用我们已付邮资的信封邮寄给我们就可以了。

　　感谢你订阅《文摘》杂志。我们希望能为你继续奉献精彩的文章。

　　　　衷心的祝福!

格伦达·艾伦
出版社主任

ga/js

内附文件

书信篇

模板书信 8.48 是一封回复顾客询问过期读物销售情况的书信。写信人详细介绍了各类过期杂志的销售价格,并且告诉顾客尽管有些读物没有原版的,但是出版社可以提供复印版本满足顾客需要。通过这一措施,出版社可以降低顾客的失望程度。

模板书信 8.48　回复询问过期杂志销售情况的书信(半版面格式)

[日期]

拉里 T·莱斯特先生
法瓦伊大街 67 号
密西西比州布拉沃森市(邮编 44345)

尊敬的莱斯特先生:

　　感谢你询问《读者文摘大观》过期读物的有关信息。《读者文摘大观》的过期读物我们只有有限的一些供应。过期读物的价格是每本 7 美元,如果订购 9 本以上,每本价格可降至 6.5 美元。

　　如果有存货我们将给你邮寄原版杂志,否则我们将给你邮寄复印本,但是价格还与原版的一样。有些读者不愿意要复印本,但是我希望你能理解我们出版社的规定。

　　为便于你给我们邮寄支票我们随书信给你邮寄了已付邮资的信封,另外,我们随书信给你邮寄了我们过期杂志供应清单,你可以根据这个清单选择订购杂志。我非常抱歉我们不能提供所有的过期读物,所以你订购的过期读物一定要在我们供应的清单内。

　　我希望以后能继续为你提供服务。

　　　　诚挚的问候!

伊薇特·纳尔逊
出版社主任

yn/js

内附文件

客户服务书信

模板书信 8.49 是一封回复订购者询问取消订购的退款为何迟迟没有收到的书信。写信人解释了退款延迟的原因，同时也因此而向顾客道歉。另外，写信人表示顾客将会很快收到退款。

模板书信 8.49　回复取消订购并要求退款的书信(全版面格式)

[日期]

利蒂希娅 T·赖安女士
塔斯考特大街 56 号
新罕布什尔州塔克市(邮编 34435)

尊敬的赖安女士：

　　接到你 20X6 年 4 月 15 日取消订购的书信后，我们立即通知订购服务中心取消你的订购，同时也通知财务处将你的订购费用退还。但是在我最近检查财务处工作的时候，我发现你的订购费没有退还给你。

　　首先我们向你表示道歉，同时我们保证会以最快的速度将你的订购费退还给你。

　　　　诚挚的问候！

　　　　　　　　　　　　　　　　　　　　　　　　约翰·纳尔逊
　　　　　　　　　　　　　　　　　　　　　　　　出版社副主任

JN:js

模板书信 8.50 是一封针对订购者声称没有订购此刊物所以要求取消订购的回复书信。写信人表示对收信人所说的事件的关心，并且解释说出版社收到了由订购者签名的订购单才会给他发送期刊的，同时也表示随同书信给他邮寄了这份订购单的复印件。写信人表示将继续给这位顾客发送期刊，直到再次收到顾客的取消订购通知。

181

书信篇

模板书信 8.50 回复订阅者声称从来没有订阅所以要求取消订阅的书信(半版面格式)

[日期]

杰克 T·温格先生
有卡曼大街 65 号 A 区 5 单元
新泽西州伯顿市(邮编 07005)

尊敬的温格先生:

  我们最近收到了你取消订阅《家庭生活》杂志的书信,你的理由是你从来没有订阅过这份杂志。

  我很重视你所说的情况,所以我要写信给你。我们一直都以长期为顾客提供优质的订阅服务而自豪,所以我们也不想因为误会而破坏我们之间的关系。我们给你邮寄了我们收到你的订阅单的复印件,你可以相信我们不是凭空确认你订阅我们杂志的,因为那样做既不合法也没有经济利益可图。

  最终,我不能取消你的订阅,我们将继续给你发送《家庭生活》杂志的新期刊。如果你真的不喜欢我们的杂志并要取消订阅,我们给你发送的杂志也不需要你付款,同时你也不需要将它们返还给我们。如果你希望继续订阅,我们将继续为你奉献每一期杂志。

  随同书信我们给你邮寄了已付邮资的回复卡,你可以用它通知我们是否继续订阅杂志。请你认真填写内容并尽快将其返回给我们。

  感谢你对我们工作的理解。

诚挚的问候!

艾伦·塔姆帕
出版社主任

AT:JS

内附文件

写给股东的书信

模板书信 8.51 至 8.60 都是写给股东或者潜在股票持有者的书信。模板书信 8.51 是一封写给一位极有可能会对写信人所在公司投资的投资者的书信。写信人解释了这封信的目的,同时也表示为了让收信人更好地了解公司随书信邮寄了有关材料。另外,写信人建议举行一次会见进一步讨论有关投资的各项事宜。

模板书信 8.51　写给有可能向公司进行投资的投资者的书信(全版面格式)

[日期]

雅优克·朗女士
弗罗瑟特大街 56 号
密歇根州迈阿密市(邮编 23334)

尊敬的朗女士:

　　因为伯顿百吉饼食品公司现在由我负责管理,所以戴维·帕拉向我推荐你或许可以给我们公司带来一些投资。

　　伯顿百吉饼食品公司是一家完全私人控股的公司。我们公司的主要业务是向中西部地区的宾馆和饭店提供百吉饼。在过去的五年时间里我们产品的市场销售量十分巨大,并且今后还将继续增加,所以我们目前面临的问题是要扩展生产规模。但是公司现在缺少购买生产设备和扩建厂房的资金,我们需要投资者为我们公司提供资金。

　　我和我的合作伙伴埃德蒙·考尔伯格五年前建立了伯顿百吉饼食品公司。我们当初的经营理念是为中西部地区的消费者提供物美价廉的百吉饼。我们主要通过批发销售的形式销售我们的产品,并且也由此打开了市场销路。我随同书信给你邮寄了与我们有业务关系的各大宾馆和饭店的清单。

书信篇

第 2 页
雅优克·朗女士
[日期]

  我们公司产品的市场需求量不断增加,这就意味着要么我们扩大生产规模,要么我们拒绝一部分订货单。经过讨论我们决定通过引进资金来扩大我们的生产规模。除了给你邮寄客户清单之外我们随同书信还给你邮寄了公司发展历程简介、管理、运行计划、市场计划和财政状况等方面的资料。

  我希望在你有时间看完这些材料之后我们举行一次会面来详细讨论你对我们伯顿百吉饼食品公司进行投资的各项事宜。请在你方便的时候打电话给我以便确定我们会面的具体时间。

  诚挚的谢意!

弗兰克·格威姆斯
共同创办人兼总经理

内附文件

模板书信 8.52 是一封欢迎新股东的书信，同时写信人也给他邮寄了一份公司的年度报告。

模板书信 8.52　　欢迎新股东的书信（全版面格式）

[日期]

莱斯特·路易斯先生
科内尔大街 67 号
北达科他州阿尔佛雷德市（邮编 09009）

尊敬的路易斯先生：

　　欢迎你成为贝瑟尼百吉饼食品公司的股东。作为公司的经理兼首席执行官，我向大家承诺我们公司的业务将继续保持良好的增长势头，这必将给你的投资带来丰厚的利润。

　　我给你邮寄了我们公司的年度发展报告。我希望你能通过它更加了解公司的发展状况。我们公司每年一度的股东大会将在 11 月 1 日召开，我也希望你能参加以便我们有机会相互认识。

　　如果你有什么问题可以随时给我们打电话，我或者我们的任何一位工作人员都将及时给你一个圆满的答复。感谢你对贝瑟尼百吉饼食品公司的投资。

　　诚挚的谢意！

哈罗德 T·阿莫德
经理兼首席执行官

内附文件

书信篇

模板书信 8.53 是一封需要股东签署委托书的伴随书信。写信人向股东解释了公司每年一度的股东大会的主要内容,同时也请求股东将签署的委托书返回并且及时告知是否出席公司的股东大会。

模板书信 8.53　股东委托书的伴随书信同时也通知股东大会的召开(半版面格式)

[日期]

拉罗 J·帕里女士
林肯大街 54 号
北达科他州格兰德福克斯市(邮编 32345)

主题:年度大会通知

尊敬的帕里女士:

我给你写这封信是为了通知你一年一度的达沃公司股东大会将于 20X8 年 4 月 27 日上午 11 点召开,具体的会议地点在新泽西州伯顿市拉斯洛布大街 324 号的邦戈瓦根会议大厅举行。

股东们需要考虑和完成以下工作:

1. 确定董事会规模并且选出下一年的董事会成员
2. 批准选举产生的罗斯贝尔托、塔尔邦纳瑟和卡姆帕尼为达沃公司今年的财务审计师
3. 会议之前以及会议期间的其他一些事宜

无论你是否参加这次会议,我们希望你能及时将我给你随书信邮寄的股东委托书填写好并邮寄给我们,为了方便你邮寄,我们随同书信给你邮寄了贴邮票的信封。如果你出席股东大会,你也可以参与大会的投票选举。

诚挚的谢意!

密尔·帕拉,秘书

mp/js

内附文件

客户服务书信

　　模板书信8.54是为了向股东通知公司召开股东年会的书信,同时在书信中写信人也请求收信人将随同书信邮寄的委托书签署并邮寄给写信人。模板书信8.55作为模板书信8.54的后续书信提醒股东将签署的委托书邮寄给公司。模板书信8.56通知股东已经收到了股东签署的委托书。

模板书信8.54　向股东通知年度大会并且请求股东将签署的委托书尽快发回的书信(全版面格式)

[日期]

安迈威尔·郎女士
萨维赫尔大街45号
加利福尼亚州格兰扁市(邮编34345)

尊敬的朗女士:

　　我和公司的领导邀请你和其他的股东一起参加20X5年11月1日上午8点半召开的一年一度的贝瑟尼百吉饼食品公司股东大会。这次会议的具体地点在加利福尼亚州康斯托克市巴阿里大街456号的贝瑟尼百吉饼食品公司总部的二楼礼堂。

　　我随书信给你邮寄了此次股东大会的议事日程和股东委托书,有关此次会议的重点内容在股东委托书中有详细地说明。

　　我希望你能参加此次股东大会。如果你不能出席此次大会,请你将填写好的股东委托书邮寄给我们以便在股东大会上表达你针对主要议题的观点。

　　　　诚挚的谢意!

　　　　　　　　　　　　　　　　　　　　　　　　哈罗德T·阿莫德
　　　　　　　　　　　　　　　　　　　　　　　　经理兼首席执行官

内附文件

书信篇

模板书信 8.55　提醒股东邮寄签署的委托书的书信(全版面格式)

[日期]

安迈威尔·郎女士
萨维赫尔大街 45 号
加利福尼亚州格兰扁市(邮编 34345)

尊敬的朗女士：

　　我写这封信是为了提醒你将我 20X5 年 10 月 25 日给你邮寄的股东委托书填写后返回给我们。一年一度的贝瑟尼百吉饼食品公司股东大会将于 11 月 1 日召开。我们至少需要半数以上股东的投票或者委托书的支持才能保证会议各项决议的顺利通过。

　　我们希望你能出席此次会议。但是如果你不能参加此次会议，请你将股东委托书填写后邮寄给我们。为了防备你将上次的委托书填写错误我们此次又给你邮寄了一份股东委托书。

　　感谢你继续信赖和支持贝瑟尼百吉饼食品公司。

　　　　诚挚的谢意！

哈罗德 T·阿莫德
经理兼首席执行官

内附文件

模板书信8.56 收到股东邮寄的签过字的委托书的回复书信(全版面格式)

[日期]

安迈威尔·郎女士
萨维赫尔大街45号
加利福尼亚州格兰扁市(邮编34345)

尊敬的朗女士：

  今天我们收到了你寄来的签过字的委托书。这份委托书在11月1日召开的贝瑟尼百吉饼食品公司股东大会上会针对主要议题代表你的观点起到投票的作用。感谢你浪费宝贵的时间将股东委托书返回给我们。另外，我们也十分感谢你继续信任和支持贝瑟尼百吉饼食品公司。

  诚挚的谢意！

哈罗德T·阿莫德
经理兼首席执行官

书信篇

　　模板书信 8.57 与模板书信 8.53 一样都是需要股东签署委托书的伴随书信，但是有所变化的是在这封书信中，写信人还邀请股东参加公司的年度大会。

模板书信 8.57　邀请股东参加公司年度大会的书信(半版面格式)

[日期]

艾伦・帕拉先生
特维伦特大街 45 号
阿拉巴马州西门森市(邮编 23456)

尊敬的帕拉先生：

　　我们诚挚地邀请你参加 20X8 年帕里斯公司的股东大会。此次大会将于 20X8 年 4 月 28 日早上 11 点在新泽西州伯顿市拉斯洛布大街 324 号的邦戈瓦根会议大厅举行。

　　此次大会的主要内容包括股东们选举公司主要岗位领导以及批准公司选出的注册公众会计师。这些议题在我们随书信给你邮寄的年会通知和股东委托书中有详细的介绍。另外，在此次会议期间我们还将向股东们介绍帕里斯公司 20X7 年的运行情况和下一年度的发展计划。

　　无论你是否亲自出席此次会议，对此次会议的主要议题发表你的观点是最重要的。我希望你能参加此次股东大会。如果你不能出席此次大会，请你将填写好的股东委托书邮寄给我们以便在股东大会上表达你针对主要议题的观点。

　　诚挚的问候！

玛丽・纳舍兹，经理

mn/js

内附文件

　　模板书信 8.58 是一封向股东发送公司年度报告的伴随书信。写信人解释说随同书信邮寄了公司的年度报告，同时鼓励股东查看这份报告，并且表示如果有问题股东可以打电话向公司询问。模板书信 8.59 是比较短的一封发送公司年度报告的伴随书信。在书信中写信人说明了随同书信给收信人邮寄了公司的年度报告,并且简要介绍了公司的发展状况,同时也表示如果收信人有问题可以向公司询问。

模板书信 8.58　　公司年度报告的伴随书信(全版面格式)

[日期]

赖安 D·肯尼先生
法恩德大街 45 号
新泽西州埃里普斯市(邮编 32456)

尊敬的肯尼先生:

　　我随书信给你邮寄了万德福股份制企业 20X4 年度报告。这份报告中的信息对你的投资应该有很大帮助。

　　我对公司过去的发展状况非常满意,因为从年度报告中我们可以看出公司的各项工作正朝着既定的方向发展。

　　我们当前处在一个税费改革、财政赤字以及金融市场全球化的复杂多变的经济环境下,所以公司能取得如此优异的成绩除了公司工作人员的辛勤工作,也离不开各位股东的大力支持。我非常欣慰地看到我们公司推行的简单投资政策取得成功。为了让你更详细地了解有关信息,我们随书信给你邮寄了我们公司推行的招商引资政策的详细计划。

　　随着当今金融市场越来越复杂化,对金融计划进行更为合理的设计也越来越显得必要。我建议你及时更新你的金融计划并且重新与你的专业金融规划师确定长期的金融目标。

　　如果你和你的专业金融规划师对我们的年度报告和投资计划有任何问题或疑问,可以随时拨打我们公司招商部的免费电话咨询,电话号码为 800-555-4444。

　　诚挚的问候!

B. R. 罗森绍特

经理

brr/mnn

内附文件

书信篇

模板书信 8.59　　年度报告的简短伴随书信(半版面格式)

[日期]

劳伦斯 D·布兰德先生
帕克斯公司
高特斯夏德大街 67 号
缅因州阿凯德市(邮编 32456)

尊敬的布兰德先生:

　　你可以从阿亚尔斯公司 20X7 年的年度报告中获取很多令人振奋的信息。公司上下团结一心、艰苦努力,再加上一系列的机遇,我们终于在 20X7 年取得了优异的成绩。

　　如果你有什么问题或疑问甚至建议都可以打电话给我。

　　　　诚挚的问候!

莫里·纳不勒斯
经理

mn/js

内附文件

模板书信 8.60 是一封向股东发送资产负债表的伴随书信。这封信中明确指出资产负债表能说明什么问题，不能说明什么问题。

模板书信 8.60　给股东邮寄公司资产负债表的伴随书信(简体格式)

[日期]

保罗 W. 哈得逊先生
勒卡提瓦有限公司
哈普敦大街 991 号
新罕布什尔州纽弗克市(邮编 60233)

阿亚尔斯公司资产负债表

　　哈得逊先生，我们已经完成了截止 20X4 年 12 月 31 日的阿亚尔斯公司资产负债报告。在这份报告中我们论述了过去一年中公司的收支情况以及公司金融状况的变化。另外，在报告的结尾也论述了根据美国国家注册会计师管理委员会建立的指标编辑的阿亚尔斯公司资产负债表。

　　这份财务决算报告局限在从管理的角度反映公司的金融状况，我们还没有对此报告进行进一步的核查，所以不能保证其中的所有观点都非常准确。

　　这些财务决算报告都是为了公司内部使用，所以没有必要如同公开披露的公报一样严格按照审计规则论述所有内容。如果将没有必要的公开内容包括在财务决算报告中，那么这些内容将会影响使用者对公司的财政状况、经营成果和金融变化做出准确的判断。所以，这份财务决算报告不适合那些不了解内情的外部人士使用。

西蒙·尼尔斯，会计师

sn/js

内附文件

书信篇

模板书信 8.61 是一封提供股票买卖契约书的伴随书信。写信人解释说伴随书信给收信人邮寄了有关材料，并且指出哪些表格需要填写。

模板书信 8.61　提供股票买卖契约书的伴随书信（全版面格式）

[日期]

托马斯·亚历山大先生
弗洛德李波斯特公司
豪普帕克大街 45 号
新泽西州椎托尼特市（邮编 79685）

尊敬的亚历山大先生：

　　按照今天我们电话交谈过程中你的要求，我给你随书信邮寄了两封机密书信和一份弗拉彻密德公司的股票买卖契约书。正如我向你说的那样，弗拉彻密德公司的领导层最近开始关注公司股票持有者的水平。所以，公司的领导试图通过一些措施控制股票的购买。

　　公司领导将公司定位在微型计算机及其外围设施的市场销售上。为了顺利实施公司的发展计划，领导层决定挑选一些有助于公司战略实施的公司进行合作。

　　请你将你阅读弗拉彻密德公司的股票买卖契约书后的有关想法用保密信的形式发送给我们。俗话说时间就是一切，我希望能尽快收到你的回复。

　　美好的祝愿！

罗温纳·吉特兹
副经理

rg/ms

内附文件

模板书信 8.62 是一封写给一位有意购入公司股权的顾客的机密书信。这封书信中清楚地说明了书信的意图,并且也介绍了签署购入公司股权合同的合理程序。

模板书信 8.62　　　　　机密书信(简体格式)

[日期]

托马斯·亚历山大先生
弗洛德李波斯特公司
豪普帕克大街 45 号
新泽西州椎托尼特市(邮编 79685)

机密合同

亚历山大先生,通过与你的接触我们了解到你有兴趣收购弗拉彻密德公司的股权。尼尔斯投资银行有限公司和弗拉彻密德公司将会为你提供一部分材料,其中包含有关弗拉彻密德公司到底是公有制、保密企业还是私有企业的信息。这些全部或部分可以用于分析、资料汇编、研究的资料和其他由弗拉彻密德公司和尼尔斯投资银行有限公司编写的文件以及我们之间任何关于以上资料的讨论和公司股权收购的谈判都属于"保密资料"。为了保证公司机密不被泄露,你在使用弗拉彻密德公司和尼尔斯投资银行有限公司为你提供的资料的过程中必需遵守以下规定:

1. 资料将绝对保密,不经弗拉彻密德公司事先的书面同意,你和你的公司员工不得擅自将保密资料部分或全部向外界披露。此外,你可以将机密资料传送给帮助你分析收购弗拉彻密德公司股权的专业公司员工,但是你必须保证这类公司及其员工遵守这项协议。无论如何,你将对你的代理商及其员工的任何违反本协议的行为负责。

2. 这项协议的条款中规定的保密资料包括由你和你的代理商或员工编写的分析、资料汇编、研究或其他文件,要么由你秘密保存,要么销毁。

书信篇

第 2 页
托马斯·亚历山大先生
[日期]

3. 如果法律强制要求你或任何人向他人转达这项协议规定的保密信息,你要及时通知弗拉彻密德公司以便弗拉彻密德公司可能寻求保护令或其他适应的补救措施,或允许你放弃遵守该协定的规定。在发生这种保护令或其他补救无法达成,甚至放弃遵守弗拉彻密德公司该协定中条款的情况下,你只能提供法律规定的那部分资料,这样你也不会违反这项协议。

如果不是由于你的原因导致资料泄露,那么我们将不追究你泄露保密资料的责任。

在接收保密资料的过程中,按照我们讨论过的保密措施你必须保证周围所有的保密维护,以防过早地将保密资料透露给包括弗拉彻密德公司的客户在内的第三方。

如果你觉得上述条款都符合我们的协议,请你签署这份保密协议并将其返回给我们。

罗温纳·吉特兹
副经理

rg/ms

内附文件

同意条款签字:＿＿＿＿＿＿＿＿
日期:＿＿＿年＿＿＿月＿＿＿日
地点:＿＿＿＿＿＿＿＿＿＿＿＿

客户服务书信

模板书信8.63是一封由公司经理写给公司股东们的书信。这封书信主要介绍了过去一年里公司财政运行状况。书信重点介绍了公司的良好发展趋势。这封书信采用简报摘要的格式以便于收信人阅读时掌握重点内容。另外由于收信人不是单个的某个人,所以书信中使用了大众化的语气。

模板书信8.63　公司经理写给股东们介绍公司运行情况的书信(全版面格式)

[日期]

各位股东:

对于桃普图唱片公司来说,200X年是一个取得巨大成功的一年。公司的纯收入增加了31%,达到150万美元,而我们的成本又比预计的降低了8%,由此导致我们的最终利润增长40%。我们公司取得成功的原因主要有以下三点:

▶ 与布鲁巴兹、卡亚特和司波巴德三家公司签署联合协议。由于这三家公司在波特兰、俄勒冈州、菲尼克斯、亚利桑那州、萨凡纳和乔治亚州都有市场,所以我们公司的知名度也随之提升。最近几年,这些地区的唱片市场主要集中在西北部的西雅图、东南部的奥斯汀、南部的亚特兰大,但是通过采用先进的技术设备使我们能够迅速地发掘新的客户,从而更有效地巩固我们公司年龄在15——25岁之间的客户市场。

▶ 对唱片技术增加投资。我们的音乐设备合作商为我们提供了4000型号的音响设备、声音响度扩大调节系统以及最新的99声道音乐合成设备。最近一个时期的音乐技术行业的发展使得唱片的录制变得更加简单,而所需的成本也更加的低廉。音乐录制技术条件的改善导致音乐合成简单易行,唱片录制发行速度不断提高。当然了对于各位股东来说,年底分红也会更多。

▶ 改进管理方法。凯特O·托尔在200X年2月出任桃普图公司的艺术首席主管。你要知道除了能给公司的领导层带来新鲜空气,他还是一位有16年专业经验的领导。他上任之后通过重新审核每个职位等一系列措施,对公司进行了彻底的调整。调整过程中将市场部和设计部合并只保留90%的员工,而将其他员工分配到公司其他更适合他们的岗位上。通过鼓励管理层自愿放弃上涨工资和选择可以延期返还利润的股票等措施来回笼资金用于公司的研究和发展。

书信篇

第2页
各位股东
[日期]

  桃普图唱片公司现在已经是娱乐行业的领先企业之一，我们将继续致力于制作有竞争力的音乐作品从而为股东带来更多的利润。有关公司过去一年里所取得成就的详细内容请你阅读我们随书信给你邮寄的年终总结报告。我相信这份总结报告会让你对桃普图唱片公司的前途更加充满信心。

  诚挚的问候！

加尔文·李伯瑟
经理

内附文件

第九章

信贷与收款方面的书信

　　莎士比亚的作品《哈姆雷特》中的波洛尼厄斯有这样一句话"别借债,也莫放债。"但是这句话在当今社会就不适应了,在美国,信用消费已经成为商业活动的重要途径。人们购买房子、进行商业贸易、商店进货等等方面的活动都可以使用信贷。在信贷贸易中,放贷人要特别留意借款人是否有偿还能力。

　　这一章中的模板书信既有帮助放贷人确定借款人偿还能力的书信,也有借款人偿还贷款时所用的书信,当然也有帮助专业人士为公司开展信贷业务而联系其他公司的书信。

　　本章的书信不是为了帮助商业从业者摆脱贷款和还款的烦扰,而是让你在商业贸易中更加轻松自如地利用信贷开展业务。

书信篇

请求商业信用消费的书信

  模板书信9.1是一封写给写信人想与其开展业务的公司的书信。因为写信人充分意识到将要和这家公司建立信用消费业务,所以在书信中请求收信人给他邮寄建立商业信用关系的必需表格。

模板书信9.1 请求建立商业信用消费关系的书信(全版面格式)

[日期]

罗纳特·吉姆先生
吉姆金属制品有限公司
邮政汇票邮箱3456号
西弗吉尼亚州托斯卡市(邮编26032)

尊敬的吉姆先生:

  经过深入的市场调查,我们发现你们公司的轧制钢正好可以满足我们公司汽车生产所用钢材的需要。但是在正式订购你们公司的钢材之前,我写信给你想了解你对我们两家公司建立商业信用消费关系的态度。

  因为我们收集的有关信息表明你们也有意同我们公司建立商业信用消费关系,所以此次向你索要有关完成商业信用消费关系必需签署的表格,我觉得不是唐突之举。

  我期待你的回复,同时也希望早日与你们公司建立商业信用消费关系。

    诚挚的谢意!

李 I·拉罗克特
采购部经理

LIL:wlg

信用信息书信

模板书信9.2至9.3都是有关信用信息的书信。模板书信9.2的作者首先感谢顾客订购公司的产品,然后请求顾客填写有关信用信息的标准表格。这封信虽然内容简短,但是表达清晰,语气谦恭。

模板书信9.2　　　索要信用信息的书信(半版面格式)

[日期]

莫顿P·斯达沃克先生
维吉尼亚医院
瓦洛姆大街177号
新泽西州洛克维市(邮编43456)

尊敬的斯达沃克先生:

　　感谢你最近从斯纳格医疗设备有限公司订购医疗治疗仪器。我了解到这是你第一次从我们公司订购产品,所以我想借此机会向你表达我们的感激之情,同时也保证我们将会尽全力为你提供一流的产品与服务。

　　在我们给你发送订购产品之前,我们需要你提供一些信用信息。我随书信给你邮寄了三份表格希望你能如实填写。一旦收到你签了字的表格,我们将立即为你设立信用账户并且将以最快的速度给你发送货物。

　　　　诚挚的谢意!

　　　　　　　　　　　　　　　　　　　　　　　卡曼D·阿穆托

cd/wg

内附文件

书信篇

　　模板书信 9.3 是一封按照要求发送信用信息的书信,可以作为模板书信 9.2 的回复书信。写信人没有浪费多余的笔墨,只是说明随同书信邮寄了证明信用所必需的材料。

模板书信 9.3　　　　发送信用信息的书信(版面格式)

[日期]

J. 李·吉姆巴克先生
马提尔达公司
司维格门斯大街 12 号
夏威夷州泽锡德尼市(邮编 34345)

尊敬的吉姆巴克先生:

　　按你的要求我给你随书信邮寄了一式三份的信用信息表格。我相信这些资料足以向你证明我们公司是一家信誉卓著的企业,那么你们公司建立我们的信用账户也就是预料之中的事了。

　　　　诚挚的问候!

戈吉·马托萨米

gm/wg

通知信用政策调整的书信

  模板书信9.4是一封宣布信用政策变化的书信。在书信的第一段写信人就表明了这封信的目的，并且也解释了信用政策变化的原因。随后写信人详细介绍了信用政策具体的变化情况，同时也感谢收信人继续支持公司。

模板书信9.4 通知顾客信用政策变化的书信（半版面格式）

[日期]

海勒姆 T·路易斯先生
路易斯建筑公司
法德维大街43号
邮政汇票邮箱4536号
加利福尼亚州纽波特市（邮编98765）

尊敬的路易斯先生：

  经过多年为你提供服务之后，我们迫于各种形势所需将会于2月26日起施行新的信用条款。由于资金成本的增加，生产厂家条款的调整以及商业贸易总费用的提高，我们公司不得不对当前的信用政策做出调整。

  我们的新条款规定：在发货之后的10天内付款可享受2%的折扣，而在发货后的30天之内付款不收任何利息，如果在30天之后付款需按货物总费用收取每月2%的利息（最低以1美元计算），如果不满一个月也按照一个月计算。这样一来，如果在计算利息的第十二个月付款，收取的利息将达到总费用的24%。

  我们十分感谢你过去给予我们的业务支持，我们也相信你会理解我们公司新的信用政策。我们希望能够继续为你供应建筑原料。

    诚挚的谢意！

贝德塔姆建筑材料供应公司
迪安·瓦顿
信誉客户部主管

dw/hs

书信篇

模板书信 9.5 不是为了通知顾客公司信用政策的调整,而是告诉顾客公司正在计划加强当前的信用政策。写信人用了不少笔墨向顾客解释缩短顾客支付公司费用周期的重要性。

模板书信 9.5 致一位还款时间比较长的重要顾客的书信(全版面格式)

[日期]

斯坦利·奥瑞恩斯科先生
账目支付部门
福特斯沃有限公司
罗亚伊大街 43 号
内布拉斯加州新德莱尔市(邮编 88998)

尊敬的斯坦利:

    为了提高我们公司各项工作的效率,我们公司的财务首席主管戴夫·马修斯检查了包括公司客户的还款记录在内的所有账目。因为戴夫通过记录发现福特斯沃有限公司都是在发货后的 90 天左右才支付货款,所以他要我写信给你询问你们是否可以在发货后的 30 天之内或者如果你们实在需要在 45 天之内付款?

    你也知道,如果在发货后的一个月时间内我们得不到货款就会对我们公司的业务运作和支付账单产生压力。因为我们要在取得货物的 30~45 天时间里支付卖主的货款。另外,我们还要支付员工的工资和管理费用。你欠我们公司的货款已经超过了 45 天,所以现在一共是 325000 美元,再过两个星期就将达到 375000 美元。尽管这笔欠款在我们公司财力承受范围之内,但是由于你是我们公司的大客户,再加上你们所欠的货款数额巨大,所以引起了戴夫的注意。

    我们很重视与福特斯沃有限公司的业务关系,同时也相信我们两家公司之间今后还会有频繁的业务往来。但是我想你也能够理解戴夫要求快速支付货款的决定。如果你还有什么问题或需要我们澄清什么,请你给我打电话。

    诚挚的谢意!

罗恩·帕拉斯
地区销售经理

信贷与收款方面的书信

退回支票的书信

　　模板书信9.6至9.8都是为了退还支票而写的书信。模板书信9.6是一封由债务人写给债权人的书信。书信告诉债权人写信人收到了被退回来的支票。通知此次消息之后，写信人还表示了道歉，另外也表示将补偿此次事件给债权人造成的损失，此外写信人也保证今后不会再出现此类事件。

　　模板书信9.7是一封写给债务人通知返回支票的书信。在书信的第一段写信人介绍了这一事件，然后解释了收信人应该采取什么措施来解决这一问题。

模板书信9.6　　写给债权人通知支票退回的书信（简体格式）

［日期］

R·R·雪莉
弗伯纳特航空快递邮件公司
帕罗萨特大街7201号
亚利桑那州梅斯市（邮编34434）

　　通知支票退回

　　雪莉，我们刚刚被告知3月15日给你邮寄的14675美元的支票（支票号2237）因为我们的存款金额不足而被银行将支票退回给我们。

　　我们非常抱歉给你带来诸多不便。当然了，我们也会补偿此次事件给你造成的所有损失。我们已经在我们的银行账户上增加了存款金额以便有足够的金额支付给你。

　　我们保证此类事件不会再次发生。

耶斯佩T·琼斯
审计员

JTJ：wlg

书信篇

模板书信 9.7　　通知债务人支票被退回的书信(版面格式)

[日期]

琼 B·耶妮克女士
马尔登大街 56 号
怀俄明州麦德福德市(邮编 34345)

尊敬的耶妮克女士：

　　因为你的存款不足,纽斯银行将你支付我们卡姆普办公室设备有限公司的 565 美元的支票#454 退回给你。

　　我们随同书信给你邮寄了一个贴有邮票的信封,你可以用它来邮寄支付我们 565 美元的保付支票或者邮政汇票。收到书信后我们希望你能尽快汇款。

　　如果你的存款金额足以支付这张支票,退回支票是银行出了问题,那么请你给我们另一张支票,我们将对此事进行调查。如果你现在支付账单有困难,请你打电话通知我们。我们希望能和你一起商谈解决办法。不论是哪种情况为了维护你良好的信誉度,你需要尽快给予我们回复。

　　诚挚的问候！

艾伦 T·克卡萨德
信用账户主管

atk:jls

内附文件

信贷与收款方面的书信

　　模板书信9.8是一封写给顾客主题非常敏感的书信。这封信的内容是通知顾客支付费用的金额不足所以被退回。写信人通过保证此事将会被调查并且以后将提前通知顾客所需总费用的方式对公司的退款行为进行了善意的解释。这封书信的语言表达既能让收信人感觉比较舒服又能有助于问题的解决。

模板书信9.8　通知顾客银行存款不足以支付支票的书信(全版面格式)

[日期]

朱蒂·埃文斯女士
塞沃塔有限公司
洛姆邦达大街154号
俄亥俄州阿克伦市(邮编48399)

尊敬的埃文斯女士：

　　我们已经收到了你用来支付发货单为539-K-146的货款的支票(#681)。非常感谢你如此迅速地给我们付款。

　　遗憾的是银行通知我们你的银行账户已经透支，所以你不能使用支票给我们付货款。因为你在我们公司有良好信誉，所以我们决定不要求你对此次事件负责。

　　请你尽快同你的金融主管联系。我相信此事会被调查清楚。如果你有什么问题请你和我们联系。

　　诚挚的谢意！

埃文·查德鲍恩
账户主管

书信篇

向商业兴信所投诉的书信

模板书信9.9是一封向商业兴信所投诉对写信人的信誉历史报告不准确的书信。写信人运用事实说明了报告中的错误之处，并且要求商业兴信所将档案中的错误信息进行改正。

模板书信9.9　　向商业兴信所投诉的书信(半版面格式)

[日期]

西蒙 T·拉格林先生
拉格林商业兴信所
德科西斯大街56号
阿肯色州哈默市(邮编34345)

尊敬的拉格林先生：

　　最近我收到了你们寄来的有关我信誉记录的复印件。现在我写信向你们指出在这份报告中有多处错误。

　　最明显的一处错误就是我根本就没有北达科他州易斯卡毕巴鲍银行的信用卡，那么从何而来拖延支付这个账户的欠款呢？所以我信誉历史报告中的这条记录根本就是无稽之谈。

　　我已经将这份报告中的错误进行了改正并且正准备将其发送给你以便你们能准确地填写我的信誉历史记录。

　　　　衷心的谢意！

韦伯斯特 L·格雷

wlg

内附文件

信用证明信息的书信

模板书信9.10至9.12都是为了从证明人那里获取信誉资料而写的书信。为了获取确切的相关信息，模板书信9.10和9.11中在特定的位置留出空白以便让收信人填写。

模板书信9.10　　　给信用证明人的书信(半版面格式)

[日期]

贝弗莉J·科尔曼女士
皮克商业信誉证明有限公司
拉丁阿克德大街88号
马萨诸塞州弗恩威市(邮编56432)

　　主题:阿姆雷特有限公司的信誉证明

尊敬的科尔曼女士:

　　阿姆雷特有限公司的总经理安布罗斯L·坎珀斯告诉我们可以从你们公司获取有关阿姆雷特有限公司的信用信息。坎珀斯先生已经同意沃尔特办公室装备公司可以获取他们公司的信用记录。

　　不知道你是否有时间回答我们有关坎珀斯先生的问题?我们给你邮寄了两份书信的复印件,请你填写一份并且将其用我们给你提供的信封(邮资已付)返回给我们。

　　你们为坎珀斯先生规定了怎样的信用条款?_____
_____

　　坎珀斯先生是否按期偿还信用账单?_____
_____

　　你对坎珀斯先生的财政稳定性和责任感有什么看法?_____
_____
_____

　　感谢你浪费宝贵的时间为我们提供有关的信用信息。我们相信你对坎珀斯先生的信用评价是真实可靠的。

　　　　　诚挚的谢意!

　　　　　　　　　　　　　　　　　　　　　　　　　艾伦L·舍斯特

als/jls

内附文件

书信篇

模板书信 9.11 索要信用账户申请人职业信息的书信(简体格式)

[日期]

特鲁迪 P·韦恩德勒女士
人事部主管
法哈特有限公司
查斯塔姆大街 45 号
佛罗里达州法尔威斯特市(邮编 32345)

  查证马克维尔 L·西德尼的职业资料

  韦恩德勒女士,西德尼先生想申请一个支票账户,他推荐你做他的信用证明人。我们和你的雇员西德尼先生都希望你能尽快给我们回复。我们需要你如实填写以下内容:

1. 马克维尔 L·西德尼现在是否是你们公司的员工?＿＿＿＿＿＿＿＿＿
   如果马克维尔 L·西德尼不是你们的员工,请填写以下内容:
   (1) 马克维尔 L·西德尼离开公司的时间＿＿＿＿＿＿＿＿＿＿＿＿
   (2) 马克维尔 L·西德尼离开公司的原因＿＿＿＿＿＿＿＿＿＿＿＿
2. 时工资:＿＿＿＿＿;周工资＿＿＿＿＿＿;月工资＿＿＿＿＿＿;年工资＿＿＿＿＿＿。
   工资中多少是奖金?多少是基本工资?＿＿＿＿＿＿＿＿＿＿＿＿＿＿
   加班费有多少?＿＿＿＿＿＿＿
3. 马克维尔 L·西德尼在你们公司工作多长时间?＿＿＿＿＿＿＿＿＿＿
4. 马克维尔 L·西德尼在你们公司担任什么职务?＿＿＿＿＿＿＿＿＿＿
5. 你对马克维尔 L·西德尼在公司的工作表现是否满意?＿＿＿＿＿＿＿
   ＿＿＿＿＿＿＿＿＿＿＿＿＿＿＿＿＿＿＿＿＿＿＿＿＿＿＿＿＿＿＿＿

6. 马克维尔 L·西德尼是否继续在公司工作？能在公司担任什么职务？___
_____

有关马克维尔 L·西德尼的其他信息：_____
_____
_____

请你将马克维尔 L·西德尼的有关信息按照上面的格式填写并将它邮寄给我们。感谢你为我们提供马克维尔 L·西德尼的有关信息。

                雷切尔 A·格威密斯
                副经理

rg/lg

内附文件

资料提供人单位：_____
日期：_____ 信息提供人签名(注明职称)：_____

书信篇

　　模板书信 9.12 是为了获取一家潜在客户信用历史信息的简短书信。在简单的说明有关情况之后,写信人很有礼貌地向收信人询问有关的情况,并且指出有一个更为详细的表格需要收信人帮助填写。

模板书信 9.12　　咨询客户的信用历史的书信(全版面格式)

[日期]

账户管理主管
纳伍欧威查银行
斯科特大街 1010 号
密歇根州马恩萨罗塔市(邮编 66329)

尊敬的主管:

　　底特律市萨德斯大街 88 号的马特机械铸造公司将你们银行列为他们公司申请信用账户的信誉证明单位。他们的业务记录显示,从 199X 年 1 月 18 日至 200X 年 11 月 30 日这段时间里都在你们银行有银行账户。

　　马特机械铸造公司此次申请最高金额为 50000 美元的信用账户。我希望你们能提供马特机械铸造公司信用历史的有关信息,比如是否及时还款,每月的账户平衡状况以及在你们银行销户的有关情况,还有你们银行为马特机械铸造公司提供贷款的合同条款对我们也很有帮助。我随书信给你们邮寄了一份马特机械铸造公司信用账户的申请书以及我们公司的信誉记录表格,希望你们能帮助完成。你们提供的信誉信息将会作为我们评价马特机械铸造公司诚信水平的重要依据。

　　感谢你们的大力合作。如果你有什么问题请拨打电话 706 - 607 - 9934 联系我。

　　诚挚的谢意!

贝瑟尼·克里吉特

内附文件

拒绝信用账户的书信

模板书信 9.13 是一封拒绝客户信用消费要求的书信。写信人承认公司有信誉消费的业务，但是写信人又进一步解释了收信人为什么现在不能享受这项业务的原因。写信人建议收信人在当前情况有所改善之后再使用信用消费。

模板书信 9.13　　拒绝信用消费要求的书信（全版面格式）

[日期]

艾伦 T·辛斯代勒先生
辛斯代勒有限公司
斯坦的贝尔大街 43 号
纽约州埃尔迈拉市（邮编 90432）

尊敬的辛斯代勒先生：

　　感谢你浪费宝贵的时间来向斯科洛办公室供应有限公司申请信用消费账户。

　　但是我很遗憾地通知你我们不能批准你申请的信用消费最高金额。我们非常感激你对我们办公器材供应业务的支持，也欢迎你购买我们提供的商品，但是我们担心信用消费带来的每月额外的费用将会使你当前的债务状况更加困难。

　　当你偿还现在主要债务或者你们公司的现金流转状况有所好转之后，我们将可以考虑你的信用消费申请。当然了，我们也非常原意通过现金交易与你开展业务往来。

　　诚挚的谢意！

威廉 W·多诺哈
信用消费主管

wwd:jls

书信篇

同意信用消费的书信

　　模板书信9.14是一封通知顾客信用消费申请被同意的书信。写信人宣布收信人的信用消费最高金额被公司批准,然后又进一步介绍了公司的服务内容、信用消费的具体金额以及收信人信用消费代理的姓名。这封信中充满热情洋溢的言辞。

模板书信9.14　　批准信用账户的书信(全版面格式)

[日期]

伯特兰R·莱文先生
莱文木材加工公司
邮政汇票信箱567号
南达科他州里士满市(邮编34345)

尊敬的莱文先生:

　　你向尼尔斯木材供应公司申请的信用账户已经被批准。我们全体员工欢迎你成为我们公司的客户。

　　尼尔斯木材供应公司已经有50年的历史。目前它拥有的85个销售商店遍布在中西部地区的9个州。我们向顾客供应全套的建筑所用产品,具体包括木制品、水管设备、电器元件、油漆、厨房设备、浴室设备、五金以及各种工具。作为这个行业的知名企业,我们力争为顾客提供最好的服务。我们的目标是成为你最值得信赖的供应商,顾客的满意是我们的服务宗旨。

　　你的最高信用消费额度是2000美元。每月的对账单我们将在月初的第一或者第二工作日邮寄给你。如果你在我们发出月账单25天之内没有付款,我们将追加信用账户消费逾期管理费。

　　尼尔斯木材供应公司非常荣幸能有机会为你提供服务,同时也希望我们之间能够建立长期稳定的业务关系。

　　你的信用账户代理人名叫希莉亚·马格古迪卡特,她的工作电话号码为890－555－8765。

　　诚挚的谢意!

拉里E·尼尔斯
信用销售部副经理

len/jls

信贷与收款方面的书信

模板书信9.15是一封批准顾客在公司的一家零售商店填写的零售消费信用卡申请表的书信。

模板书信9.15　批准顾客的零售消费信用卡的书信(全版面格式)

[日期]

贝瑟尼·爱德华女士
斯科尔大街44号
马里兰州拉丁市(邮编90887)

尊敬的爱德华女士:

　　感谢你上次在我们公司特拉华州多佛尔市的商店浪费宝贵的时间填写信用消费账户申请表。我们想要通知在感恩节前夕有一家办公用品超市将在你家附近的达克丁商业城开业,在这家新的办公用品商店你可以选购你所需要的办公用品和办公室设备,当然了我们也会为持有我们公司信用消费卡的客户提供打折优惠。

　　我们随同书信给你邮寄了你申请的信用消费卡以便你能在我们的新商店开业当天就享受到针对信用消费客户的打折优惠。你需要做的事情是填写并邮寄信用卡的回执单,然后仔细阅读信用卡使用说明。另外,在我们的商店购买商品的时候只要你向收银员出示信用卡就可以享受打折优惠了。

　　当我们正式确定了商店开业的时间之后,我们将通知你并且向你提供实行优惠销售的商品清单。你的信用卡账户现在已经开通,你可以在任何一家我们公司的商店使用它购买商品。我们期待与你的业务合作。

　　诚挚的问候!

　　　　　　　　　　　　　　　　　　　　　　　伯·蒂文斯
　　　　　　　　　　　　　　　　　　　　　公司的创办人兼经理

内附文件

书信篇

模板书信 9.16 是一封介绍租用设备信用规定的书信。热忱的介绍之后，写信人又详细地说明了信用租用设备的有关规定，同时也介绍了申请信用账户的步骤。另外，写信人也表达了对教堂特殊地位的理解。

模板书信 9.16　简要介绍租用产品的信用规定的书信（全版面格式）

[日期]

罗尼·柯南道尔牧师
卡罗顿大教堂
奥格尔索普大街 136 号
乔治亚州卡罗顿市（邮编 01488）

尊敬的柯南道尔牧师：

　　感谢你让我们拉克尼视听设备公司为你们在 3 月份举行的宗教集会提供视听设备。

　　你此次所租用的设备都在租用清单上，而租用的时间为两个星期。当然了，你也可以直接购买这些设备。根据我们信用账户的条款，你在三个月之内付款不用承担任何利息，但是如果你在信用期限之后付款将会追加 14.9% 的利息，而信用期限之后每月的利息将为 19.8%。

　　随同书信我们给你邮寄了信用账户申请表，我建议你尽快将这份表填写后返回给我们。另外，我希望你在宗教集会结束之前告诉我们你是否决定购买这些设备。因为卡罗顿大教堂不是商业机构，所以我们要求至少两位教堂的执事签署信用账户申请表才能生效。

　　如果此事给你们带来诸多不便，我在此向你表示道歉。我们期待为你们提供服务。

　　　　诚挚的问候！

　　　　　　　　　　　　　　　　　　　　　　　　　　　　哈伦·拉克尼

内附两份文件

通知信用消费金额提高的书信

模板书信9.17是一封简短的书信,它的主要目的是通知顾客信用账户的消费金额限制有所提高。在书信的第一段写信人宣布了这条消息,而在第二段也就是最后一段写信人又对顾客的业务支持表示感谢。

模板书信9.17　　通知提高信用消费金额的书信(版面格式)

[日期]

罗伦T・辛斯代勒先生
阿拉巴马大街45号
科罗拉多州印第安河市(邮编34321)

尊敬的辛斯代勒先生:

　　你的信用消费最高金额现在提高到了2600美元,我们向你表示祝贺。同时也要感谢你使用我们公司的信用消费卡。我们提高你的信用消费限制金额一方面是由于你在过去出色表现,另一方面是出于对你以后更加方便采用信用消费的考虑。

　　我们非常感谢你多年来对我们的业务支持,同时也希望你能继续充分利用我们提供的信用消费业务。

　　　　诚挚的谢意!

卡拉B・特索里尼
信用消费主管

cbt:jls

书信篇

通知删除信用消费中有争议的条款的书信

模板书信9.18 通知债务人他所提出的信用账户中不合理的条款已经被删除。写信人清楚地表达了他的观点,并且表示将会给收信人和其他债务人发送改正后的信用条款说明。

模板书信9.18 通知债务人他所提出的信用账户中不合理的条款已经被删除的书信(半版面格式)

[日期]

吉阿姆·查恩先生
莱威特顿大街36号
纽约州豪普斯科特市(邮编32345)

我们已经删除了你所投诉的我们文件中有关信用定额的内容。我们也将把你投诉书信的复印件保存在我们的档案中。

你现在有权写出书面要求让我们为你或者其他任何一位你指出收到过我们公司存在按你要求被删除的条款的报告的顾客发送正式的删除条款通知。

如果你提出这类要求,我们公司会根据情况在向特定的顾客提供说明之前通知你此项业务的收费情况。

诚挚的谢意!

科尔曼·林格
信用账户经理

cl/bl

通知停止兑现支票的书信

　　模板书信9.19是一封写给银行要求停止通过支票提取现金的书信。写信人明确指出了停止支付的支票持有人和具体的金额。同时他也告诉银行将此次事件的罚金直接从他的银行账户上扣取。

模板书信9.19　　通知停止兑现支票的书信(半版面格式)

〔日期〕

伦纳德R·科舍特先生
拉格银行
巴伯欧尔大街2666号
阿拉巴马州卢戈市(邮编32345)

尊敬的科舍特先生：

　　请你们停止对我们公司20X4年6月30日为伊尔B·洛克伍德的草地农场填写的支票号为722-311的金额为2545美元的支票汇兑现金。

　　此次停止汇兑支票所需的15美元手续费你们可以从我的银行账户中直接扣除。

　　　　诚挚的谢意！

　　　　　　　　　　　　　　　　　　　　　　　　　欧内斯特T·布维姆

etb/wlg

书信篇

征收费用的通知书信

  模板书信9.20至9.30都是有关征收费用的通知书信。

  模板书信9.20至9.24可以作为征收费用的一系列书信。在这一系列书信中语言都相当有礼貌,但是信中写信人表示出的耐心却越来越少,直至最后通知顾客账户将被移交征收欠款代理部门处理。

模板书信9.20 每月账单说明之后的第一次提醒缴费通知书信(版面格式)

[日期]

卡尔T·雷丁先生
玻利维亚的进口商品有限公司
法那提大街56号
伊利诺斯州底特律市(邮编34565)

尊敬的雷丁先生:

  我写这封信是为了告诉你我们还没收到20X7年6月8日通知你的650美元账单的缴费。如果你在收到这封书信的时候已经交纳了这笔费用,你就不必理会这次通知。

  如果你的账单有什么问题请你尽快与我们联系。

  希望你对此事能尽快做出回应。

    诚挚的问候!

马克·哈德科克
信用消费部经理

jl

模板书信9.21　　第二次通知过期账单的书信(半版面格式)

[日期]

卡尔T·雷丁先生
玻利维亚的进口商品有限公司
法那提大街56号
伊利诺斯州底特律市(邮编34565)

尊敬的雷丁先生：

　　我们仍然没收到20X7年6月8日通知你的650美元账单的缴费。

　　如果此事迟迟不能解决,那么将会终止你的信用消费权利,同时此事也会对你的信用等级造成不利影响。

　　　　诚挚的谢意！

马克·哈德科克
信用消费部经理

jl

书信篇

模板书信9.22 第三次通知过期账单的书信(半版面格式)

[日期]

卡尔T·雷丁先生
玻利维亚的进口商品有限公司
法那提大街56号
伊利诺斯州底特律市(邮编34565)

尊敬的雷丁先生:

  我们在以前的书信中已经多次通知你的账户已经有650美元的过期欠款。我们曾经有过很长一段时间非常愉快的业务往来,我希望我们之间的这种关系能够继续下去。

  如果你有什么原因不能现在全部偿还这笔费用,请你尽快给我的办公室打电话来商定新的还款方案。

  除非我们收到你的回复,否则我们将采取措施解决此事。如果那样你的信用等级将受到严重影响。

  我们希望在本周收到你的回复。

    诚挚的谢意!

马克·哈德科克
信用消费部经理

jl

模板书信9.23　第四次通知过期账单的书信(半版面格式)

[日期]

卡尔T·雷丁先生
玻利维亚的进口商品有限公司
法那提大街56号
伊利诺斯州底特律市(邮编34565)

尊敬的雷丁先生:

　　尽管我们已经三次写信通知你的账户有650美元的过期欠款,但是到目前为止,我们还是没有收到你的回复。

　　正如我们以前所说的,我们非常愿意通过讨论来帮助你解决这件事情,但是我们如果在5天内收不到你的回复,我们会将你的欠账移交征收欠款的代理公司处理。

　　我们希望你能重视此事。

　　　　诚挚的谢意!

马克·哈德科克
信用消费部经理

jl

书信篇

模板书信 9.24　　过期账单的最后通牒书信（半版面格式）

[日期]

卡尔 T·雷丁先生
玻利维亚的进口商品有限公司
法那提大街 56 号
伊利诺斯州底特律市（邮编 34565）

尊敬的雷丁先生：

　　直到写这封信的时候，我们仍然没收到你有关自 20X7 年 6 月就过期的 650 美元的欠款的回复。

　　我们最后一次通知你，如果截止 20X7 年 11 月 15 日你还没有完全偿还这笔欠款，我们会将你的欠账移交征收欠款的代理公司处理。

　　我们希望这次最后通知能立即引起你对此事的关注。

　　　　诚挚的谢意！

马克·哈德科克
信用消费部经理

jl

模板书信 9.25 是伴随账单的一封简短书信。写信人清楚地告诉收信人如何计算应付费用。这封信是由一个批发商写给零售商有关商品买卖的书信。

模板书信 9.25　　第一次通知顾客缴费的书信(版面格式)

[日期]

彼特 T·诺波尔斯先生
诺波尔斯五金商店
邮政汇票信箱 5432 号
乔治亚州洛诺克市(邮编 34321)

尊敬的诺波尔斯先生：

　　我们随书信邮寄了你 20X7 年 9 月份的帐单。你应该支付的总金额是总费用减去你以前的付款。

　　如果你对你的账单还有什么疑问，我非常愿意为你提供帮助。

　　　　诚挚的谢意！

　　　　　　　　　　　　　　　　　　　　　　　　洛伊斯 T·汉德里
　　　　　　　　　　　　　　　　　　　　　　　　信用消费部主管

lth:ltg

内附文件

书信篇

　　模板书信9.26至9.27也是征收费用的一系列书信。模板书信9.26是第二次通知顾客缴费的书信。写信人说明了顾客需交纳的总费用，同时表示出对顾客是否遇到经济困难的关心。写信人愿意为顾客提供帮助解决此次超期付款问题。模板书信9.27是在模板书信9.26发出之后没有收到回复而写的一封书信。写信人没有上次书信中那么有同情心，他宣布会将收信人这种不良行为通知各类信用代理机构。写信人也表示如果收信人填写随书信邮寄的回复卡，并且采取支付欠款的行动，收信人就可以保持住良好的信誉。

模板书信9.26　第二次通知缴纳透支费用的书信(半版面格式)

[日期]

托马斯T·戴纶先生
伊斯特考特大街76号
佛蒙特州萨德伯里市(邮编43456)

　　主题：信用消费过期欠款征收

尊敬的戴纶先生：

　　我们在几周之前就写信通知你的信用账户透支575美元，但是不知道出了什么问题，到现在我们仍然没有收到你的付款。为了保持你良好的信誉你应该马上行动。

　　如果你有什么原因暂时不能偿还这笔债务，我们也能理解，但是你必须立即打电话向我们说明具体情况。事实上我们经常会遇到资金周转不灵的顾客，只要他们肯配合，我们都会尽力帮助他们解决当前的问题。

　　如果你既不按期付款也没有和我们商讨新的还款方案，那么我们会将此事移交给公司的收款部门，同时还要将你拖欠债务的行为通知给各个信用报告机构。

　　诚挚的谢意！

西蒙L·戈林
信用销售部经理

mls

模板书信9.27　第二次通知缴纳透支费用的模板书信9.26的之后没有回应的后续书信(半版面格式)

[日期]

托马斯T·戴纶先生
伊斯特考特大街76号
佛蒙特州萨德伯里市(邮编43456)

主题:信用消费过期欠款征收

尊敬的戴纶先生:

　　由于两次通知你的信用账户透支575美元我们都没有收到你的回复,所以波希礼部门商店将你的透支款项交由我们收款部门处理。

　　在两次书信通知你还款都没有收到你回复的情况下,我们也试图通过电话联系你,但是结果还是徒劳。

　　我们已经多次通知你按期付款以便保持你良好的信誉,但是你都不肯配合我们,所以我们已将你的行为通知各个信用消费报告机构。另外,我们也将采取一切必要的法律手段追回你所欠我们的欠款以及其过期的罚金。

　　当然了你现在悔悟也不算晚。只要你立即亲自打电话保证会将波希礼部门商店欠款还清或者使用我们随书信给你邮寄的回复卡联系我们以便商讨新还款计划,你将可以保持住良好的信用消费信誉。

　　你必须立即给我们回复,否则我们将不得不针对你采取必要的措施。

　　　　诚挚的谢意!

　　　　　　　　　　　　　　　　　　　H·N·哈特
　　　　　　　　　　　　　　　　　　　收款部门经理

mls

内附文件

书信篇

　　模板书信 9.28 是一封通知汇款的书信的后续书信,这封书信的收信人尽管已经支付了还款,但是仍有部分欠款还没有偿还。写信人首先感谢收信人支付欠款,同时也解释说收信人的账户上的欠款没有完全偿还。另外,写信人也要求收信人打电话商讨公正的还款计划。

模板书信 9.28　　通知还款书信的后续书信(半版面格式)

[日期]

卡尔 D·韦弗先生,审计官
布萨拉米部门销售店
哈廷顿大街 28 号 507 单元
密歇根州布鲁克林市(邮编 34356)

尊敬的韦弗先生:

　　感谢你支付 3 月份的货款。但是你 1 月份、4 月份、5 月份和 6 月份的购物款都没有支付。我们随同书信给你邮寄了你的购物订单和号码为 0254 的货款的发货单的复印件。

　　如果你现在有经济困难,你可以打电话给我来商谈新的还款计划。因为我们需要提前考虑公司的流通现金,所以不论是哪种情况,请你尽早通知我们。

　　诚挚的谢意!

麦克斯韦 L·尼特顿

mln/jls

内附文件

信贷与收款方面的书信

模板书信 9.29 是在债权人向债务人索要还款未果后诉诸法律公司给债务人写的一封还款书信。书信中的语言简明扼要，写信人简要叙述了逾期欠款的问题，同时也指出了最后还款日期，如果截止最后日期还没有收到收信人的还款，写信人就将采取法律措施解决此事。

模板书信 9.29　　法律公司通知还款的书信（半版面格式）

[日期]

克罗拉斯办公用品供应有限公司
罗斯特巴里克大街 43 号
堪萨斯州西蒙达尔市（邮编 34325）

注意：伊夫林 Z·克罗拉斯夫人查阅

主题：所欠瓦伦罗布有限公司的货款

尊敬的克罗拉斯夫人：

　　你欠瓦伦罗布有限公司的货款已交由法律公司处理。20X7 年 11 月 25 日瓦伦罗布有限公司出售给克罗拉斯办公用品供应有限公司的商品的货款是 2354.65 美元。虽然你在 20X7 年 11 月 25 日已经开了一张支票支付这笔货款，但是我们的委托人用你的这张支票在银行兑现的时候，银行以你的账户存款金额不足而拒绝兑现。

　　我们写这封信想通知你务必在 20X8 年 1 月 18 日之前将瓦伦罗布有限公司的货款全部偿还，如果你没有按期付款，我们将采取必要的法律手段来追回这笔货款。

　　　　诚挚的问候！

韦斯利 T·哈丁，

Wth/wlg

书信的复印件发送：西蒙 B·瓦伦先生
　　　　　　　　　　R·斯蒂芬·利维兹先生

书信篇

　　模板书信 9.30 是一封发错还款通知的道歉书信。写信人首先向顾客道歉,然后表示愿意以最快的速度弥补此次失误。

模板书信 9.30　写给写信人错误发送还款通知顾客的书信(全版面格式)

[日期]

布里斯班 T·哈科特先生
洛瓦尔大街 34 号
密苏里州塔利顿市(邮编 23224)

尊敬的哈科特先生:

　　感谢你这周早些时候打电话告诉我们上周错误地给你发送了一封还款通知书信。我们核查了我们的账单记录,确实是我们的失误。

　　因为此次失误我们向你道歉。我们已经改正了账单记录,同时我们也保证此类事件将来不会再发生。我们希望此次事件没有给你的信誉带来不良的影响。我们的失误给你带来诸多不便我向你道歉。

　　诚挚的歉意!

　　　　　　　　　　　　　　　　　　　　　　　　　芭芭拉·劳杜
　　　　　　　　　　　　　　　　　　　　　　　　　债务经理

通知暂时取消信用消费权利的书信

模板书信 9.31 是在多次要求缴纳欠款未果之后通知暂时终止顾客信用消费权利的书信。这封信可以被认为是模板书信 9.20 至 9.24 的后续书信。写信人通知债务人已将其债务交由收款代理机构处理并且暂时终止了债务人的信用消费权利。写信人也表示如果此事能够及时得到解决，公司将恢复他的信用消费权利。

模板书信 9.31　通知暂时终止信用消费权利的书信。模板书信 9.20 – 9.24 的后续书信（半版面格式）

[日期]

卡尔 T·雷丁先生
玻利维亚的进口商品有限公司
法那提大街 56 号
伊利诺斯州底特律市（邮编 34565）

尊敬的雷丁先生：

我们非常遗憾地通知你，哈德尔公司已将你自 20X7 年 6 月以来所欠的 650 美元的货款转交由考尔尼收款代理公司处理。

另外，你在哈德尔公司的信用消费权利已被全部取消。

为恢复你的信用消费权利以及继续我们之间的业务往来，请你尽快解决此事。

诚挚的谢意！

马克·哈德科克
信用消费部经理

jl

书信篇

通知恢复信用消费权利的书信

　　模板书信 9.32 是在拖欠债务的顾客偿还了全部欠款之后写给他的回信。写信人感谢顾客及时还款并且宣布公司恢复了收信人的信用消费权利。这封信可以作为拖欠债务的客户偿还了全部欠款之后模板书信 9.20 – 9.24 的后续书信。

模板书信 9.32　通知恢复信用消费权利的书信。模板书信 9.20 – 9.24 的后续书信（半版面格式）

[日期]

卡尔 T·雷丁先生
玻利维亚的进口商品有限公司
法那提大街 56 号
伊利诺斯州底特律市（邮编 34565）

尊敬的雷丁先生：

　　感谢你偿还 650 美元的欠款。我们非常高兴地通知你，哈德尔公司已经恢复了你的信用消费权利。

　　我们期待继续与你开展业务合作，同时也希望我们公司能够满足你的办公用品的需要。

　　美好的祝福！

马克·哈德科克
信用消费部经理

jl

信贷与收款方面的书信

接受部分还款的书信

模板书信9.33至9.35都是确认被拖欠债务的部分还款的书信。

模板书信9.33中首先感谢债务人的还款，同时也说明了还有多少欠款。另外，写信人也提醒债务人，只有将所有的欠款还清他的信用消费权利才能恢复。

模板书信9.33　　接受部分还款的书信(版面格式)

[日期]

卡尔T·雷丁先生
玻利维亚的进口商品有限公司
法那提大街56号
伊利诺斯州底特律市(邮编34565)

尊敬的雷丁先生：

感谢你偿还了部分欠款。你自20X7年6月份以来所欠的货款还有500美元。

尽管你偿还了部分欠款，但是要恢复你的信用消费权利并且继续我们的业务合作关系，你必须在11月15日前偿还其余的欠款。

诚挚的谢意！

马克·哈德科克
信用消费部经理

jl

书信篇

　　模板书信 9.34 中确认了收信人的部分还款,同时也批准了新的还款日程表。

模板书信 9.34　　　接受部分还款的书信(版面格式)

[日期]

卡尔 T·雷丁先生
玻利维亚的进口商品有限公司
法那提大街 56 号
伊利诺斯州底特律市(邮编 34565)

尊敬的雷丁先生:

　　在你打电话商讨新的还款计划之后,我们收到了你 150 美元的还款。我们相信按照此次新的还款计划你一定能够按时偿还所剩的 500 美元欠款。

　　感谢你偿还了部分欠款。如果你对欠款有什么问题和疑问请你给我的办公室打电话。

　　诚挚的谢意!

马克·哈德科克
信用消费部经理

jl

模板书信9.35是模板书信9.33的简缩版。这封信中写信人确认了部分还款,同时也提醒收信人还有多少欠款并要求收信人尽快偿还。

模板书信9.35　　　接受部分还款的书信(版面格式)

[日期]

卡尔R·贝尔特先生
约克维大街67号
加利福尼亚州维苏威市(邮编09876)

尊敬的贝尔特先生:

　　在我们一再的催促之下你偿还了部分欠款。但是我们只能在你完全偿还其余的575美元的过期欠款之后,才能保证你良好的信誉度。

　　请你尽快偿还这笔欠款。

　　　　诚挚的谢意!

艾伦T·威利
信用消费部经理

jl

书信篇

确认还款的书信

　　模板书信 9.36 是一封确认债务人偿还所有货款的书信。写信人首先确认了收信人的还款，然后又叙述了一遍收信人的还款日程表。

模板书信 9.36　　　　确认还款的书信（全版面格式）

[日期]

卡尔 E·托瓦彼先生
罗乌斯坦公司
帕斯弗克大街 654 号
爱荷华州卡尔斯巴德是（邮编 56432）

尊敬的托瓦彼先生：

　　我已经收到了你偿还过去所有货物的还款，我们感谢你的还款。

　　我们最初商定的合同还有两个月到期。从 8 月份开始，我们将在每月的月末给你发送账单。另外，我们将会对收费进行调整。根据我们的商定，你的最大信用消费金额不得超过 1700 美元。如果你同意这些条款请你通知我。

　　　　诚挚的谢意！

　　　　　　　　　　　　　　　　　　　　　　　　　　马克 L·伯林克

jls

通知交付押金的书信

模板书信 9.37 是通知顾客预定房间需要缴纳押金的书信。

模板书信 9.37　通知顾客预定房间缴纳押金的书信(全版面格式)

[日期]

西蒙 T·霍斯德尔先生
法斯特沃兹大街 45 号
伊利诺斯州佩诺布斯科特市(邮编 34321)

尊敬的霍斯德尔先生:

　　我们已经收到你 20X6 年 11 月 7 日发来的预定房间的请求,按照我们的规定你必须缴纳每个房间 125 美元的押金才能保证预定奏效。这笔押金必须在我们接受你的预定的 10 天内交付给我们。

　　我们没有按期收到你押金,我们也想知道你是否继续预定房间。如果你要继续预定,请你用我们随书信给你邮寄的已付邮资的信封将押金汇寄给我们,或者打电话告诉我们你的想法。我们的全免费服务电话号码为 800-555-4545。

　　我们期待你的回复。

　　　　诚挚的谢意!

　　　　　　　　　　　　　　　　　　　　　　　　　　贝弗莉 G·克鲁斯

bgk:lls

内附文件

书信篇

与贷款方重新商谈还款日期的书信

在模板书信9.38中,写信人写信给贷款给他的银行重新商讨还款的期限。由于写信人的公司需要现金流通所以暂时不能完全偿还所有欠款,所以提出了新的还款计划征求银行同意。

模板书信9.38　写给贷款银行重新商讨还款期限的书信(全版面格式)

[日期]

马克·尼尔斯先生
副经理
卡特斯塔特银行
卓斯特姆大街6号
马萨诸塞州蒙特克莱尔市(邮编09004)

尊敬的尼尔斯先生:

　　去年从卡特斯塔特银行贷款的时候,我们同意在4年时间里连本带息偿还这笔250000美元的贷款。在过去的一年时间里,我们按原计划偿还了12个月的还款金额,但是我们目前遇到一些麻烦导致我们金融状况要继续实现我们的还款计划变得十分艰难。

　　所以现在我们请求你们给予我们一些财务上的援助以便帮助我们度过难关。两个月前,我们办公大楼卷入了一起严重的交通事故,一辆公共汽车撞进了我们的办公楼,不仅损坏了大楼外围的设施而且还破坏了大楼内的接待室。保险公司承担了很大一部分损失,但是他们不承担维修费用。雪上加霜的是我们的一位重要客户将他的60天还款期限又延长了好几个月。

　　由于我们继续保证服务的质量所以我们的公司当前运转正常,但是为了帮助我们公司偿还维修费用和能够继续偿还贷款,我们请求延期3个月偿还你们的贷款,不知你们能否批准?

　　我们非常感激你多年来对我们公司的支持和帮助,我们也相信你会理解和批准我们的请求。我在这里提前感谢你们。

　　　　诚挚的谢意!

杰尔·欧里夫
经理

顾客投诉账单错误的书信

　　模板书信9.39是顾客投诉账单错误的书信。在书信中写信人并不用指责的语气而是通过对比公司的原本价格与公司的账单来非常有礼貌地指出账单的错误。最后写信人希望公司能够尽快解决这一问题并将事情的进展及时告知写信人。

模板书信9.39　　顾客投诉账单错误的书信(全版面格式)

[日期]

阿舍·塔姆利先生
萨普罗联合公司
珀特兰德大街129号
伊利诺斯州惠顿市(邮编60192)

尊敬的塔姆利先生：

　　我7月5日向你们萨普罗联合公司订购的50套海华沙训练设备的总价值是3560美元。

　　我刚刚收到你们公司寄来的发货单却要求我支付4180美元的货款费用。我想这可能是你们弄错了。我随书信给你邮寄了我从你们公司客户服务部索取的产品价格传真的复印件。

　　请你们尽快与我联系以便解决此事。你们的训练设备我们非常满意。如果我们一旦收到你们改正后的货款单我们将立即支付这笔货款。

　　　　诚挚的谢意！

　　　　　　　　　　　　　　　　　　　　　　　　　　　莎拉·考斯特尼
　　　　　　　　　　　　　　　　　　　　　　　　　　　商店经理

第十章

写给销售商和供应商的书信

这一章的模板书信都是日常商业活动中写给销售商和供应商的书信。这些书信可以适用于从简单的订购货物到需要慎重处理的关于供应商或供应产品的投诉书信等各种商业活动场合,这些书信也可以帮助专业人士非常方便地应对与供应商之间的各种业务往来。

订购书信

模板书信10.1是一封向公司订购货物的书信。写信人清楚地陈述了他所订购货物的名称、数量、价格以及货款的总金额。另外,写信人也指出随书信邮寄了订购货物的支票。当然了,写信人说明了货物发往的地址。

模板书信10.1　　　订购货物的书信(半版面格式)

[日期]

麦克斯韦·诺斯先生
安德尔斯出版公司
韦斯特大街312号
新泽西州伯顿市(邮编07005)

尊敬的诺斯先生：

　　根据你们公司20X7年秋季宣传目录中的内容我们订购以下书籍：

书名	数量	总价格
《商业信贷指南》	5本	245美元
《银行业管理宝典》	6本	294美元
《银行营销宝典》	3本	105美元
合计		644美元
根据10本书以上订购10%的折扣		64.4美元
应付你们的货款		579.60美元

　　我随书信给你们邮寄了一张579.60美元的支票用来支付我们订购书籍的货款。请你们将货物按以下地址发送：新泽西州格洛斯特市格姆帕恩大街A区186号比格帕克公司。

　　　　诚挚的谢意！

　　　　　　　　　　　　　　　　　　　　　　　　拉里T·艾德萨尔
　　　　　　　　　　　　　　　　　　　　　　　　培训主管

lte:jls

内附文件

书信篇

索要免费材料的书信

  模板书信 10.2 是写信人在看到有关的广告后写的一封索要免费资料的书信。写信人清楚地解释说索要这些免费材料是为了帮助自己判断是否购买这种产品。

模板书信 10.2　　索取免费材料的书信（全版面格式）

[日期]

艾德华 T·戴维斯先生
彼米尼公司
法斯科姆大街 45 号
威斯康星州巴塔尼市（邮编 90434）

尊敬的戴维斯先生：

  我在最近一期的《读者文摘便览》杂志上看到了有关你们公司训练机的广告。我想进一步了解此产品，请将你们在广告中所提到有关产品的宣传册和视频材料发送给我。

  在几年前我的一个朋友告诉我你们公司提供的设备物美价廉，那是我第一次听说你们公司。我希望你们公司提供的产品宣传册和视频材料能够让我详细了解你们的产品以便让我决定是否购买你们的设备。

  我在这里对你表示感谢。

    诚挚的谢意！

马克维尔 L·洛斯

jll

询问经销商姓名的书信

模板书信 10.3 是写信人向一家公司询问他们公司在写信人所在地区的经销商姓名的书信。写信人解释说在一次商贸产品展览会上看到了收信人所在公司的产品,所以希望认识他们公司的地区经销商以便今后有机会开展产品供销业务。

模板书信 10.3　　询问经销商姓名的书信(半版面格式)

[日期]

卡尔 T·佩尼克斯先生
副经理
阿德温斯德办公设备有限公司
塔德尼大街 76 号
康涅狄格州塔德尼市(邮编 43456)

尊敬的佩尼克斯先生:

在阿纳海姆举办的每年一度的办公设备贸易展销会上我获取了你公司的宣传材料和联系方式。我打算购买你们公司宣传册的第五页介绍的马克—VG564 型号的复印机。

我希望你们能够写信告诉我你们公司在我所在地区的销售商的姓名及其联系方式以便我通过这位经销商购买你们公司的复印机。当然了我要先检验一下这种型号的复印机是否能够满足我们的工作需要。

我在此对你表示感谢。

　　　　诚挚的谢意!

　　　　　　　　　　　　　　　　　　　　　　　　艾伦 T·罗尼

jls

书信篇

索要产品有关信息的书信

　　模板书信10.4的作者是一封从事商业的人士,她的办公室正在考察各种类型的复印机以便确定最适合她需要的复印机。写信人向收信人说明了她办公室的情况,并且请求收信人发送有关产品的介绍材料。为了让收信人能明白写信人的需要,写信人也解释了她的办公室的具体业务。

模板书信10.4　　　索要产品有关信息的书信(版面格式)

[日期]

弗拉基米尔·帕克夫斯先生
弗拉基米尔复印机械设备公司
欧罗格大街45号
密歇根州法斯特图尔市(邮编45456)

尊敬的帕克夫斯先生:

　　我们正准备更新办公室的复印设备。我希望了解你们提供的办公室专用复印机的价格、功能以及实用性等信息,所以请你们给我发来有关这方面的资料。

　　我们巴罗恩公共关系公司拥有50名职员,我们打算更换现有的两台复印机。因为我们公司的日常业务中需要完成大量的复印工作,所以我们计划购买4台新的复印机。

　　请你们发送你们提供产品的有关信息以便让我们判断你们的产品是否可以满足我们的需要。

　　非常感谢你提供帮助。

　　　　诚挚的问候!

利·西蒙
办公室主任

ls/js

询问产品销售折扣情况的书信

模板书信 10.5 是一封向商业人士询问写信人计划购买产品的折扣情况的书信。写信人说明了具体的商品并且表示如果能提供一定程度的折扣,他将会购买一定数量的产品。书信的结尾写信人指出了可能交易的具体装货时间以便让收信人尽早回复。

模板书信 10.5　询问产品销售折扣情况的书信(半版面格式)

[日期]

内森 T·勃洛姆先生
达沃尔产品公司
维斯特大街 312 号
新泽西州伯顿市(邮编 07005)

尊敬的勃洛姆先生:

　　在由纽约去波士顿的最近一次旅行中,我在飞机场的书店里发现了一本詹森·朗写的名为《市场金融咨询服务》的书。

　　我在从事培训工作的过程中经常涉及金融服务市场开发方面的问题。在阅读了朗先生的这本书之后,我觉得对于有些培训来说这是非常好的一本教材。不知道你们是否能够为我购买这本书提供折扣?如果我决定购买,那么第一次至少需要订购 100 本。我的培训班每季一届,所以一年大约需要你们提供 300 多本。

　　即将到来的 11 月份的第一个星期,我的新一届培训班就要开课,所以我必须尽快决定上课的教材。如果你们能够为我的购买提供折扣,请你们尽快通知我。

　　感谢你的帮助。

　　　　诚挚的问候!

　　　　　　　　　　　　　　　　　　　　　　　　勃兰特 T·希金伯顿

bth/jls

书信篇

赞扬销售商的书信

　　模板书信 10.6 和 10.7 都是赞扬销售商的书信。模板书信 10.6 的作者花时间写信赞扬他的销售代理的优质服务。这样的一封信可以帮助建立起消费者与销售代理或者销售商之间的友好私人关系。

　　模板书信 10.7 是一封赞扬销售商所做的出色工作的书信。写信人对销售商所提供的高效服务非常满意,而且在书信的字里行间写信人也向销售商透露了他的满意之情。另外,写信人指出他们公司所取得的成就有一部分要归功于销售商所提供的高效服务。同模板书信 10.6 一样,这类赞扬书信不仅可以帮助建立写信人与销售商之间的友好私人关系而且也有助于稳固他们之间的贸易合作伙伴关系。这样的书信还能让销售商知道他所致力提供的高效服务能够满足顾客的需要并且得到了顾客的赞扬,所以也能鼓励销售商继续提供高效的服务。

模板书信 10.6　　　表扬供应代理商的书信(半版面格式)

[日期]

理查德 H·由尼迈特先生
分部经理
贝斯特服务公司
萨提阿格大街 412 号
新泽西州瓦德拉德市(邮编 09020)

尊敬的由尼迈特先生:

　　我最近又续约了我们之间复印服务的第三年的合同。鉴于我们之间持续、稳固的业务合作关系,我觉得非常有必要给你写这封信。

　　我写信主要是想表扬你们公司的服务代理玛格丽特·菲克沙。玛格丽特是一位非常优秀的服务代理,她不仅对顾客热情而且工作积极认真。另外,她对你们公司一如既往的忠诚也是我们继续与你们续约的原因之一。如果我们决定更新我们的复印设备,我们将会电话联系你们。

　　像玛格丽特这样优秀的员工是不多见的。我是很少写信表扬别人的,但是玛格丽特工作中优异的表现让我不得不写这封信。

　　诚挚的谢意!

马克·奈特森

amb

模板书信 10.7　　　表扬供应商的服务的书信(版面格式)

[日期]

布拉德利 D·欧姆洛姆先生
欧姆洛姆设计工作室
阿德福尔大街 45 号
蒙大纳州布维克斯顿市(邮编 04325)

尊敬的欧姆洛姆先生:

　　我们收到了你给我们公司设计的运动太阳镜的包装,我们公司上至经理下至普通员工都对你们的设计非常满意。你们公司关于产品包装的设计远远高出我们的预计。鉴于你们完成如此出色的任务,我觉得非常有必要写信表扬你们的工作。

　　我坚信你们的包装设计一定能帮助我们的产品在市场上销售取得成功。因为你们设计的不是简单的一个精美包装盒,而是通过你们设计的包装可以让消费者真正切实地感受到产品及其之后的生产厂家。

　　不论是批发还是零售,这种设计都会发挥巨大的作用。在你们为我们产品进行设计之前,我们伯顿眼镜公司在太阳镜销售方面已经相当有名了。去年我们公司太阳镜的销售额达到了 120000 美元。但是今年前三个月我们的销售额就已经达到了 500000 美元,预计全年的销售额可达到 150 万美元。

　　因为我们公司的生产线、销售队伍以及广告宣传都没有什么变化,所以说是你们近乎完美的包装设计帮助我们公司在销售中取得了巨大的成功。

　　我再次感谢你们出色的设计。我们热切期待你们设计公司为我们提供下一项精彩的设计。我们也非常喜欢欧姆洛姆设计工作室为我们公司在市场和贸易中设计的形象。

　　　　诚挚的谢意!

萨德 B·格罗希克
市场开发主管

fwd

书信篇

投诉账单错误的书信

模板书信 10.8 是一封要求供应商清除账单错误的书信。写信人态度坚决，但是没有得理不让人，他通过给供应商提供用来支付货款的支票复印件来证明他已经支付了供应商的货款。另外，写信人建议供应商在发送将要把顾客拖欠的货款交由收账公司处理的通知之前应该进一步确定顾客有没有还款。

模板书信 10.8　　　投诉账单错误的书信（简体格式）

[日期]

帕特丽夏 S·帕拉女士
客户服务部门
格兰德办公产品供应有限公司
新墨西哥州阿尔比恩市（邮编 23245）

澄清账单中的错误

　　帕拉女士，我随书信给你邮寄了我们用来支付发货单号为 3352217 的货款支票的前后面复印件。如果你查看支票背面的复印件，你会发现你们公司在 1 月 5 日就签署了这张支票并交由你们的银行处理这笔货款。

　　我建议你们重新评估一下你们公司收取货款的转账程序以便你们在发出将要把顾客拖欠的货款交由收账公司处理的通知之前能够确切了解到顾客是否真的没有付款。

　　我相信我给你们邮寄的支票复印件能够帮助你们改正你们转账程序的错误并且将我账户上的欠款记录清除。

詹姆斯·罗格
管理员

jl:rl

内附文件

模板书信10.9 是一封写给发错货物的供应商的书信。写信人清楚地说明了此事并且也提出了解决方案。

模板书信10.9　　指出供应商发货错误的书信(全版面格式)

[日期]
定货单号:2488458

罗尼·加里先生
五金供应商
埃欧弗拉公司
马萨诸塞州汉诺沃市(邮编02133)

尊敬的加里先生:

　　4月15日我们向你们公司订购了一批花园用品准备在6月14日至7月4日这段我们公司每年一度的爱国销售活动期间销售,其中具体的商品是12个总价值600美元的花园装饰景盆。我们在订购的时候清楚地注明订购的货物是红色、白色、蓝色各4个。

　　今天早上我们收到了你们发送的货物,但是让我们不满意的是所有的产品都是白色的,并且你们也没有向我们做任何解释。

　　我们已将8个白色的货物返回给了你们。请你们按照我们最初订单所要求的给我们发送4个红色的和4个蓝色的货物。

　　我们的爱国销售活动将会于6月14号开始,我希望我们在活动开始前所有的货物都能准备齐全。感谢你们对此事的重视和积极解决这个问题的态度。

　　　　诚挚的谢意!

格雷格·格罗德,
采购主管

书信篇

投诉供应商的书信

模板书信 10.10 和 10.11 是两封对供应商或销售商表示不满的书信。

模板书信 10.10 是写给产品供应商的书信。写信人清楚地指出了他对供应商不满的原因,并且也向供应商提出了解决问题的建议。写信人也表示他以前从未遇到过此类事件,所以他要求直接与批发商讨论此事。这封信表达清晰,观点明确,既说明了写信人投诉的问题又阐明了写信人建议的解决方案。

模板书信 10.10　对供应商提供的产品表示不满的书信(全版面格式)

[日期]

劳伦斯 E·特布尼先生
特斯科磁盘有限公司
特尼帕克大街 43 号
新罕布什尔州弗雷明汉市(邮编 43456)

尊敬的特布尼先生:

最近几个月来,我们商店收到了大量因为质量问题而被顾客返回来的双面高密度 3.5 英寸软盘。你们以前提供的产品从来没有出现过这类问题。返回软盘的顾客都说这些软盘的外壳很容易被损坏。

特布尼先生,请你替那些因为使用这些有问题的磁盘而将重要数据丢失的顾客想一想,这不是一件小事情。不知道你是否也收到了其他零售商类似的投诉?或许只有你们最近给我提供的这批货存在技术问题。不论怎样如果你们不对此事进行调查,我将会终止与你们的业务联系,而改从其他公司采购产品。

因为我担心会出类似的问题,所以我已将所剩的 100 盒软盘返回给了你们,每盒有 10 张软盘,总共 1000 张。每张磁盘的批发价是 69.5 美分,所以请你们给我返还 695 美元的退货款。

你们调查清楚磁盘的问题之后请给我打电话,我想知道你们是如何解决这个问题的。我希望尽快收到你们的回复。

诚挚的问候!

贾斯廷 L·威萨施

jlr/nls

模板书信 10.11 是向一位销售商投诉他的一位销售代理员的书信。写信人指出销售代理直接与他们公司的员工开展业务是违反规定的行为。在警告销售代理无效的情况下，写信人不得不向销售商投诉此事。写信人要求销售商采取措施制止销售代理的违规行为。

模板书信 10.11　　投诉销售代理的书信(版面格式)

［日期］

奥斯卡 B·科罗姆先生
科罗姆笔记本有限公司
斯科拉里大街 467 号
阿拉巴马州图斯科因市(邮编 32345)

尊敬的科罗姆先生：

　　不知你注意到了没有，我们《读者文摘便览》杂志社向你们公司订购了一大批产品。我对你们公司的产品特别是通讯员专用笔记本的质量非常满意。但是我给你写信是因为你们公司在我所在地区的销售代理马克·麦卡图斯给我制造了一些麻烦。

　　因为经常要向你们公司订购产品，所以我多次邀请麦卡图斯先生直接和我的办公室主管联系订购事宜。我们曾经要求他在到访之前先打电话预约，但是有几次麦卡图斯先生却在没有任何提前通知的情况下直接出现在我的办公室。更为糟糕的是，他经常未经我允许就和我的办公室主任会面并且还鼓励我们的作家和编辑直接向他购买产品。

　　我要求麦卡图斯先生必须严格遵循我们提前商定的程序开展业务。他这种违反我们协议规定的行为将会浪费我们作家和编辑的大量工作时间。我相信你能理解遵守协议程序对于我们的重要性。

书信篇

第 2 页
奥斯卡 B·科罗姆先生
[日期]

  当我向麦卡图斯先生介绍了遵守协议规定程序的作用之后,他仍然一意孤行。许多作家和编辑都向我抱怨说麦卡图斯先生直接向他们推销商品的行为经常扰乱了他们的正常工作。

  值得一提的是,我们对你们的产品非常满意。另外,我也对你们迅速、高效地处理订购货物的服务效率表示感谢。当然了我不是要怎么刁难麦卡图斯先生,我只是想让你告诉他在开展业务的时候务必遵循我们商定的协议程序而已。

  诚挚的问候!

凯特·穆克格夫

km/js

复印件发送至:MN

要求取消合同的书信

模板书信 10.12 是一封要求取消与供应商之间的合同的书信。这封书信的内容虽短,但是写信人清楚地指出他的公司不再继续与收信人续签合同。在书信的结尾,写信人表示要将收信人承包给写信人的机器尽快归还。

模板书信 10.12　要求取消与供应商之间的合同的书信(全版格式)

[日期]

理查德 H·由尼迈特先生
分部经理
贝斯特服务公司
萨提阿格大街 412 号
新泽西州瓦德拉德市(邮编 09020)

尊敬的由尼迈特先生:

　　我们租用你们公司 14X40 型号复印机的合同将会于今年 6 月 20 日到期,我们公司决定不再续签这份合同。

　　我们租用的这台复印机在我们公司梅尔罗斯市区的办公室。我们想在你方便的时候尽早将其归还给你们。

　　诚挚的谢意!

菲拉格 A·伊德理伯
办公室经理

PAI:jls

书信篇

因为经济状况不佳而终止与供货商的业务关系的书信

  模板书信10.13是一封解释写信人不再继续享受供应商提供的服务的书信。终止业务的原因是供应商的产品价格较高。书信中写信人的语气非常友好，同时他也表达了对不能继续与供应商开展业务合作的遗憾之情。

模板书信10.13 终止与供应商的业务合作的书信（全版面格式）

[日期]

戴维·爱泼斯坦先生
销售经理
珀穆普顿纸品供应公司
爱达荷州伍斯特市（邮编30330）

尊敬的戴维先生：

  我想你也已经意识到了我们最近从你们公司购买的货物越来越少。因为在我们重新检验所有供应商的供货价格的时候，我们发现你们的产品价格是最高的，所以我们决定终止与珀穆普顿纸品供应公司的业务合作。

  我们的决定只是从利润的角度来考虑，并不能说明你们服务不到位也不能反映你们产品的质量不好。其实珀穆普顿纸品供应公司的员工都非常热情，我对他们的服务工作非常满意。

  如果条件有所改变我仍然非常愿意与珀穆普顿纸品供应公司开展业务往来。不管怎样，我们都很感激8年来你们为我们提供的服务和帮助，我们公司能在西南地区发展成为有影响的文化用品零售企业也要感谢你们的大力支持。

  诚挚的谢意！

杰弗里·圣安妮
副经理

第十一章

人事书信

　　任何一家有一定规模的商业机构的人事部门都会遇到大量的有关人事问题的书信。小一点的公司也会有不少人事方面的书信需要处理。不论是单位还是个人写有关人事问题的书信的时候，有效组织书信的内容将会起到事半功倍的效果。

　　人事书信对于公司的日常业务不能直接带来多大的好处，但是它可以帮助你尽可能地为公司的职位选择合适的职员，另外也能帮助招聘公司主管继续维持与没有被录用的职位应聘者的良好关系。对于求职者来说，本章中的很多模板书信可以帮他们在人才招聘过程中向招聘主管很好地推销自己。

　　有许多其他人事问题需要用书面形式表达，但是一般情况下，没有必要使用书信处理，比如组织关系变动，劳资关系活动，工资调整，放假通知等公司内部人事事务都是通过便条的形式传达给职员。因为这些人事问题很少使用书信，所以这里不讨论这方面的内容。

书信篇

请求应聘职位面试的书信

模板书信 11.1 至 11.5 都是求职者的求职书信。

模板书信 11.1 是写信人根据看到的招聘广告所写的书信。写信人根据招聘广告的内容介绍了她的背景并且暗示出她是可以胜任招聘的职位的,所以她请求收信人提供面试的机会,当然了她也向收信人介绍了她的联系方式。另外,写信人也表示为了让收信人更详细地了解她的相关信息随书信邮寄了她的个人简历。

模板书信 11.1　根据报纸上的广告的求职书信(半版面格式)

[日期]

雅各布 L·罗德玛尼先生
帕里什金属制品公司
韦斯特大街 312 号
新泽西州伯顿市(邮编 07005)

尊敬的罗德玛尼先生:

我想应聘你们在《伯顿市新闻报纸》上刊登招聘的生产工程师的职位,我随书信给你们邮寄了我的简历。

目前,我在一家金属公司担任生产工程师,负责金属板材的加工过程全部的技术问题。你可以从我的简历中发现我已有 5 年时间生产工程师的工作经历。

如果你想与我联系,白天请给我打办公室电话,晚上就打我的家庭电话,我的个人简历上有这两个电话号码。如果我在 1 月 17 日还没收到你的回复,我将在这天给你打电话商讨在你方便的时候进行一次面谈的具体事宜。

我期待与你进行交流。

诚挚的谢意!

玛丽 L·道

内附文件

人事书信

　　模板书信 11.2 是在写信人与收信人有过简短的交谈之后请求收信人给予面试机会的书信。写信人表示他要应聘公司公开招聘的职位,同时他也介绍了他过去的工作经历。另外,写信人也指出他随书信邮寄了他的个人简历,希望收信人转交给公司有关人员。

模板书信 11.2　　电话交谈后的求职书信(全版面格式)

[日期]

伊莱恩·朗沃思女士
人事主管
初级课本出版有限公司
帕拉兹大街第一号
俄勒冈州布赖顿市(邮编 89765)

尊敬的朗沃思女士:

　　我想应聘我们在这周早些时候电话交谈时提到的初级课本出版有限公司的人文学科编辑一职。我随书信给你邮寄了我的简历,希望你能对我的应聘请求进行考虑。

　　我的简历中介绍的很清楚,我已有 4 年在安杜佛出版公司工作的经历。我想在安杜佛出版公司及其之前的工作经历都足以让我能够胜任初级课本出版有限公司编辑的职位。如果我有幸获得这次工作机会,我将会尽全力工作以便使初级课本出版有限公司向更大规模的出版公司的方向发展。

　　请将我的简历转交给主管招聘的人士,如果你们需要了解更多的信息请给我电话。

　　感谢你的理解。我期待你们的回复。

　　　　诚挚的谢意!

马克斯·伯尼

内附文件

书信篇

　　模板书信 11.3 也是在进行交谈后写的书信，但是这封信的作者不是应聘公司某个特定的职位，而是征询收信人有关她适合应聘公司什么职位的意见。写信人对收信人上次交谈所提供的信息表示感谢，同时她也谈及了她的职业背景。写信人希望收信人能将其推荐给公司中的相关人士，并且表示她将会给收信人再次打电话。

模板书信 11.3　　　　征询求职建议的书信（版面格式）

[日期]

奥瑞 P·哈凯普先生
副经理
弗洛塔姆公司
韦斯特大街 12 号
新泽西州伯顿市（邮编 07005）

尊敬的哈凯普先生：

　　按照今天上午我们谈话的内容，我随书信给你邮寄了我的一份简历，希望你能抽时间看看。如果你能给我提供一些改进的建议，我将非常感激。

　　你可以从简历中发现我已在哈格顿公司工作了 4 年时间。哈格顿公司是一家小型的排版公司，在那里的工作使我获得了大量提高写作技巧的机会。现在我觉得我应当寻求一家能为我提供管理工作职位的大公司。

　　如果你觉得弗洛塔姆公司有适合我的职位请你通知我。你可以将我的简历转交给公司主管职位招聘的相关人员。我也给你们公司人事管理部工作的拉里·弗纳尔邮寄了一份我的简历。另外，我也就你们公司的有没有适合我的职位一事同拉里进行了简短的交谈。

　　奥瑞，我知道你很忙，所以我要感谢你同意检查我的简历，我也感谢你愿意为我提供帮助。我将在感恩节后给你打电话希望你能够为我提供一些求职的建议。

　　诚挚的谢意！

　　　　　　　　　　　　　　　　　　　　　　　　　　卡罗尔·尼森

内附文件

人事书信

　　模板书信 11.4 是在别人的推荐下所写的一封求职书信。在书信的第一段写信人明确指出她是在熟人推荐说收信人所在的公司正在招聘某个职位的情况下写的这封求职信。然后,写信人又继续简要介绍了她的工作背景,最后写信人请求给予应聘面试的机会。

模板书信 11.4　　在别人的推荐下所写的求职信(半版面格式)

[日期]

凯姆白丽·戴阿琴女士
普拉沃茨有限公司
维普拉有限公司
密苏里州比洛克西市(邮编 34325)

尊敬的戴阿琴女士:

　　在斯帕兰蒂纸品联合公司供职的劳伦斯·可尼尔的推荐下,我给你发送了我的个人简历。劳伦斯告诉我你们公司正在招聘产品主管。从劳伦斯的介绍中我觉得你们公司对我来说非常有吸引力。我希望能有机会与你进行一次交谈以便更多地了解你们公司以及你们招聘职位的情况。

　　最近 4 年时间里我一直在快利产品投资有限公司工作,而在此之前拉罗密产品有限公司是我的工作单位。在这些公司的工作经历让我具备了广泛的工作经验,同时也使我有机会掌握一些产品主管所必需的专业知识。

　　我非常希望有机会与你交谈以便我回答你有关我的工作背景和职业历程的问题。在白天你可以通过电话 555-5555 联系我。

　　感谢你耐心地阅读我的书信。

　　　　诚挚的问候!

　　　　　　　　　　　　　　　　　　　　　　　　格拉迪斯 T·纳姆拉克

内附文件

书信篇

　　模板书信11.5是一封感谢收信人提供求职面试机会的书信。写信人首先感谢收信人提供的机会，然后表示非常荣幸有机会见到包括收信人在内的公司人员。当然了写信人也表达了非常愿意在收信人所在的公司工作的愿望。

模板书信11.5　感谢收信人提供应聘面试机会的书信（全版面格式）

[日期]

乔治·珀涅罗珀先生
人事经理助理
伯顿人寿保险公司
奥尼尔德大街34号
新泽西州伯顿市（邮编98765）

尊敬的珀涅罗珀先生：

　　感谢你在5月25日为我提供的面试机会。那次经历对我非常有意义，我也通过那次面试了解了你公开的职权范围。

　　我同你以及霍尔斯先生、塞维德先生的谈话让我更加坚定了选择伯顿人寿保险公司工作的信念。我觉得不论是职业前途还是个人发展伯顿人寿保险公司都会为我提供大量的机会。基于以上原因我非常愿意成为伯顿人寿保险公司的一员。

　　再次感谢你浪费宝贵的时间阅读我的书信。我热切期待你们的回复。

　　　　诚挚的谢意！

戴维A·伊纳卡

个人简历的伴随书信

　　模板书信11.6和11.7都是向招聘主管发送简历的伴随书信。
　　模板书信11.6是在一次会面后写给收信人的一封后续书信。写信人在信中向收信人提到了上次会面的地址，然后又介绍了他的职业和学历背景。书信的结尾写信人希望能再次与收信人会面以便商谈他应聘公司职位的事宜。

模板书信11.6　新近毕业的求职者的简历的伴随书信(版面格式)

[日期]

金L·斯米萨尔先生
伯顿人寿保险公司
奥尼尔德大街34号
新泽西州伯顿市(邮编98765)

尊敬的斯米萨尔先生：

　　我在几周前曾经去你们部门应聘伯顿人寿保险公司的一个职位。在我要离开的时候,我有幸在电梯里与你进行了几分钟的交谈。在那次谈话中你告诉我你们公司当前没有空缺职位,但你表示一旦出现职位空缺你将第一时间通知我。我也向你介绍了我是刚刚在新泽西州立大学取得了金融学学士学位的毕业生,我的求职意向是伯顿人寿保险公司的人寿保险推销方面的基层工作。

　　在大学四年的学习时间里,我的专业课和选修课都取得优异的成绩。我认为我所学习的这些功课增强了我的分析能力,同时也为我在金融行业工作奠定了坚实的基础。

　　除了学校的学习之外,为了完成学业我在过去的6年时间里一直坚持勤工俭学。通过从事各种工作以及积极参加学校的各种课外活动,我逐渐养成了对工作认真负责的责任感和灵活处理人际关系的能力。我相信我的基本素质再加上我对保险事业的热爱一定能胜任伯顿人寿保险公司的工作。

　　我想在你方便的时候拜访你以便详细了解我在伯顿人寿保险公司工作的可能性,也顺便向你更清楚地介绍我的求职意向。请在你方便的时候联系我,确定我们会面的具体安排。

　　感谢你耐心阅读我的书信。

　　　　　诚挚的谢意！

　　　　　　　　　　　　　　　　　　　　　　　　　　内德·拉雷德

内附文件

书信篇

　　模板书信11.7是个人简历的伴随书信。这封信的目的是向收信人介绍自己。写信人提及了一些个人的性格特点以及他的职业经历。写信人也表示希望能在收信人方便的时候举行一次会面。

模板书信11.7　希望更换工作的求职者的个人简历的伴随书信(半版面格式)

[日期]

西德尼T·法罗维瓦先生
数据中心主管
阿林顿产品有限公司
韦斯特大街43号
新泽西州伯顿市(邮编07005)

尊敬的法罗维瓦先生：

　　我是一位年轻而富有进取精神的市场数据处理管理员。我希望从事与数据有关的富有挑战性的工作,因为这样的工作既有发展前途又能促进个人的不断进步。

　　我已有过在宾夕法尼亚州莱维敦市的加拉斯有限公司工作的经历。加拉斯有限公司是一家为美国和加拿大的金融机构提供自动化管理系统的服务公司,具体的业务包括在线数据获取、每日文件更新、阶段报告生成等。加拉斯有限公司拥有当地最强大的数据处理中心,他们的数据处理系统由45台以上的高配置电脑支持,其中有200多个310兆字节磁盘、100字节的带宽和100多台数据获取终端。

　　我随书信给你邮寄了我的个人简历。另外,我也邮寄了有关我从事过的工作具体情况和我在这些工作中所取得的成就。如果你想要更详细地了解我的工作经历,我愿意提供进一步的信息。我想在你方便的时候与你会面以便了解我在阿林顿产品有限公司工作的可能性。

　　感谢你花时间浏览我的个人简历。我热切期待在近期与你讨论我的工作问题。

　　　　诚挚的问候!

拉里E·马哈弗菲

内附文件

人事书信

模板书信 11.8 是一封应聘职位的书信。通常正规的求职书信都是由人事部门全权处理，但是有时候让公司主要领导和决策人士了解求职者的就业意向也是非常有用的。写信人通过联系随书信邮寄的个人简历的内容介绍了他申请职位的基本条件。我们常说第一印象非常重要，所以求职书信一定要具有吸引力、说服力并且没有错误。书信的结尾写信人表示希望能有机会举行一次面谈。

模板书信 11.8　　　　　求职书信（全版面格式）

[日期]

保罗·哈普塔尔先生，校长
沃姆利耶高中
弗尼林顿大街 10643 号
俄亥俄州卡娅豪格市（邮编 44074）

尊敬的哈普塔尔先生：

　　我写这封信是想在你们沃姆利耶高中的英语教学组寻求一份工作。我在伊姆维大学取得教育学学士学位，然后又在哈佛大学攻读了神学硕士学位，同时还取得了贝瑟尼学院的英语学学士学位。现在我已通过了乔治亚州的 7~12 年级英文教师资格考试，另外我还取得了高级教师资格证书和文学与写作高级资格证。

　　最近 5 年时间里我一直在乔治亚州从事教育工作。今年对我来说是值得庆祝的一年，由于我在教学中的出色表现以及取得巨大成就，我的同事一致推选我为年度优秀高中教师，学生们将我推荐给了《美国教师》杂志的 2000 年度杰出教师评选活动。我所讲授过的课程有 10 年级优等生、11 年级大学预科生、11 年级精英班的英语课程。除此以外，去年我给高年级讲授过文学与写作高级教程。在我从教的第一年，学生的考试及格率高出国家平均水平 3 个百分点。去年年末学校安排我在 1999~2000 学年讲授 11 年级的文学与写作高级教程。

　　我想与你详细交流一下沃姆利耶高中的英语教学情况以及我的英语教学经验。随同书信我给你邮寄了我的个人简历和各种证件的复印件以及我在校学习的成绩单。

　　我期待你的回复，我也希望能在这个月的某个时间安排一次与你的会面。

　　　　诚挚的问候！

　　　　　　　　　　　　　　　　　　　　　　　　　　　丽·威克斯

内附文件

书信篇

　　即便是最小心翼翼的招聘主管也需要你时而不时地提醒他。模板书信11.9是在写信人收到求职书信的回复之后的后续书信。在书信的第一段简要回顾了上封信的要点,然后写信人宣布将有机会去收信人所在的城市并且提出安排一会面的要求。最后,写信人公布了自己的电话号码以便收信人联系他。

模板书信11.9　　　求职书信的后续书信(全版面格式)

[日期]

保罗·哈普塔尔先生,校长
沃姆利耶高中
弗尼林顿大街10643号
俄亥俄州卡娅豪格市(邮编44074)

尊敬的哈普塔尔先生:

　　在我20X8年3月1日给你发送我的求职信和个人简历之后,我收到了你的办公室关于我申请沃姆利耶高中英语课程教师的回复。

　　我非常向往能在沃姆利耶高中这样的学校工作,因为那里可以接触到各种肤色聪明伶俐的学生。今年夏天我将有机会去卡娅豪格市,大约在4月份的第三个星期我将有时间去你们学校,我希望到时候能在你们学校的英语教学部与你会面。不知道你是否看到了我申请英语教师职位的相关材料?我非常乐意为你提供任何帮助你判断我是否适合你们学校职位的资料。你可以通过我的家庭电话404-265-6897来联系我。我热切期待你尽快给我的回复。

　　诚挚的问候!

丽·威克斯

撤销求职申请的书信

模板书信 11.10 的作者向某个职位提出了申请。但是当她意识到她不能获得这个工作机会的时候,她决定与其等着收到正式的拒绝书信不如主动取消求职申请。

模板书信 11.10　向招聘主管请求取消求职申请的书信(全版面格式)

[日期]

琼·美丝特女士
人事主管
埃拉尼公司
维沃木洛大街 12 号
新泽西州查斯特纳市(邮编 07009)

尊敬的美丝特女士:

　　几个月前我向你表示了非常想获得你们公司公开招聘的质检主管一职的愿望,我也感谢你向我透露在所有的应聘者中我的优势并不明显的消息,所以我决定退出这一职位的竞聘。

　　我现在的工作单位是撒维赫尔机械公司。我正在负责公司几个项目的开发,保证这几个项目按照计划顺利实施对于我和我的老板来说都非常重要。所以我的大量精力都投入到了这些项目之中,这样一来我觉得目前我还是应该留在现在的工作岗位上。

　　感谢你几个月以来给予我的帮助。我希望以后有机会再次与你接触。

　　　　诚挚的问候!

丽·克鲁斯

书信篇

回复求职申请的书信

　　模板书信 11.11 至 11.25 是几种场合回复求职申请的书信。

　　模板书信 11.11 是一封标准的感谢求职者申请工作的书信。这封信的作者非常有礼貌地确认了收信人的求职申请,并且也表示将会对收信人的条件进行考察。然后写信人又表达了对收信人积极申请工作职位的感激之情。这封书信可以作为回复求职申请的标准模板书信。

模板书信 11.11　　答谢职位申请者的书信(全版面格式)

[日期]

麦克斯韦 L·陶普尔先生
波士顿大街 988 号
缅因州亨廷顿市(邮编 34321)

主题:写作讲师职位

尊敬的陶普尔先生:

　　感谢你申请伯顿公共学院正在招聘的写作讲师一职。请你放心,我们一定会公平公正地考察你和其他申请者的条件。如果我们觉得你的条件比较适合我们的职位,那么我们将会和你联系以便确定面试的具体时间。

　　不论最后的结果如何,伯顿公共学院的全体员工衷心地祝愿你有一个美好的前途。

　　　　诚挚的谢意!

　　　　　　　　　　　　　　　　　　　　　　　伊丽莎白 R·詹尼弗
　　　　　　　　　　　　　　　　　　　　　　　人事部主管

erj:jls

人事书信

　　模板书信 11.12 是一封写给有资格申请某个职位的求职者的书信。写信人首先感谢收信人的申请,然后也指出有很多申请者都具备了胜任这个工作的基本能力,而最终的结果还没有确定,希望收信人关注公司的有关信息发布以便及时了解招聘结果。

模板书信 11.12　回复有资格的职位应聘者的书信(半版面格式)

[日期]

布赖恩·阿贝布洛姆先生
弗洛松塔尔大街 3 号
俄亥俄州贝瑟尼市(邮编 54567)

尊敬的阿贝布洛姆先生:

　　非常感谢你申请我们招聘的文秘主管一职。

　　在我们的招聘广告刊登之后,我们收到了大量的应聘书信。我们计划在 6 月 5 日以前选出这一职位的最佳人选,如果你到时候还没有收到我们的通知,请你通过电话查询这一职位的招聘情况。

　　感谢你对我们公司的信赖和支持。我们祝愿你前程似锦。

　　诚挚的问候!

　　　　　　　　　　　　　　　　　　　　　　　　　　　　布莱斯 T·维德罗
　　　　　　　　　　　　　　　　　　　　　　　　　　　　人事部主管

btr/nls

书信篇

模板书信 11.13 也是一封写给有资格申请某个职位的求职者的书信，但是这封信的作者通知申请人给他电话来安排第二次面试的具体事宜。写信人表示收信人给他留下了深刻的第一印象，在第二次会面中将有更多的公司人员接见申请人。

模板书信 11.13　邀请求职者出席第二次会面的书信（版面格式）

[日期]

彼得·延森先生
埃科喀德大街 34 号
内布拉斯加州枫丹市（邮编32253）

尊敬的彼得先生：

　　感谢你浪费宝贵的时间出席上次我们在枫丹市召开的招聘大会。你给我留下了深刻的第一印象，并且在我的极力推荐之下我们的招聘委员会决定邀请你出席与我们公司更多人员的见面会。

　　如果你仍然对我们公司有兴趣，请你给我们的招聘协调员贝尔·卡亚尔打电话确定会面的具体时间，他的电话号码是 803-555-1439。

　　我们等待你的回复。再次感谢你对我们公司的信赖和支持。

　　　　美好的祝愿！

　　　　　　　　　　　　　　　　　　　　　　　　　　　　　格雷 A·泰森

GAT:jls

人事书信

模板书信 11.14 是一封向有资格的求职者通知他所申请的工作职位情况的书信。写信人清楚地介绍了招聘的最新情况并且也向收信人介绍了公司遴选委员会做出最后决定的具体操作过程。

模板书信 11.14　向求职者介绍职位申请情况的书信(半版面格式)

〔日期〕

特雷弗 L·凯布姆普先生
贝瑟尼大街 56 号
华盛顿州贝尔望德罗市(邮编 43456)

尊敬的特雷弗先生：

　　我写这封信是想告诉你有关我们招聘伯顿公共学院校友会主管的最新进展。截止到 8 月 1 日我们一共收到了 34 份应聘申请。由校友理事会成员和学院教职员工组成的遴选委员会将会从应聘者中选出 4～5 位最适合这份工作的候选人并且邀请他们在一个月后来伯顿公共学院参加面试。根据这次面试的结果，遴选委员会将表现排在前三位的应聘者推荐给校长，校长会从中选出最适合招聘职位的人选，并且在 9 月 1 日宣布任命书。

　　请注意在正式任命宣布之前我们将不再给你通报遴选的最新进展。如果你有什么问题请给我打电话。

　　特雷弗，让我再次感谢你对我们招聘工作的支持和理解。你非常有实力竞聘这一职位，我相信遴选委员一定会特别留意你的申请。当然了要从众多的应聘者中选择出最适合这个职位的人选是一件非常艰巨的任务。

　　感谢你为伯顿公共学院所做和将要做的一切。

　　　　诚挚的谢意！

　　　　　　　　　　　　　　　　　　　　　　　　　　戴维 R·希纳达斯

drx/ras

书信篇

模板书信 11.15 是一封写给不具备竞聘资格的求职者的书信。写信人首先感谢收信人的求职申请,然后遗憾地通知收信人他不适合招聘的职位。最后写信人祝愿收信人在求职的过程中有好运。

模板书信 11.15　写给没有竞聘资格的求职者的书信(半版面格式)

[日期]

亚当·贝兹尼先生
约克维社区 67 号 4 单元
新泽西州约克市(邮编 56432)

尊敬的贝兹尼先生:

　　感谢你对我们公开招聘的贝尔穆特金属板材公司生产主管一职的兴趣。我对你的申请材料进行了认真的研究,但是我很遗憾地通知你我觉得你不适合我们公开招聘的这一职位。

　　祝你求职好运。我相信你一定会找到一份可以充分发挥你的才智和工作经验的工作。

　　诚挚的谢意!

格温多林 T·夸克布什
人事主管

gtq:nls

人事书信

模板书信 11.16 是一封通知求职者没有空缺职位的书信。写信人清楚地表示收信人已具备了应聘的基本素质,但是由于公司的空缺职位有限所以不能为收信人提供工作。

模板书信 11.16　通知求职者公司已没有空缺职位的书信(全版面格式)

[日期]

斯坦利 R·皮科萨尔先生
罗斯卡诺卡大街 32 号 A 座 3 单元
威斯康星州恩迪科特市(邮编 95456)

尊敬的皮科萨尔先生:

　　我们感谢你参加我们公司在布韦顿市召开的招聘会。你的学历背景非常出色而且你的表现也给我们留下了深刻的印象。

　　我们迟迟没有做出决定的原因是我们要认真考虑所有参加面试的求职者,但是由于人数比较多再加上有些申请者的日程与面试时间有冲突,所以直到圣诞节我们才完成面试工作。在面试的过程中我们发现有很多优秀的应聘者,但是我们公司的职位有限,我们不能满足所有优秀应聘者的求职需求,所以我们非常遗憾地通知你现在我们没有空缺职位提供给你。

　　再次感谢你对我们公司的信赖。

　　　　　诚挚的谢意!

　　　　　　　　　　　　　　　　　　　　　　　　　　　克雷格 D·卡韦顿
　　　　　　　　　　　　　　　　　　　　　　　　　　　菲斯克电脑公司

CDC:GAD

书信篇

　　模板书信 11.17 是一封写给一位有才能的应聘者的书信,这位应聘者的才能不适合公开招聘的职位。写信人首先感谢求职者的求职申请,然后解释说因为应聘的人比较多,所以选择了专业技能对口的求职者。写信人也表示公司以后或许会有比较适合收信人的空缺职位。最后写信人祝愿收信人找到一个好工作。

模板书信 11.17　　写给专业不对口的求职者的书信(简体格式)

[日期]

马丁 L·普雷斯顿先生
洛林大街 43 号
宾夕法尼亚州帕科斯塔维尼市(邮编 43456)

帕科斯塔维尼联合学院的教师职位

　　普雷斯顿先生,感谢你对帕科斯塔维尼联合学院招聘教师工作的支持。我们收到了大量像你一样有才华的应聘者的求职申请。

　　因为有如此多的优秀应聘者,所以我们只能选择学历背景和专业技能最适合我们这学期工作需要的应聘者。我非常抱歉地通知你我们将工作机会提供给了其他的应聘者。

　　当然了这并不意味我们不认同你的才能,或许在以后我们会有更加适合你的空缺职位。我祝愿你找到一份理想的工作。

海伦 L·戴维斯博士
人文科学学院院长

jls

  模板书信 11.18 是模板书信 11.15 的变化版本。这封书信通知收信人另一位更适合空缺职位的应聘者将会获得这份工作。写信人清楚地解释了这一情况并且在最后感谢收信人对招聘工作的支持。

模板书信 11.18　通知求职者招聘职位提供给了别的应聘者的书信（全版面格式）

[日期]

哈罗德 M·皮科先生
哈格顿大街 543 号
康涅狄格州新不列颠市（邮编 32345）

尊敬的皮科先生：

  感谢你应聘我们公开招聘的质量控制工程师的职位，但是我们不能满足你的求职愿望，因为我们选择了一位我们认为更加适合这个职位的应聘者。当然了我们会继续保存你的简历，一旦有适合你的职位空缺，我们将首先考虑你。

  再次感谢你对阿伊沃斯金属板材公司的信赖和支持。我们祝愿你求职好运。

  诚挚的谢意！

利蒂希娅 T·霍尔
人事主管

LTH:mln

书信篇

　　模板书信 11.19 是一封写给具有部分胜任招聘职位能力的求职者的书信。写信人首先感谢了收信人的求职申请,然后解释说空缺职位提供给了另一位更有经验的求职者。最后写信人表示了对收信人的祝福。

模板书信 11.19　回复具有部分胜任空缺职位能力的求职者的书信(半版面格式)

[日期]

艾丽丝·格雷巴女士
法斯顿大街 36 号 W 座 6 单元
肯塔基州乔治亚市(邮编 43456)

尊敬的格雷巴女士:

　　感谢你对哈姆尼电子器材公司的信赖和支持。

　　我们对大量应聘产品设计师职位的求职申请进行了严格的审查。尽管我们对你印象深刻,但是我们还是将这份工作提供给了比你更有经验的应聘者。不过我们相信凭借出色的才能你会很快找到一份合适的工作。

　　我祝愿你事业有成。

　　　最美好的祝福!

　　　　　　　　　　　　　　　　　　　　　　　　　　林德利 H·麦克卡沃
　　　　　　　　　　　　　　　　　　　　　　　　　　人事主管

lhm/nls

人事书信

　　模板书信11.20是向求职者解释公司没有适合她的专业经验的空缺职位的书信。写信人感谢收信人的求职申请，并且解释说因为收信人的专业技能不适合当前招聘的职位，所以目前不能满足她的求职申请，但是写信人又进一步表示会继续保存收信人的求职申请以便公司一旦出现适合她的空缺职位将首先考虑她。

模板书信11.20　通知求职者没有合适的职位提供的书信(半版面格式)

[日期]

波林R·雅尔塔女士
道格拉斯大街34号
佛蒙特州法赫尔斯市(邮编76543)

尊敬的雅尔塔女士：

　　感谢你向法明顿格雷公司递交的求职申请。通过你的简历我们发现你的求职条件非常出众。

　　但是我们当前招聘的空缺职位和你的专业知识、工作经验不相适应，不过我们将继续保存你的求职申请以便将来有合适的空缺职位的时候我们将第一时间考虑你。

　　尽管我们当前不能为你提供合适的工作岗位，但是我们仍然希望你事业有成。

　　　　诚挚的谢意！

　　　　　　　　　　　　　　　　　　　　　　　琳达B·波拉苏达
　　　　　　　　　　　　　　　　　　　　　　　人事部主管

ibb/dls

书信篇

模板书信 11.21 是一封谢绝求职者根据报纸上的招聘广告提出求职申请的书信。写信人首先感谢收信人的求职申请，然后通知他不能获得这份工作，但是也进一步表示将继续保存收信人的求职申请。在书信的结尾写信人祝福收信人找到一份好工作。

模板书信 11.21　谢绝根据报纸招聘广告求职者的应聘申请的书信（版面格式）

[日期]

雅各布 L·麦克格夫先生
麦维马克大街 5 号
爱达荷州法尔布拉斯市（邮编 23245）

尊敬的麦克格夫先生：

　　感谢你应聘我们广告招聘的执行秘书一职。你也能够想到应聘这份工作的人是非常之多，所以尽管你的简历给我们的印象非常不错，但是我们只有一个空缺职位。

　　我们现在不能满足你的求职愿望，不过我们将继续保存你的求职申请，如果以后有空缺职位我们将首先考虑你。感谢你对我们维拉德玛公司的信任和支持。我们祝愿你求职好运。

　　　诚挚的谢意！

　　　　　　　　　　　　　　　　　　　　　　　　　戴维·马歇尔
　　　　　　　　　　　　　　　　　　　　　　　　　人事主管

Mn

人事书信

模板书信11.22是一封谢绝申请夏季工作的求职者的书信。这封书信的内容简明扼要,首先感谢收信人的求职申请,然后解释说没有空缺的夏季工作。但是写信人也表示将会继续保存收信人的求职申请并且感谢收信人对公司的信赖和支持。

模板书信11.22　谢绝申请夏季工作的求职者的书信(半版面格式)

[日期]

维克·丽雯女士
瓦顿拿大街34号
西弗吉尼亚格林弗雷市(邮编32345)

尊敬的丽雯女士:

　　感谢你向我们公司申请夏季工作岗位。尽管我们现在没有空缺的夏季工作职位,但是我们将继续保存你的申请以便有空缺的时候我们第一时间考虑你。

　　再次感谢你对我们公司的信赖和支持。

　　　　诚挚的谢意!

　　　　　　　　　　　　　　　　　　　　　　　弗朗西斯K·舍夫
　　　　　　　　　　　　　　　　　　　　　　　人事主管

fkc/jls

书信篇

　　模板书信11.23是一封谢绝在别人的推荐下申请这一工作的求职者的书信。写信人感谢收信人的求职申请同时也确认收到了推荐信,但是写信人解释说由于应聘人数非常多所以不能为收信人提供这份工作。

模板书信11.23　　谢绝推荐来的求职者的书信(全版面格式)

[日期]

威尔逊·戴维森先生
邮政汇票邮箱704号
斯巴达公共关系学院
西弗吉尼亚州斯巴达市(邮编26032)

尊敬的戴维森先生:

　　感谢你应聘我们单位的编辑助理一职。尽管格雷E·里米斯教授向我们推荐你,而且你的受教育水平也比较高,工作经验又很丰富,但是毕竟我们公司的职位有限,我们无法满足大量应聘者的求职愿望。我非常遗憾地通知你在我们收到你的求职书信之前不久我们已将这一工作提供给了另一位应聘者。

　　我们祝愿你早日找到理想的工作。

　　　　美好的祝福!

戴维·马歇尔
人事主管

DM:ll 书信的复印件发送:格雷E·里米斯

人事书信

模板书信11.24是一封写给推荐人的书信,这位推荐人推荐的求职者没有获得工作机会。写信人首先感谢收信人的推荐,但是写信人又继续解释说由于现在公司正在裁员,所以没有空缺职位提供给收信人推荐的求职者。写信人也表示会继续留意该行业的其他工作,但是她对公司的前景并不乐观。

模板书信11.24　写给推荐的求职者没有被雇用的推荐人的书信(半版面格式)

[日期]

弗雷德里克T·琼斯
琼斯格雷公司
埃德格大街43号
卡罗莱纳州赫曼妮提市(邮编32345)

尊敬的弗雷德:

　　感谢你给我们发送尤金·布克的个人简历。

　　阿林顿产品有限公司现在处于裁员阶段,估计这种情况要持续到今年夏末,所以公司现在也根本不会招聘工作人员。

　　现在计算机行业发展势头迅猛,尤金的计算机编程能力非常出色,我想他是不是可以考虑去某家大的计算机公司寻求一份工作。

　　我将会继续留意人工智能方面的招聘信息,但是从目前的形势看,我不能保证一定能为布克先生找到一份合适的工作。

　　　　诚挚的谢意!

　　　　　　　　　　　　　　　　　　　　　　　　　霍普·麦考密克
　　　　　　　　　　　　　　　　　　　　　　　　　人事主管

HTM:lmn

书信篇

　　模板书信 11.25 是一封谢绝被邀请应聘工作的求职者的书信。写信人感谢收信人的求职申请,但是他解释说在了解了收信人的工作样品和经验之后,写信人认为招聘的工作不适合收信人。

模板书信 11.25　谢绝邀请的应聘者的求职申请的书信(半版面格式)

[日期]

马克·伯金斯先生
贝尔塔尔大街95号
爱达荷州肯塔克市(邮编00005)

尊敬的伯金斯先生:

　　感谢你给我们发来你的工作样品以及就我们公开招聘的编辑一职的见解。我仔细阅读了你的作品,同时也反复研究了你就编辑一职所发表的看法。因为我们已经面试了其他几位有丰富编辑经验的应聘者,所以我们决定还是选择一位具有金融投资专业知识和分析能力的应聘者。

　　我们认为你的条件不适合我们招聘的编辑一职,也就是说你要想胜任我们公开招聘的编辑一职还需要经过必要的培训。但是如果你愿意成为我们出版社的自由撰稿人,我们可以给你提供一些机会。

　　马克先生我们再次感谢你对我们出版社的信赖和支持。

　　　诚挚的谢意!

佛罗伦萨·哈格兰德
出版社社长

FH/ec

人事书信

感谢推荐求职者的推荐人的书信

　　模板书信11.26和11.27都是感谢收信人向写信人所在的公司推荐应聘者的书信。模板书信11.26的收信人推荐的应聘者可以获得这次就业机会，但是他最终选择了别的工作。写信人解释说她非常希望收信人推荐的应聘者能够在她的公司工作。写信人也希望收信人能继续推荐其他的应聘者。

模板书信11.26　　感谢收信人推荐应聘者的书信(版面格式)

[日期]

利萨 L·伊卡伯博士
布里克顿管理服务有限公司
克拉克大街43号
西弗吉尼亚州巴约讷市(邮编23234)

尊敬的利萨：

　　感谢你为我们推荐卡拉·索列尔和堂娜·爱丝卡尼。你的目光果然敏锐，这两位应聘者的专业素质都非常出色。

　　我为卡拉提供助理职位，但是她最后还是去了市区的另一家公共关系公司。堂娜和我倒是比较投机，但是我们都觉得我们公开招聘的职位对她来说有点屈才。

　　我还在继续寻找合适人选。像卡拉·索列尔和堂娜·爱丝卡尼这样出色的应聘者实在是太难得了，我们现在的空缺职位就需要卡拉这样的应聘者。

　　我计划在你方便的时候与你一起共进早餐或者午餐。与你的谈话能让我更加清楚地理解运作布里克顿管理服务有限公司地经验。

　　我等待你的回信。

　　　　诚挚的谢意！

　　　　　　　　　　　　　　　　　　　　　玛雅尼 L·尼尔特斯

mln/mfr

书信篇

　　模板书信 11.27 是获得工作的应聘者感谢推荐人的书信。写信人坦诚、真切地感谢收信人的热情帮助。

模板书信 11.27　　　　答谢推荐的书信（版面格式）

［日期］

马丁·哈德先生
罗普尔设计有限公司
维斯塔大街 312 号
新泽西州伯顿市（邮编 07005）

尊敬的哈德先生：

　　塔特里纳绘图公司为我提供了一份图表设计工作，20X4 年 1 月 15 日开始上班。我意识到你可能已经去度假了，但是我还是想在正式上班之前去拜访你。

　　非常感谢你在塔特里纳绘图公司的总经理艾拉·纽帕特面前替我说好话。虽然图表设计工作有一定的挑战性，但是我想我在罗普尔设计有限公司所得到的锻炼一定能让我出色地完成所有的任务。

　　再次感谢你的推荐。我想尽快当面向你道谢。

　　　　诚挚的谢意！

布罗德 T·萨希伯

提供工作的书信

模板书信 11.28 至 11.34 都是与提供工作有关的书信。

模板书信 11.28 是一封直截了当的提供工作的书信。写信人表示愿意提供工作岗位,并且向收信人介绍了这份工作的好处。另外,写信人希望在某个时间之前收到收信人的答复,写信人也表示愿意解答收信人的有关问题。

模板书信 11.28　　提供工作机会的书信(全版面格式)

[日期]

琼 B·迪兰女士
菲斯顿大街 3045 号
伊利诺斯州布拉尼斯维尔市(邮编 09876)

尊敬的迪兰女士:

　　辛斯代勒-里德建筑公司可以为你提供助理审计员的工作。这份工作的年薪是 52000 美元,另外,你的工作表现出色还可以获得奖金。如果你在 20X3 年 5 月 31 日前参加工作,在 20X3 年你就可以有两个星期带薪休假时间。在辛斯代勒-里德建筑工作期间,如果你参加公司的保险计划,公司将报销你的家庭医疗保险费。我希望这封信能帮助你决定是否接受我们提供的工作。

　　辛斯代勒-里德建筑公司全体员工希望你加入我们这个大家庭。如果方便的话请你在 20X3 年 5 月 22 日之前给我们答复。

　　如果你对辛斯代勒-里德建筑公司还有什么问题请你给我打电话。

　　　　诚挚的谢意。

　　　　　　　　　　　　　　　　　　　　　　　　图斯·亨特
　　　　　　　　　　　　　　　　　　　　　　　　人事部经理助理

TH/LG
内附文件
书信的复印件发送:杰克·里德
　　　　　　　　人事文件

书信篇

　　模板书信11.29是确认口头表示接受提供的工作的书信。写信人明确说明了工作的职位和工资。然后，写信人又解释了从事这份工作的好处以及规定每天的工作时间。书信的作者还向收信人通知了报到的具体日期。

模板书信11.29　确认接受提供的工作的书信（半版面格式）

[日期]

安布罗斯 L·梅森先生
埃里瓦弗大街323号
新罕布什尔州海德市（邮编32345）

尊敬的梅森先生：

　　这封书信是为了进一步确认你接受我们提供的帕维斯会计公司的审计师一职的口头协议。

　　你的工资是每月4083.34美元（相当于49000.08的年薪）。另外，我们随同书信给你邮寄了奖金的发放说明。参加工作后3个月你就可以有9天的假期。根据我们公司当前的规定，你的工资和奖金在20X6年10月份将会被重新评定。

　　我们的工作日是从每周的周一至周五，工作时间是从早上9点到下午5点。在你上班的第一天，请你先找人事管理部门的卡尔·约瑟夫以便他为你安排与公司员工的见面会以及向你介绍公司的管理规定条例等事宜。我们相信你将会给帕维斯会计公司带来巨大的成绩，同时你也会在这里实现你的个人抱负。

　　请你尽快在我随同书信邮寄的接受工作合同上签字并返回给我。我们急切等待着20X6年1月27日你来公司报到这一天的到来。

　　　　美好的祝福！

　　　　　　　　　　　　　　　　　　　　　　　罗伊 E·厄尔利
　　　　　　　　　　　　　　　　　　　　　　　招聘主管

ree:jls

内附文件

书信的复印件发送：约翰·泰勒
　　　　　人事文件

人事书信

　　模板书信 11.30 是向求职者提供管理工作的书信。写信人通知了这个决定之后,又进一步说明了这个职位的权利和义务。书信的结尾写信人要求收信人在某个日期之前给予回复。

模板书信 11.30　　　提供管理工作的书信(半版面格式)

〔日期〕

肯特 L·伯纳德先生
萨维哈尔大街 56 号
科罗拉多州贝克恩市(邮编 34345)

尊敬的伯纳德先生:

　　我非常荣幸上周在霍斯顿见到你并且能与你一起共进午餐。

　　你关于建筑设计的观念和发展我们公司的建议给我留下了深刻的印象。在讨论了你向我们嘎格诺恩建筑公司提交的求职申请之后,我们决定让你担任我们公司商业设计部的设计经理。

　　在这个职位上你可以直接向我汇报工作。你主要负责商业设计部的战略性发展计划和财政预算工作。

　　你的待遇的大概情况如下:你的年薪是 72000 美元,另外每年你还有 4 个星期的假期,我们也报销你和你的家庭的医疗费用,子女的教育补助是每周 50 美元,当然了我们也负责你的退休保险费用,你也可以享受职工优先认购股份的权利。如果你愿意接受这份工作我们可以详细介绍有关你的待遇问题。

　　我希望你认真考虑我们提供的这份工作。如果方便的话请你在 5 月 9 日之前给我答复。我希望到时候你的回答是接受这份工作。

　　美好的祝福!

乔安娜·默里
总经理

jm/ns

书信篇

模板书信 11.31 是承诺就业条件的提供工作的书信。

模板书信 11.31　承诺就业条件的提供工作的书信(全版面格式)

[日期]

佩斯卡拉·沃舍尔女士
塔洛斯大街 45 号
怀俄明州布莱克斯堡市(邮编 23223)

尊敬的沃舍尔女士:

　　我非常高兴地通知你我们将为你提供格罗伯有限公司的业务经理助理一职。我们希望你在 10 月 8 日之前用书面形式通知我们你是否接受这份工作。这份工作的具体待遇如下:

　　这份工作的年薪是 34000 美元,每两个月支付一次工资。你还可以享受每年两个星期的带薪休假,公司将会承担你的医疗保险费。参加工作 6 个月你就可以加入公司的养老金计划。

　　如果你接受我们的这份工作,你就不能再兼职其他单位的工作。因为你要接触到公司的商业机密文件和金融信息,所以你必须签署保密协议。另外,你还必须签署一份不在一年时间内辞职的合同。我们随同书信给你邮寄了这两份需要你签字的文件。

　　这份工作合同的期限是 1 年,合同期满后需要重新商谈是否继续对你的聘用。如果公司决定终止这份合同,那么我们会在合同到期之前的 60 天通知你。

　　如果你还有什么问题可以打电话给我。我希望在 10 月 8 日之前收到你接受这份工作的消息。

　　　　诚挚的谢意!

艾伦·卡尔

人事主管

内附文件

人事书信

模板书信11.32是向收信人解释奖金发放规定的提供工作的书信。

模板书信11.32　　提供有奖金的工作的书信(全版面格式)

[日期]

鲍伯·罗伯特先生
弗罗恩特大街44号
阿拉巴马州比斯坎市(邮编23232)

尊敬的罗伯特先生:

　　我们将可以为你提供零售商品展览室管理员一职。这份工作的年薪是32000美元。另外,你还可以获得增加销售纯盈利10%的奖金,具体计算方法是:你所在地区的当月的销售纯盈利减去去年同期的销售纯盈利的结果再乘以10%就是你的当月奖金。

　　工作一年后,我们会重新讨论你的待遇问题。不论是你还是我们要终止雇佣关系必须提前2周发布书面通知。

　　如果你还有什么问题可以打电话给我。我们真诚地希望你能和我们一起工作。

　　诚挚的谢意!

艾伦·埃罗森
人事主管

书信篇

模板书信 11.33 是详细介绍了职工优先认股权的提供工作的书信。

模板书信 11.33　承诺职工优先认股权的提供工作的书信（全版面格式）

[日期]

亚历克西斯·布拉法特女士
维瓦维阿大街 34 号
爱达荷州休斯顿市（邮编 23445）

尊敬的布拉法特女士：

　　我非常荣幸地通知你我们将聘任你为罗帕软件有限公司的销售经理。你将从 20X2 年 10 月 15 日开始正式上班,我们对你的雇佣期限是 2 年。

　　你的年薪是 52500 美元,每隔一周发一次工资,时间是周五。你也可以享受与我们全体员工一样的待遇,其中包括医疗和人寿保险,养老金计划等。

　　除此之外,在每年年末你还可以享受优先认购 250 份公司股份的权利。要使用职工优先认股权,你必须在每年 1 月 15 日~2 月 15 日向股份管理秘书提交你认购公司股份的数量以及认购每股 5 美元的费用。职工优先认股权不能转让也不可以逐年累加,当年的职工优先认股权不使用下一年就自动作废。

　　如果想要解除雇佣合同你需要提前 60 天书面通知我们。一旦解除雇佣关系公司将向你提供一个月的工资作为解雇费。

　　如果你同意接受这份工作请你在书信的下面签字并将其返回给我们。我们随同书信邮寄了书信的复印件以便你留作记录。

　　诚挚的谢意!

德怀特·拉维恩
人事主管

接受工作人签字：
姓名_____　　日期_____

人事书信

模板书信11.34 通知应聘人她需要通过一段时间的试用期才能决定是否正式雇用的书信。这封书信一开始就通知说收信人被公司接受,然后写信人又进一步介绍了工作的职位和试用期的有关规定。这封信的语气是亲切和值得信赖的。

模板书信11.34　　提供夏季实习的工作机会(全版面格式)

[日期]

罗莎·埃斯科女士
克洛斯恩特大街23号
康涅狄格州迪凯特市(邮编11854)

尊敬的埃斯科女士:

　　我写信通知你可以在迪凯特市教育管理中心获得一份夏季实习工作。实习期从200X年6月28号开始到200X年9月4号结束。

　　请你在6月28号上午8点半到皮德蒙特大街迪凯特市教育管理中心办公大楼的人力资源管理处报到。你还需要填写临时工作协议,另外还要给你照相以便为你办理在迪凯特市教育管理中心工作时必须佩戴的工作证。请你在报到的时候携带两份证件,其中至少一种需要有照片。迪凯特市教育管理中心食堂的饭菜价格不贵而且花样还挺多,午餐的开饭时间是12点半到1点半,如果你要办理就餐卡,请你在报到处说明。

　　对于你的着装没有特别要求但不能过于随便。你的直接领导是达琳·尼科尔斯女士,她将在9点15分去人力资源管理处接你,然后还要将你引荐给她的所有属下。你的主要任务是文秘工作。每天的下班时间是下午5点。

　　我非常高兴你选择我们单位作为你夏季实习的工作单位。我相信这段实习经历不论对你还是迪凯特市教育管理中心都值得珍惜。如果你还有什么疑问和问题,请你拨打电话404-373-2437联系我。

　　诚挚的谢意!

萨阿赫·尼卡奥
人事主管

书信篇

接受或者拒绝提供工作的书信

模板书信 11.35 是一封接受提供工作的书信。写信人在书信中进一步确认了开始上班的日期和接待报到的人员。

模板书信 11.35　　　　接受工作的书信(版面格式)

[日期]

马克 L·维顿先生
蒂纳帕拉斯特塑料制品有限公司
韦斯特大街 12 号
新泽西州布里格顿市(邮编 07005)

尊敬的维顿先生：

　　我非常高兴你们为我提供的工作机会。我愿意接受你们提供的蒂纳帕拉斯特塑料制品有限公司产品质量控制副经理的职位。

　　我将于 20X4 年 12 月 1 日到公司人事处报到并办理工作手续，然后参加与公司有关人士的见面会。

　　在与你和蒂纳帕拉斯特塑料制品有限公司的其他成员见面之后，我就感觉到蒂纳帕拉斯特塑料制品有限公司是我理想的工作单位。感谢你为我提供这次机会。

　　诚挚的谢意！

艾伦 R·罗伯斯

人事书信

模板书信11.36中写信人谢绝了提供的工作。写信人对收信人提供的工作表示感谢,但是他解释说他认为他更应该留在当前的工作岗位上。

模板书信11.36　　谢绝工作机会的书信(半版面格式)

[日期]

玛丽·马蒂女士
伯拉瑟特管理咨询公司
马蒂顿大街312号
新泽西州阿林顿市(邮编07005)

尊敬的马蒂女士:

　　感谢你为我在伯拉瑟特管理咨询公司提供的工作。

　　但是我非常遗憾地通知你我不能接受你提供的工作。我也知道在伯拉瑟特管理咨询公司工作的前途非常光明,但就目前的情况来说,我觉得我现在的工作中还有很多东西值得学习。我也知道从我现在的工作单位到伯拉瑟特管理咨询公司这样的单位的工作变动对于每一位希望自己的事业不断发展的人士来说都是必要的,但是这个工作变动现在对我来说还不是时候。

　　再次感谢你热心为我提供的工作。我非常荣幸能有机会与你和伯拉瑟特管理咨询公司的其他人士见面,我也祝愿你们万事如意。

　　美好的祝福!

西蒙T·布拉萨德

书信篇

　　模板书信 11.37 是写给接受工作的应聘者的书信。写信人对收信人的决定非常欢迎。写信人又确认了收信人的工资并且也通知了收信人开始上班的日期。

模板书信 11.37　写给接受工作的应聘者的书信(半版面格式)

[日期]

爱德华 J·科尔先生
莫罗兰大街 301 号
北卡罗莱纳州贝瑟尼市(邮编 23215)

尊敬的爱德华：

　　得知你接受了通信主管助理一职我们非常高兴。这份工作的年薪为 38500 美元，在 20X2 年你可以享受 1 个星期的带薪假期。我们希望这是我们长久、愉快合作关系的开始。

　　我希望你在 20X2 年 8 月 1 日上午 8 点半开始上班，到时候你先需要在一些合同上签名，然后我可以带领你到公司各处熟悉一下环境。我们非常高兴你加入我们贝塔卡尼克公司。

　　如果你有什么问题和疑问请给我打电话。

　　　　美好的祝福！

　　　　　　　　　　　　　　　　　　　　　　　乔安妮 L·布雷格恩
　　　　　　　　　　　　　　　　　　　　　　　人事主管

JLB：KAT

书信的复印件发送给：约翰·克利曼
　　　　　　　　　　人事文件

欢迎新员工的书信

模板书信 11.38 是一封欢迎新员工的书信。写信人对即将到来的新员工表示热烈欢迎,并且表示可以为新员工提供帮助。

模板书信 11.38　　　致新员工的欢迎书信(全版面格式)

[日期]

艾伦·德雷克先生
韦沃尔大街 15 号
佛蒙特州北卡达市(邮编 45455)

尊敬的德雷克先生:

　　我们期待你早日来到缅因州并成为我们埃拉格斯公司大家庭的一员。我们很高兴你接受我们公司提供的工作,我们也相信你将会成为我们公司有价值的职员。

　　你也知道我们公司计划在很多地区发展业务。在公司管理员的职位上,你的经验和知识将会帮助公司不断壮大。

　　如果我能为你的顺利来到做点什么请及时告诉我。我们正在期盼 20X3 年 6 月 15 日在办公室见到你。

　　　　诚挚的问候!

　　　　　　　　　　　　　　　　　　　　　　　马尔萨·格罗纳夫
　　　　　　　　　　　　　　　　　　　　　　　人事主管

MG:ns

书信篇

推荐书信

模板书信 11.39 至 11.43 都是与推荐有关的书信。

模板书信 11.39 是一封不合格的推荐书信。写信人解释说他非常了解被推荐者，他认为被推荐者将会是一位非常有用的员工。写信人只是毫不犹豫地支持被推荐者。

模板书信 11.39　　　　　推荐书信（半版面格式）

[日期]

托马斯·斯托特先生
人事主管
雷德拉姆制造公司
韦斯图大街 12 号
新泽西州伯特市（邮编 07005）

主题：艾丽森 K·沙利文

尊敬的斯托特先生：

在沙利文女士担任帕克斯拉制造公司的日常工作主管的三年时间里，我在公司担任产品业务经理，她一直是我的属下，所以我是相当了解她的。

在沙利文女士向我负责管理日常工作的时候我就发现她具有出色的管理才能，在她的帮助下，我们将帕克斯拉制造公司的日常工作管理的井井有条，帕克斯拉制造公司之所以能发展成为目前办公用品制造行业的领先企业之一，沙利文女士做出了巨大贡献。沙利文女士尽职尽责、通力合作的工作表现受到公司上下的一致认可。

作为公司的管理人员，沙利文女士表现得非常能干而且又具有创新精神，另外她对工作也相当负责。她激励的她属下迎接挑战，创造机遇从而不断提高个人能力。

如果你认为沙利文女士的职业目标和你们提供的工作职位相适应，我认为你没有理由对她的工作表现和性格特点不满意。如果你需要进一步的信息请联系我。

诚挚的问候！

爱德华 R·艾维特

ere/mjm

人事书信

　　模板书信 11.40 是一封优秀的推荐书信。在这封信中写信人表示她没有资格评论被推荐人是否适合他应聘的工作岗位,写信人只是介绍说被推荐人是一位热情的职员。这样一封委婉的推荐书信效果比极力推荐的效果更好。

模板书信 11.40　　　　合格的推荐书信(简体格式)

[日期]

斯坦桑 R·齐诺女士
人事主管
埃利维德建筑有限公司
哈格大街 66 号
得克萨斯州戴雷卡特市(邮编 09876)

推荐威廉 B·塔姆邦达

　　齐诺女士,我写这封信是为了向你推荐威廉 B·塔姆邦达先生。威廉 B·塔姆邦达先生是我们比格建筑公司账目管理中心的工作人员。在公司里他不是我的秘书而是一位账目管理员,所以我没有资格评论他作为秘书的工作能力。

　　塔姆邦达是一位普通的账目管理员,但是他和公司的员工们相处得非常融洽。

　　塔姆邦达对账目管理中心的工作充满热情,他对工作的态度和积极合作的精神在公司得到了一致好评。

　　如果你需要进一步了解威廉 B·塔姆邦达的有关信息,请你告诉我。

　　　　　　　　　　　　　　　　　　　　　　　　　詹尼弗·福德斯科
　　　　　　　　　　　　　　　　　　　　　　　　　经理

JRT:mrm

书信篇

模板书信 11.41 和 11.42 都是为即将离开写信人所在公司的职员写的推荐书信。模板书信 11.41 中的被推荐的员工是因为公司裁员而离开公司。这封信的语气比较积极。模板书信 11.42 中被推荐的职员是因为不称职而离开公司，写信人非常小心地回避了这一事实，他不想误导收信人对被推荐人的工作能力的认识。写信人不但没有向收信人解释被推荐人离开的真实原因，而且他还说了一些被推荐人的好话。

模板书信 11.41　　说好话的推荐书信（全版面格式）

[日期]

乔布 T·特罗诺先生
人事主管
阿贝洛达西塔公共关系公司
提罗尼大街 45 号
亚利桑那州塔彻斯顿市（邮编 09889）

尊敬的特罗诺先生：

　　你叫我向你介绍几个月前离开我们普斯图广告公司的詹姆斯·特姆的有关情况。我非常愿意为你提供他的信息。

　　我们公司施行各个广告工作室自负盈亏的政策，而特姆先生在公司的工作一直都非常勤奋和积极。

　　你也知道当前的经济不景气对广告业产生了沉重的打击，广告业务日渐低迷。为了保证公司正常运行我们不得不重新调整公司的人员结构。遗憾地是，特姆所在的工作室处于亏损的状况，所以在我们公司裁减人员的过程中将特姆及其所在工作室的全部员工辞退。

　　就这样特姆离开了普斯图广告公司寻找新的工作。如果我还能提供什么帮助，请给我打电话。

　　诚挚的问候！

约翰·德鲁克
人事主管

模板书信 11.42　因为不称职而被解雇的职员的推荐书信(全版面格式)

[日期]

帕特·菲特兹格拉德先生
人事主管
比格朗哈罗有限公司
特拉华州阿拉顿市(邮编30034)

尊敬的菲特兹格拉德先生:

　　你最近要我给你提供从20X4年9月24日到20X5年8月25日在我们伯顿百吉饼公司工作的本·绍尔德勒的有关情况。绍尔德勒先生是一位精力充沛的职员,他同他的同事相处的非常融洽。他给公司带来了民主参与的气氛,他对工作也非常积极。

　　对于绍尔德勒先生我了解只有这么多,所以我不能再为你提供更多的信息请你谅解。

　　　　诚挚的问候!

　　　　　　　　　　　　　　　　　　　　　　　　　　帕拉·维顿斯
　　　　　　　　　　　　　　　　　　　　　　　　　　人事部副主管

书信篇

　　模板书信11.43是一封请求应聘者简历中提到的推荐人介绍应聘者的有关情况的书信。写信人清楚地介绍了应聘者申请的工作职位,并且请求收信人发送有关应聘者被收信人雇用的证明和应聘者工作表现记录的材料。

模板书信11.43　请求提供职员有关信息的书信(全版面格式)

[日期]

艾莉森·刘易斯女士
人事主管
埃德罗斯产品公司
韦斯特大街312号
新泽西州伯顿市(邮编07005)

尊敬的刘易斯女士:

　　齐德·弗拉格向我们申请销售经理的职务。在他的简历中我们发现他曾在你们公司工作过。

　　我想麻烦你给我们邮寄有关弗拉格先生在你们公司工作的有关证明,具体包括他的工作类型、雇用时间、工作表现以及离开你公司的原因等信息。你给我们提供的这些信息将会是我们的重要参考资料。

　　感谢你的协助。

　　　　　诚挚的谢意!

　　　　　　　　　　　　　　　　　　　　　　　　法利T·齐姆马加特
　　　　　　　　　　　　　　　　　　　　　　　　人事主管

ftz/jls

赞扬书信

模板书信 11.44 至 11.51 都是赞扬书信。所有这些书信中对于员工的工作表现都是积极赞赏的语气。

模板书信 11.44 是赞扬员工过去几年中的工作表现的书信。写信人提到了员工曾经取得的重要成就并且邀请收信人参加为了表彰她的工作表现而准备的晚宴。

模板书信 11.44　　表扬员工出色工作的书信（半版面格式）

[日期]

凯瑟琳 T·哈德萨女士
销售代理员
贝塔森有限公司
海米格沃大街 43 号
威斯康星州布拉德市（邮编 43456）

尊敬的凯瑟琳：

　　祝贺你在 20X4 年取得的辉煌成绩。你发展了 10 位新客户，每位客户平均给公司带来了 150000 美元的纯利润，这实在是一个不俗的业绩。

　　请你参加我们在 20X5 年 1 月 29 日举行的庆功晚宴。我希望杰弗里（收信人的丈夫）能陪你一起参加晚宴。

　　请你接受我们对你出色工作真诚的祝贺。

　　　　衷心的祝福！

凯特·麦卡菲
经理

KM/js

书信的复印件：装入凯瑟琳 T·哈德萨个人档案

书信篇

模板书信 11.45 是一封向员工宣布鉴于他过去一年出色的工作表现公司将给予她一笔奖金的书信。写信人宣布将会给与收信人一定的经济奖励并且表示还要在表彰午宴上为收信人颁发奖状。写信人还表示会将这次嘉奖的资料存入收信人的个人档案，最后写信人也对收信人所取得的成绩表示祝贺。

模板书信 11.45　宣布现金奖励工作突出的员工的书信(半版面格式)

[日期]

雷哈特 L·纽布维先生
地区经理
USCSD 工程公司
吉格德迈普大街 3234 号
马里兰州欧南塔市(邮编 34345)

尊敬的雷哈特：

　　我非常高兴地宣布，鉴于你在 20X7 年度的出色表现，我们决定给予你一笔现金奖励。

　　你将会得到嘉奖证书和 500 美元的税后奖金。嘉奖证书将会在庆功午宴上当众颁发给你。公司华盛顿总部批准后会很快将奖金发放给你。

　　这封书信的复印件我们将会存入你的人事档案。

　　祝贺你取得的成绩。

　　　　诚挚的谢意！

拉斯 G·彭德尔顿
分组经理

mrm

书信的复印件：存入雷哈特 L·纽布维的人事档案

人事书信

　　模板书信 11.46 是感谢收信人所做精彩报告的书信。写信人对收信人的出色表现表示感谢，同时也表示因为拥有收信人这样的员工而自豪。

模板书信 11.46　感谢员工所作的精彩报告的书信（半版面格式）

[日期]

桃乐茜 R·莱文女士
格沃斯塔姆大街 67 号
宾夕法尼亚州克利夫顿市（邮编 32345）

尊敬的桃乐茜：

　　我写信是想感谢你在公司分部经理会议上所作的精彩月份报告。你的报告易于接受且内容组织合理，是一份十分精彩的报告。

　　我非常自豪有你这样的属下，你对每项任务都仔细认真、尽职尽责的工作态度不仅保证了工作的顺利完成而且也给其他员工起了模范带头作用。感谢你为公司所作出的杰出贡献。

　　　　美好的祝福！

约翰·克雷格
分组经理

jk/ns

书信的复印件：存入桃乐茜 R·莱文的人事档案

书信篇

模板书信 11.47 是表扬员工在销售工作中取得巨大成就的书信。

模板书信 11.47　祝贺员工在销售工作中取得的巨大成就(版面格式)

[日期]

苏珊·萨曼斯克女士
尤雷特大街 56 号
宾夕法尼亚州的黎波里市(邮编 34345)

尊敬的苏珊:

　　祝贺你成功地向费城的杰文特酒吧销售 130 箱鱼尾菊奶油冻,这是自 20X1 年这一产品上市以来最高的一次销售记录。

　　我知道向杰文特酒吧推销鱼尾菊奶油冻不是一件容易的事,但是杰文特酒吧潜在的巨大产品需求量值得你花更多的精力去开拓这个市场。

　　你积极肯干的工作精神和灵活的工作理念会帮助你在今后的事业中取得更大的成绩。

　　再次祝贺你所取得的突出成绩。

　　　　诚挚的谢意!

茨维诺·沙尔克
销售经理

ZS:LG

人事书信

　　模板书信 11.48 是祝贺员工得到公众赞誉的书信。写信人赞扬了收信人所取得的成绩,并且表示愿意为收信人所在的团体提供帮助。

模板书信 11.48　祝贺员工得到公众赞誉的书信(半版面格式)

[日期]

琼·林斯特女士
亚科维大街 56 号
北达科他州雷森尼克市(邮编 34345)

尊敬的琼:

　　我于上周得知你被选为斯普罗科收容所的董事长的消息。斯普罗科收容所在过去的两年时间里为 1000 多位妇女及其孩子提供食物。斯普罗科收容所救助妇女的经验值得推广,这种救助模式已经在北达科他州的各地被效仿。

　　我们埃德沃普公司多年来一直为救助活动提供赞助。鉴于你在救助活动中的出色表现,我决定为斯普罗科收容所提供经济和人员方面的支持。

　　　诚挚的谢意!

唐纳德 T·巴特尔
副执行经理

dtb:ltg

书信篇

　　模板书信 11.49 对员工的新计划表示祝贺。写信人在书信中还介绍了其他人士对收信人出色工作的赞扬,同时写信人也表示可以为收信人提供帮助。

模板书信 11.49　对员工的新计划表示祝贺的书信(半版面格式)

[日期]

萨利·迪沃尼女士,持证医院社工
维斯兰德社区服务有限公司
皮诺北街 176 号
密歇根州底特律市(邮编 34321)

尊敬的萨利:

　　你和你的员工在上周举行的地区会议上的发言非常吸引人。

　　你有关在底特律的公立学校开展青春期和两性知识教育的计划值得推广。你的教育计划和你的属下的良好表现给我留下了深刻的印象。

　　你们的宣传手册通过事例介绍有关避孕和艾滋病等知识很容易被青少年接受。由于你的职员积累了丰富的青少年教育经验再加上他们感情的投入以及他们真诚地对待青少年的态度,我想再内向的青少年也会向他们畅所欲言。

　　你们的工作得到了公众的一直好评。我同旧金山的青少年教育委员安德鲁·布朗进行了交流,他表示要打电话与你讨论在旧金山开展你的这项计划的具体事宜。

　　如果你有什么需要请给我打电话。你的员工各个精力充沛、广闻博识,我相信你们的事业会蒸蒸日上。

　　诚挚的谢意!

威尔伯·德尼哈,
持证医院社工主管

wd/lg

模板书信 11.50 是表扬和祝贺整个部门所取得的成绩的书信。书信中简要论述了收信部门在增加公司产品市场占有率的贡献。书信的最后写信人强调了收信部门在公司全局工作中所作的巨大贡献。

模板书信 11.50　　嘉奖全体部门员工的书信（全版面格式）

[日期]

致销售部全体员工：

　　我想借此机会感谢你们在推销公司的最新产品中所作的辛勤工作。由于你们的杰出贡献，公司的诗歌作品市场份额增长了 22%。你们宣传的"美丽的爱情诗"，"现代主义诗歌"，"文艺复兴文学"取得了轰动性的效果。你们的 200X 年高校促销活动也取得了巨大成功，这些高雅的文艺作品在全国各大高校的英语教学部门引起了热烈反响。

　　感谢你们具有创新性的市场开发战略。你们部门是我们公司成为诗歌文学作品行业皎皎者的最大功臣。请你们再接再励为公司的发展做出更大的贡献。

　　诚挚的谢意！

吉恩·萨默斯
首席财务官

书信篇

　　模板书信11.51是表扬两位员工出色工作表现的书信。写信人向两位员工的领导详细介绍了两位员工为她提供的关键性帮助。书信中热情洋溢的言辞以及巧妙的惊叹号的使用让整个书信充满活力。在书信的结尾写信人不仅感谢了两位帮助她的员工，也对员工的老板表示感谢，这样一来既表达了写信人的感激之情也能让收信人非常受用。

模板书信11.51　　赞扬其他公司员工的书信（全版面格式）

[日期]

苏珊·格里菲思女士
因德斯垂大街600号
阿拉巴马州布福德市（邮编46751）

尊敬的格里菲思女士：

　　我非常高兴地告诉你，我对你们公司提供的帮助十分感激。你们的两位技术维修人员沃纳·肖和劳拉·帕里莫上周帮助我们排除了公司的区域网络故障，这一问题的解决帮助我们避免了几百小时的停工和由此带来的几千美元的经济损失。

　　上周三，当我到办公室的时候我的留言电话里传来了一条歇斯底里的消息：周二晚上在我回家之后我们的网络瘫痪了，而调度主管又在度假，所以第三班换班的工作人员不知该如何处理此事。我立即打电话给阿尔艾耶网络服务公司寻求帮助，你们公司的技术维修人员肖先生和帕里莫女士很快就赶到了现场。他们检查了主服务器，又查看了系统记录最后又对重要的软件进行了修复。在整个过程中他们都表现得沉着冷静、有条不紊，我想这也是你们公司员工综合素质的反映。在第一班工作人员上班之前我们的网络系统及时恢复了正常运行，我们公司的紧急故障也就排除了。

　　我非常羡慕你们公司拥有像肖和帕里莫这样精通网络技术的员工。我也祝愿你和你的员工工作顺利，事业有成。

　　诚挚的谢意！

雷切尔N·威森哈特
采购主管

评价书信

模板书信11.52是一封有关人事的评价书信。这封书信高度赞扬了员工的表现,并且通过介绍员工的主要成就而让表扬员工的书信内容更加充实。这封书信的结构严密,再加上具体事例的介绍让书信中的结论性赞扬更加让人信服。书信的最后写信人表示义无反顾地支持收信人的连任。

模板书信11.52　　员工工作表现的评价书信(全版面格式)

[日期]

安娜·罗斯教授
主席,新闻系
哈里尔大厦822号房间

尊敬的罗斯教授:

　　我写信给你主要是介绍新闻系的斯坦芬·朗曼副教授的有关鉴定。这封书信主要是根据他在艺术学院的专业素质表现、课程和入学人数等对他的工作表现展开评价。

　　在第一学年,朗曼教授是第一位新闻出版方面的全职教员。他的专业就是新闻出版,所以他给本科学生讲授这门课程。全职教员指导学生们的新闻出版课程不仅有利于这门课程的出色完成而且也有利于指导学生在这方面的研究论文。朗曼教授在《迈阿密时报》担任主编的11年的工作经验使他在我们学院的教学工作游刃有余。

　　朗曼教授在200X年第二学期负责3门课程的教学任务:《新闻出版概论》、《新闻出版高级教程》和《新闻编辑处理》。而在200X年第一学期朗曼教授讲授了《媒体与技术课程》。现在,他除了仍然负责《新闻出版概论》的教学任务之外,还讲授《现代美国新闻出版发展史》的教学任务。另外,朗曼教授还建议开设《美国新闻记者国外新闻采访》、《新闻采访的伦理道德》等六门课程。你也知道朗曼教授完全有能力完成这些课程的教学任务。

书信篇

第2页
安娜·罗斯教授
［日期］

  艺术和科学学院的院长、教员和学生对朗曼教授的一致评价是：朗曼教授是新闻出版和写作方面的一位出色教师。因为他严谨的学术作风、公正的评价原则和广博的专业知识而多次受到学院嘉奖。他巧妙地教学设计能促进学生钻研更深更多的专业知识。

  朗曼教授同时还在格里森学院杂志出版研究会任职。他帮助研究会挑选了有能力的工作人员，他也表示对研究会的前途非常有信心，他还为研究会推荐了几位具有建设性思维的会员。他相信在大家的共同努力下格里森新闻出版学院的规模和知名度将会不断得到提升。

  通过与众不同的教学计划，学院的教学质量和学生的专业素质大幅提高，这一点从格里森新闻出版学院毕业生的就业率不断提高的变化中可以明显看出。我们学院的教学改革获得成功的很大一部分功劳都要归功于朗曼教授，所以我坚决支持朗曼教授的连任。

  诚挚的谢意！

埃莫雷 J·科哈伯格
院长助理

升职书信

模板书信 11.53 是一封简短而又明确地宣布收信人将被升职的书信。

模板书信 11.54 是一封写给公司一位没有被升职的有价值的员工的书信。这是一封私人信件(采用正式格式),写信人在书信中告诉收信人公司将他申请的职位提供给了谁,并且也展望了收信人在公司的前景。

模板书信 11.53　　　宣布升职的书信(全版面格式)

[日期]

迈克尔·科勒先生
塔勒斯大街 45 号
缅因州福尔里弗市(邮编 34345)

亲爱的迈克尔:

在面试了 20 多位候选人之后,我们决定任命你为我们零售店的采购经理。你是目前为止最适合这一职位的人选,再加上多年来你对公司所作的贡献让我们更加确信我们决定的正确性。

祝贺你的职位升迁。我们非常高兴能为你提供这样一个让你为公司继续做出有价值贡献的工作机会。

诚挚的谢意!

罗斯·怀特
人事主管

书信篇

模板书信 11.54　写给没有得到预期升职的员工的书信（正式格式）[发送至家中]

[日期]

亲爱的耶西：

　　我们决定聘用曾经担任过森斯波尔耐用品有限公司的业务主管的拉里·斯塔斯担任你申请的公司的业务主管一职。我非常遗憾地向你宣布这一令你难过的消息，但是我们都认为你担任的公司信息主管一职在公司当前快速发展的阶段是至关重要的职位。

　　你要明白在我们看来你担任的信息主管和拉里担任的业务主管对公司是同等重要。因为公司在不断壮大，我相信将来一定会有机会将你的职位提升。

　　鉴于你对公司的杰出贡献，我们决定提高你的工资。人事部的贝蒂·沃克将会和你联系商讨这一问题的具体细节。

　　请代我向你的家人问好。

　　　　诚挚的谢意！

　　　　　　　　　　　　　　　　　　　　　　　　丹尼斯·迪本
　　　　　　　　　　　　　　　　　　　　　　　　经理

耶西·哈瓦特
伯姆大街 75 号
俄亥俄州拉斯维加斯市（邮编 89889）

宣布新员工的书信

在模板书信11.55中,写信人愉快地宣布了两位新员工的到来。然后写信人又继续介绍了新员工的背景,最后表达了写信人对新员工的美好期望。

模板书信11.55　　宣布新员工加盟的书信(全版面格式)

[日期]

戴维R·斯莱特
金融产品营销有限公司
斯里沃大街312号
密苏里州瓦尼伍德市(邮编32345)

尊敬的斯莱特先生:

　　《文摘》杂志社正式宣布任命拉里T·里斯为西南地区的销售经理,任命萨利·菲诺为主编。

　　拉里在过去两年时间里一直在西南地区负责我们杂志的金融广告招募业务。他对金融服务行业有比较深刻的认识,他也表示愿意帮助你和你的公司实现市场开发目标。

　　萨利原来在《金融服务市场》杂志社担任新闻编辑。同时,萨利还是《国际新闻》和《联合新闻》的特邀编辑。

　　这两项任命给《文摘》杂志社注入了新的活力。如果你要刊登广告请你拨打电话232-555-4432联系拉里,如果你有编辑方面的问题请拨打电话322-555-6543联系萨利。

　　诚挚的问候!

马丁L·诺顿
出版社社长

jls

书信篇

要求和拒绝加薪的书信

模板书信 11.56 是一位员工要求加薪的书信。这封书信内容简短但主题明确。在提出要求之后,写信人又进一步解释了他的理由和他对公司的贡献。最后写信人请求和领导会面以便具体商谈此事。

模板书信 11.56　　　要求加薪的书信(全版面格式)

[日期]

约翰·蒂森先生
人事主管
阿斯伊热水瓶公司
珀蒂利大街 214 号
马里兰州玛利维尔市(邮编 55432)

尊敬的蒂森先生:

截止今年二月份,我加盟阿斯伊热水瓶公司已经整整三年,而我作为研发中心的高级化学分析员也有两年时间了。我希望你能给我每年增加 2000 美元的工资。我相信如果考虑我对公司的贡献这笔仅占我工资 3% 的加薪要求并不过分。

在我担任分析员的两年时间里即便是我在去年研究出提高公司生产磨具保温能力的方法的情况下公司也没有给我涨过一次工资。公司通过我的新方法减少了人工冷藏化学药剂的使用量,从而为公司节省了 15% 生产成本。

我非常希望有机会能与你进行一次会面来具体商谈我的贡献和加薪要求。请你拨打内线电话 X5415 告诉我你什么时间方便与我会面。感谢你的理解。

诚挚的谢意!

安·玛丽·埃利斯

人事书信

模板书信 11.57 是通知员工公司不能接受他的加薪要求的书信。通过简要说明员工对公司的贡献以及转而解释公司的规定,写信人谢绝了收信人的加薪要求又保持了与收信人的良好关系。在书信的结尾写信人再次重申了收信人在公司的价值。

模板书信 11.57　　拒绝加薪要求的书信(全版面格式)

[日期]

蒂茨 E·怀特米尔
克威斯特大街 301 号
乔治亚州伊斯坦市(30333)

亲爱的怀特米尔:

　　我写信是想让你知道你对涅克斯铅管品制造公司是多么重要。在你工作的 6 个月时间里,排水设备销售量持续攀升,取得这样的成绩主要功劳要归功于你的科学管理和积极带头作用。

　　然而,涅克斯铅管品制造公司规定按年度对职员的工作评价和工资评定。因为你在公司的工作时间不到一年,所以我不能批准你的加薪要求。到了今年 12 月份,我们才可以讨论此事。到时候,我会很自然地考虑给你涨工资。

　　感谢你为公司所做的杰出贡献。你放心公司领导对你的出色表现不会熟视无睹的。

　　　　诚挚的谢意!

　　　　　　　　　　　　　　　　　　　　　　雅各布·加里
　　　　　　　　　　　　　　　　　　　　　　经理

　　可以找出一大堆不给职员加薪的理由。在模板书信 11.57 中拒绝加薪的理由是工作时间不够长,而在模板书信 11.58 中写信人认为收信人的表现还没有达到涨工资的条件。书信的一开始写信人拒绝了收信人加薪的要求之后,写信人又继续解释了拒绝的原因。看过这封书信之后,收信人对人事主管的决定应该不会再有什么怀疑。另外,写信人也表示要和收信人举行一次正式的会谈来解决此事件可能造成的不利影响。

书信篇

模板书信 11.58　以表现还没达到加薪的标准为由拒绝加薪要求的书信（全版面格式）

[日期]

王久秀女士
普里萨特丹大街 115 号
堪萨斯州贝瑟尼市（邮编 10013）

尊敬的王女士：

　　我最近收到了你的加薪要求。然而,你最近的表现并没有达到加薪的标准。以下是没有给你加薪的主要原因。

　　你出席部门会议的表现就不令人满意。在这个季度的三次会议中,四月份的会议你迟到 1 个小时,而五月份和六月份的会议你根本就没参加。因为你们销售部门的报告非常关键所以你的缺席影响很大。在五月份的会议之前你请了假,那么六月份的会议你总应该出席吧？你的缺席打乱了管理部门的全部日程安排。

　　你最近的几份预算报告也出现了重要数据不统一和报告不完整的问题。对于你这样层次的管理员这样的错误不应该出现。过去你的工作完成得都非常仔细和完整,明显地高于我们竞争对手的水平,但是最近你分析问题的能力一落千丈。

　　另外,我还收到了几份你的属下投诉你指派管理任务的书信。我想在本月末和你进行一次正式的面对面的会谈。有关投诉你的问题也正在我们的调查之中。

　　我们对你工作表现的评价还存在一些不一致的看法。我想在 20X5 年 3 月 29 日安排一次会议,到时候我将向你宣布我们对投诉你问题的调查结果。请你写信告诉我你在什么时间方便进行这次会议。

　　　　诚挚的问候！

罗斯科·格伦
人事主管

书信的复印件发送给:加百利·弗雷曼
　　　　　　　　　　人事档案

人事书信

介绍外部人员的书信

模板书信 11.59 是介绍求职者的书信。这封书信使用了与推荐信相同的格式。写信人在开始介绍被推荐人的某些特殊素质之前先表明了他与应聘者的个人关系。在书信的结尾,写信人不仅总结被推荐人的能力而且也公布了被推荐人的联系方式。书信中充满了赞誉之词,而书信的语气又不乏自信。

模板书信 11.59　　介绍外部人员的书信(全版面格式)

[日期]

帕梅拉·朗德格女士
肯比罗恩公司
马里大街 2000 号 300 单元
马萨诸塞州北多尔切斯特市(邮编 66743)

尊敬的朗德格女士:

　　我上周二在电话里向你提到的你们公司可以考虑雇佣的木艺师名叫伊丽莎白·都铎。在 19X7 年冬天加入阿克塔特有限公司之前,伊丽莎白是纳齐兹地区的一位自由转包商。遗憾的是她会在三周后搬迁到马萨诸塞州北多尔切斯特市居住,这样一来虽然对我们来说是一个损失,但是你们却可以雇佣她。

　　伊丽莎白有丰富的木工工作经验,她在纳齐兹纪念物制作公司工作期间完成了我们公司办公大楼楼顶的装饰物的设计制作。她在纳齐兹纪念物制作公司担任木工工作分部的项目主管。在她的带领下木工工作分部取得了辉煌的业绩。我知道她在密西西比建筑行业有很多熟人,这些关系给她所在的工作单位带来了许多机会。她似乎认识所有的人,所以我说她是一个善于社交的人。

　　我向她介绍了我和你的谈话以及你们公司的情况,当她听说你们公司公开招聘木艺师的时候,她表示对此工作很有兴趣并打算与你当面商讨此事。如果你想详细了解她的工作经历,你可以拨打电话 378-908-1369 向她了解或者你也可以通过书信和她联系,她的通信地址是:密西西比州纳齐兹市克拉门特大街 818 号,邮编 64460。我相信她收到你的来信会非常高兴,我也相信你会发现她是一位工作积极、技术过硬的女木工艺师。请将你们商谈的结果告诉我,我希望看到她在你们这样有实力的企业中找到工作。

　　　　诚挚的谢意!

　　　　　　　　　　　　　　　　　　　　　　　　　　　琼·阿凯

书信篇

宣布员工离开的书信

　　模板书信11.60和11.61是两封宣布员工离开公司的书信。模板书信11.60宣布某位员工离开了公司,所有本来发送给这位员工的正式信息今后都要发送给公司的另一位员工。

模板书信11.60　　宣布职员离开公司的书信(半版面格式)

[日期]

卡伊特T·罗格先生,副经理
维尼克有限公司
弗兰克林大街23号
加尼福利亚州利伯蒂市(邮编23456)

尊敬的罗格先生:

　　莱斯利W·汉密尔顿女士已经不再是我们公司的员工了,所以你以后发送给我们公司的服务和销售方面的书信可以直接发送给拉里R·瓦洛布拉德,他现在是我们公司在你们地区的销售代理。

　　感谢你留意我们公司的这次人员调整。

　　　　诚挚的谢意!

　　　　　　　　　　　　　　　　　　　　　　　　佛瑞德·威廉姆森
　　　　　　　　　　　　　　　　　　　　　　　　人事主管

fw/ap

人事书信

　　模板书信11.61 通知收信人讨论中的员工已在多年前离开了公司。写信人请求收信人在以后给公司的书信中不要再出现这位员工的姓名，同时写信人也向收信人公布了这位已经离开公司的员工当前的工作单位。

模板书信11.61　　提供以前员工通信地址的书信(版面格式)

[日期]

约翰S·塔克先生
塔克公司
埃普罗尔大街13号
伊利诺斯州加里市(邮编23245)

尊敬的塔克先生：

　　我们公司的原人事部副经理简L·贝林格已在5年前离开了安道尔产品公司。请你将她的名字从安道尔产品公司的通讯录中删去。

　　贝林格现在的通信地址是：犹他州保罗泽市雷卡格尼诗大街62号比克斯产品有限公司，邮编19614。

　　诚挚的谢意！

　　　　　　　　　　　　　　　　　　　　　　　　　　　　拉尔夫E·泽西
　　　　　　　　　　　　　　　　　　　　　　　　　　　　副经理

rej/jls

书信篇

辞职书信

　　模板书信11.62是一封简短的辞职书信。写信人清楚地表明了这封信的意图并且说明了辞职的原因，另外写信人也对收信人提供的工作机会表示感谢。这封书信之后应该举行一次面对面的对话。这封书信可以作为正式的档案文件保存。

模板书信11.62　　　　辞职书信（全版面格式）

[日期]

道·詹姆斯先生
贾姆普大街2100号
亚利桑那州滕比市（邮编78965）

尊敬的詹姆斯先生：

　　我写信是想告诉你我决定辞去汉德米尔快餐连锁店的产品设计经理一职。

　　我刚来汉德米尔快餐连锁店的时候是产品检验员，后来升职为新英格兰地区的产品设计经理，但是不论在什么职位上我在汉德米尔快餐连锁店都过得十分愉快。我曾经向我的妻子许诺将在60岁之后辞去在公司的工作而专心致志地帮助她在复活节基金会的慈善事业。

　　在汉德米尔快餐连锁店的这段时间不仅让我有机会实现自己的人生价值，也让我在事业上取得了一定的成绩，对此我衷心地感谢你们。我希望公司能够不断发展壮大，我也祝愿你和我的所有同事今后取得更大的成绩。

　　诚挚的谢意！

普拉克特N·格姆鲍尔

人事书信

退休书信

模板书信 11.63 和模板书信 11.64 都是写给即将退休员工的书信。

模板书信 11.63 是一封令人欢欣的书信,写信人对员工的退休表示祝贺。在书信中写信人回顾了员工的工作并且也祝愿收信人退休之后生活愉快。

模板书信 11.63　　祝贺员工退休的书信(半版面格式)

[日期]

罗伯特 E·兰
韦斯哈托弗德大街 345 号
佛蒙特州塔姆鲍市(邮编 23234)

亲爱鲍勃:

　　在你的退休晚宴上与你交谈之后,我十分惊讶地意识到你来安德罗斯出版公司工作已经有 15 年时间了,但是在我的脑海里你来应聘我们的首席财务经理好像就发生在昨天。

　　回顾这 15 年的时间,我毫不夸张地说你帮助我将安德罗斯出版公司发展为我做梦也想不到的大公司——资产超过 1000000 美元的公司。当你刚来公司的时候谁也不会想到你会带领公司发展突破百万美元。

　　你将离开这里,但是得知你和温格将去科科莫寻找你们的另一个梦想我们也比较欣慰。我不知道买进三 A 棒球队是不是能够给你的退休生活带来快乐,但是对于喜欢棒球运动的人来说,那样做也是最好的选择。

　　我和齐格都祝愿你的退休生活愉快。我们也希望你有时间常回公司看看。

　　　　诚挚的谢意!

　　　　　　　　　　　　　　　　　　　　　　　马丁 L·内森
　　　　　　　　　　　　　　　　　　　　　　　经理

MLN:jls

319

书信篇

  模板书信11.64是一封写给由于健康原因而退休的员工的书信。写信人对员工的离去表示遗憾,但是写信人也希望收信人在退休之后生活愉快。书信中对收信人的情况表示了同情但是并没有透露出怜悯之情。

模板书信11.64 写给因健康原因而退休的员工的书信(半版面格式)

[日期]

杰纳特·朗夫人
图斯卡波大街45号
加利福尼亚州塔斯特市(邮编45456)

亲爱的杰纳特:

  当你上周告诉我你要离开洛杉矶的时候,我的心情就非常难过。你的离去对我们来说是巨大的损失,但是因为对洛杉矶烟雾的过敏反应越来越严重你又不得不离开。

  你的工作非常出色,特别是你对员工的管理工作更是无可挑剔。我希望你能常和我们联系。

  我祝愿你在斯洛卡生活愉快。如果你需要我们给你提供推荐书信,请你告诉我们。

  诚挚的谢意!

芭芭拉·科尔

bc/lg

批准休假的书信

　　模板书信 11.65 是批准员工休假的书信，同时也向收信人介绍了休假之后的一些情况，写信人明确表示老板不会为收信人保留职位。写信人也表示如果对于休假还有什么疑问和问题可以随时向她询问。

模板书信 11.65　　批准员工休假的书信（全版面格式）

[日期]

巴里·克罗巴斯先生
拉罗恩大街 65 号
缅因州波士顿市（邮编 23222）

亲爱的巴里：

　　人事部已经批准了你申请的从 20X5 年 11 月 1 日开始的不带薪休假。在你休假期间，有些福利待遇照常，但有些就不能发放给你了。我建议你在休假之前找人事部的唐娜·雷莉塔处理一下你这次休假可能影响到的人寿保险、养老金计划等问题。

　　尽管在你离开的这段日子我们不会为你保留工作职位，但是你也知道你是一位非常出色的职员，如果你要回来，我们也是非常欢迎的。

　　如果你关于此次休假还有什么问题和疑问，请你打电话向我或唐娜咨询。我祝你好运。

　　诚挚的谢意！

菲里斯·桑科申
人事主管

书信篇

由于经济形势的原因而将员工降职的书信

模板书信11.66通知收信人由于经济形势不景气所以公司决定取消他的岗位设置的书信。写信人表示如果收信人愿意继续留下来,公司会为收信人提供比原来工作职位低一点的工作。

模板书信11.66　由于经济形势不景气而将员工降职的书信(全版面格式)

[日期]

凯里·雷德尔先生
拉罗恩大街43号
新墨西哥州马泰韦勒市(邮编34334)

亲爱的凯里:

　　昨天我已经和你讨论过了,由于经济不景气贝格依姆帕家具公司决定从11月1日起撤销你当前担任的区域销售经理的职位。

　　你也知道公司现在的经济状况不是十分乐观,我们尽力通过降低成本来实现不降低员工工资,所以我们不得不削减很多职位。区域销售经理的工作将会由公司国内销售经理布德·埃伦统一负责。

　　我们很重视你对公司所做的贡献,所以我们愿意为你提供西南地区零售主管的职位,基本年薪40000美元,奖金另算。你在担任区域销售经理的年薪为55000美元,我们希望你在新职位上的基本工资和奖金的总和也不要低于这一数字。我们现在的西南地区零售主管罗伊·法赫将会被调任西北地区的零售主管。

　　凯里,我真诚地希望你接受这份工作,这样你就会继续保持你在西南地区的商业关系,同时也让我们继续拥有一位有价值的销售职员。如果你不愿意留在我们公司,我也愿意为你出示推荐书信以证明你在贝格依姆帕家具公司的突出表现。

　　请你在11月1日之前给我回复。无论你决定留下还是离开,我都祝愿你万事如意。

　　　　诚挚的问候!

　　　　　　　　　　　　　　　　　　　　　　　汤姆·佩因
　　　　　　　　　　　　　　　　　　　　　　　人事主管

谴责书信

模板书信11.67是谴责一位员工不合理使用公司电子邮件系统的书信。谴责书信要保持语言清晰、适度，不能写成侮辱性的书信。写信人一开始先介绍了基本情况，然后又进一步向收信人解释了为什么不合理。书信的结尾对员工的不合理行为既表示谴责也对员工对公司的贡献表示赞扬。另外，书信中还通过"将书信的复印件存入人事档案"来警示员工。

模板书信11.67　　谴责不合理行为的书信（全版面格式）

[日期]

曼弗雷德·马科斯
系统分析员
皮查特大街400号
阿拉巴马州阿尔法维特市（邮编50002）

尊敬的马科斯先生：

　　你上周通过公司互联网电子邮件系统发送的万圣节惊吓别人的电子邮件引起了我的注意。你给部门和个人群发的大量电子邮件于情于理都讲不通，这些电子邮件发送产生的流量不仅阻塞了我们的服务器而且还损坏了我们在夏洛特市、比洛克西市和墨比尔市的主要网络集线器，最终的结果使公司在南部地区的业务通信受到影响，当天的交易量有一定程度的削减。

　　我希望你能明白你的这种行为在迪格伍德公司是不允许的，并不是所有通过我们的系统能够完成的活动都是员工可以做的事情。你作为系统分析员的专业技术对于公司非常重要，但是你的才能不是通过这些不切实际的玩笑来证明的。我希望你将来能将公司的技术设备合理运用在公司的业务中。

　　　　诚挚的谢意！

彼翰卓·帕特
首席技术主管

书信复印件：存入人事档案

解雇书信

解雇书信是一种比较难写的书信类型。没有人愿意坐下来写一封解雇员工的书信。但是，这项任务又经常需要处理。当你必须解雇员工的时候，你一定要充分准备来处理这一情况。

没有标准的解雇书信，因为每次解雇员工的具体环境不同，所以每次解雇书信都要根据实际情况来写。员工和公司的关系千差万别，而在通知员工被解雇的书信中要介绍有关停止支付工资、收取养老保险金等一系列问题。

这样一来我们在这里讨论的模板解雇书信只能起到抛砖引玉的作用。在你书写解雇书信的时候你可以采用这些模板书信的基本结构，在此基础上根据你面临的实际情况进一步完善。

然而许多公司在正式解雇员工之前还有一系列程序，比如有些公司针对违反纪律的员工采取以下程序：首先是口头警告，然后书面警告员工一意孤行的后果，暂停工作等训诫性措施会在书面警告无效之后采取，如果实在无法挽救只能是解雇了。每一步骤的措施都会存入员工的人事档案。

针对员工的训诫性措施主要是在对员工的工作表现进行评价时采用。管理人员对员工的违纪行为不用单独的书信训诫，而是在评价员工的工作表现的时候对其一并加以评价。这样的评价可以对表现不佳的员工起到警告的作用。当然了工作鉴定也可以作为员工表现出色的证明材料存入人事档案。

以下是推荐人事主管在解雇员工的时候需要注意的事项：

- ▶ 通过挂号书信或者要求回复的电子邮件的形式发送解雇书信，这样可以让发信人了解解雇书信是否被收到。
- ▶ 说明解雇的原因。
- ▶ 用简明的语言和可以被收信人接受的语气书写解雇书信。

模板书信 11.68 至 11.72 都是解雇书信的例子。模板书信 11.68 是警告员工的书信。书信中清楚地说明了员工违反纪律的行为并且警告说如果在某个特定的日期没有收到员工承认错误的书信那么他将会面临被解雇的危险。

模板书信 11.68　警告员工有可能被解雇的书信（全版面格式）

[日期]

埃利奥特 R·戴维斯先生
拉罗大街 28 号 3 单元
纽约州萨默维尔市（邮编 32345）

尊敬的戴维斯先生：

　　我在 20X3 年 3 月 22 日通知你有关你作为我们公司销售代理的工作表现的问题，但是至今仍然没有收到你的回复。当时，我提醒你一年内将两份工作鉴定存入人事档案是不符合我们公司的规定的，并且我也为解决此事提供了我的建议。

　　你在不能准时向公司汇报工作之后的 8 天时间里也没及时通知我们，而使问题变得更加严重。

　　请你在 20X3 年 4 月 8 日之前与我联系，否则你将面临被潘多拉工程公司解雇的危险。公司规定员工不能及时汇报工作的情况下要在工作日的第一时间通知主管领导。缺席只有在向主管领导请示并得到批准的条件下才能作为正当理由。

　　我们愿意和你一起解决此事，但是前提是在你遵守公司规定的情况下我们才能成功寻求解决方案。

　　诚挚的问候！

大卫·彭妮
人事主管

DP/jh

书信篇

　　模板书信 11.69 是写给违反公司规定并且拒绝回复警告书信的员工的书信。这封书信内容简单但清楚地说明了解雇员工的原因。

模板书信 11.69　解雇员工的书信,模板书信 11.68 的后续书信(全版面格式)

[日期]

埃利奥特 R·戴维斯先生
拉罗大街 28 号 3 单元
纽约州萨默维尔市(邮编 32345)

尊敬的戴维斯先生：

　　因为你没有遵守潘多拉工程公司人事管理政策的第 34 条规定并且也没有对我 20X3 年 4 月 1 日的警告书信给予回复,所以潘多拉工程公司决定 20X3 年 4 月 8 日正式解除与你的工作关系。

　　请你联系人事部的穆里尔·威尔森处理你的工资关系、养老金保险等问题。

　　　　诚挚的问候！

大卫·彭妮
人事主管

dp/jh

人事书信

模板书信11.70是一封通知违反公司规定的员工被公司解雇的书信。书信中明确指出了员工违反公司规定的行为,同时也宣布了解雇员工的决定。

模板书信11.70 解雇违反公司规定的员工的书信(半版面格式)

[日期]

克伦T·伍特女士
罗斯特帕克大街32号
内华达州富尔顿市(邮编23234)

亲爱的克伦:

  20X4年5月16日上午我和你在戴维马歇尔的办公室与他进行了一次会面,谈话结束后你离开了办公大楼并且没有告诉任何人你将会去哪里。

  根据戴维斯建筑公司的规定,职员在缺勤的情况下要在下一个工作日的第一时间通知他们的主管领导。

  因为我们在此之后7天时间里都没有接到你的报告,而且也联系不到你,所以你在戴维斯建筑公司的工作关系被正式解除。

  你将会获得相当于一个月工资的解雇费。另外,你在工作期间以职工优先认股权购买的公司所有股份我们将全部购回。请你和人事部的穆里尔·维图联系处理你离职后的各项事宜。

  诚挚的谢意!

瓦内萨K·朱厄特
副经理

vkj:ahh

书信篇

　　模板书信11.71是写给因为公司裁员而被解雇的员工的书信。从书信的语气员工就可以知道被解雇的消息。书信中还告诉收信人在什么时候领取最后一笔工资。

模板书信11.71　写给因为公司裁员而被解雇的员工的书信(全版面格式)

[日期]

蒂莫西·瓦格纳先生
高邓大街54号
内华达州塔斯纶市(邮编34345)

亲爱的蒂莫西：

　　你将在11月1日收到贝格依姆帕家具有限公司给你的最后一笔工资。我想你已经意识到了公司当前所处的困境，无论我们怎样想方设法降低成本，我们始终无法摆脱经营亏损的局面，所以我们只好通过缩小公司规模降低工资开销的方式来解决当前公司的危机，因此公司做出了解雇你和其他一部分员工的决定。

　　你的顶头上司乔治·诺贝尔高度赞扬了你在公司过去5年时间里的表现。我衷心地祝愿你在其他地方找到一份理想的工作。如果你需要我们为你出示推荐书信请你不要客气。我非常荣幸能有机会成为你这样勤劳和具有奉献精神的员工的领导。

　　我非常不愿意向员工通知这样的坏消息，特别是像你这样为公司曾经做出过杰出贡献的员工通知这样的消息更让我左右为难。

　　感谢你为贝格依姆帕家具有限公司所作的一切。我祝愿你万事如意。

　　　　诚挚的谢意！

　　　　　　　　　　　　　　　　　　　　　　　　　　汤姆·佩因
　　　　　　　　　　　　　　　　　　　　　　　　　　人事主管

人事书信

　　解雇员工对于领导来说总是一件难为情的事情，特别在解雇那些并不是因为不称职或缺乏专业知识的员工的情况下，更让领导左右为难。模板书信11.72和模板书信11.71一样，写信人委婉地通知员工由于公司裁员所以他将被解雇的消息。书信开头使用私人表达问候的词语以便安慰书信中的消息给收信人的打击。书信的结尾又再次强调了收信人和写信人之间的亲密关系。写信人对被解雇员工的工作表现给予了高度评价。在书信的第一段，写信人解释了公司当前的经济状况，同时也宣布了解雇员工的消息。然后就是有关解雇的详细内容，具体包括解除工作合同的具体日期以及员工可以获取的一些利益问题等。书信第二段中写信人向收信人提供公司的资源以便减缓这条消息给员工的打击。最后一段内容非常简短。

书信篇

模板书信 11.72　　通知员工被解雇的书信（全版面格式）

[日期]

罗伯特·麦克里斯特先生
考文垂大街 123 号
堪萨斯州威奇托市（邮编 99834）

亲爱的罗伯特：

　　你或许已经意识到了，由于国内外市场的萧条，我们商品广告推销部的收入日益减少，为了保证公司的正常运作，我们必须对东南地区的生产人员进行精简。精简的一项内容包括撤销你当前的职位在内的 6 个产品质量主管的设置，这项决定将在发出这封书信 6 周后生效。作为一位工作突出的被解雇员工，你将可以获得全额正常的待遇。

　　尽管此前并不是毫无征兆，但是我想这个消息也会给你带来不小的打击。我想让你知道我十分感激你为马特奥有限公司所作的贡献。公司的人力资源管理部门将在下周和你联系商讨处理你的人寿保险、养老金计划等有关事宜。另外，我也指示公司有关人员为你寻找一份新工作提供全力支持。我也愿意亲自为你求职提供帮助，如果你需要推荐书信我也可以为你出示。你有什么困难请及时告诉我。

　　我很遗憾不得不做出这样的决定。我希望在我们公司的全力帮助之下你能找到一份可以充分发挥你的聪明才智的理想工作。

　　诚挚的谢意！

贝奥尔·斯莱德
部门主管

答谢员工工作周年的书信

　　模板书信11.73通知员工鉴于她为公司一年来所作的杰出贡献公司决定为她举行表彰午宴。写信人首先宣布了庆祝午宴的消息,其中包括举行午宴的原因、时间和地点等收信人所需了解的信息。在随后的段落中写信人详细地回顾了员工为公司所作的贡献。在书信的结尾写信人请求收信人给予回复并且委婉地提出了回复的最后期限。

模板书信11.73　答谢员工为公司服务周年的书信(全版面格式)

[日期]

辛西娅·希克斯雅各布斯女士
阿伯尼斯大街111号A座2单元
纽约州马普利顿市(邮编19903)

亲爱的辛西娅:

　　为了答谢你在达莫纳克斯珠宝公司工作25年,公司决定在7月15日中午12点为你举行一次公司全体职员参加的午宴,具体地点在马普利顿市海厄特大酒店波洛克大厅。我希望你能准时出席。

　　公司里像你这样勤勤恳恳几十年如一日为公司工作的员工不多,你亲眼目睹了达莫纳克斯珠宝公司由一家小珠宝店发展成为今天可以直接从南非的金矿和刚果的钻石企业进货的大公司。公司能够发展到今天的规模也要归功于你曾经在非洲大陆东奔西跑地为公司联系业务所付出的辛勤劳动。

　　实践证明你的辛苦没有白费,达莫纳克斯珠宝公司的市场占有率不断攀升。为了感谢你对公司的杰出贡献,公司决定举行这次午宴。你是此次午宴的主角,在午餐会上我们会安排你向大家讲话。请你在6月10日之前将你的讲演稿发送给我们以便午宴主持能够根据你发言时间的长短合理安排各项程序。

　　我期待在7月15日的午宴上与你相见。再次感谢你多年来为达莫纳克斯珠宝公司所作的贡献。

　　诚挚的谢意!

贝塔尔·德坤宁
经理

书信篇

宣布人事变动的书信

模板书信 11.74 是宣布公司内部员工职位晋升的书信。写信人一开始就宣布了这一重要消息,然后也表达了她对此次晋升的喜悦之情,同时也通过描述被晋升员工出色的个人能力和为公司的服务时间来证明此次晋升决定的合理性。晋升是公司中经常有的事情。这封书信的作者提前呈现员工对公司的功绩而让员工的提升变得理所当然。在书信的结尾写信人号召全体职员对此次被晋升的员工表示祝贺。

模板书信 11.74　　　宣布晋升的书信(全版面格式)

[日期]

致全体员工:

　　从 200X 年 12 月 1 日开始,吉恩·玛丽将正式被晋升为西欧销售部副经理,并且直接受弗雷德里克·尼兹的领导。我们对吉恩·玛丽的此次晋升既自豪又高兴。

　　吉恩·玛丽自 19X1 年诺顿公司成立之日起就开始在这里工作,她似乎在所有我们外设的销售部都工作过。刚开始在公司担任销售代理职务的时候,玛丽在东海岸各州到处推销公司产品,很快她就被晋升为区域经理。她所领导的团队的销售能力一直都排在公司的前列。玛丽对公司零售工作的献身和对销售市场的大量分析创造了诺顿公司许多的销售记录。19X8 年玛丽被晋升为销售经理,具体负责北美地区的销售和公司的系统销售网络建设计划,这项计划的顺利实施帮助公司迅速发展成为该行业的知名企业。

　　在玛丽担任西欧销售副经理的时候我国驻欧盟大使经常打电给她。她流利的法语、西班牙语和德语对大使的工作非常有帮助。在此期间玛丽也根据西欧的实际情况设计了针对欧洲市场的系统销售网络建设计划。现在诺顿公司在西欧拥有遍及 12 个国家的 85 个销售网点,另外玛丽还负责在这些国家开展商业活动的标准化程序谈判、销售代理的业务培训等工作。

　　请你们和我一起感谢吉恩·玛丽为公司所作的贡献。我们祝愿她在诺顿公司新的工作岗位上再创辉煌。

　　诚挚的谢意!

卡莫尔·约克
经理

鼓励员工的书信

即使是最具奉献精神的员工也需要鼓励。模板书信 11.75 是为了鼓励员工而写的书信,收信人是一位高中教师。书信从头至尾都是赞扬之辞,书信中也回顾了收信人在过去所克服的困难。然而,写信人选择了使用积极的语言鼓励收信人继续在学校工作,这样做得到收信人同意续约的可能性就会更大一些。书信中也透露了写信人对收信人的敬佩之意。

书信篇

模板书信 11.75　　　鼓励员工的书信(全版面格式)

[日期]

兰托夫·塔沃菲先生
罗马大街 45 号
宾夕法尼亚州斯克兰顿市(邮编 24556)

亲爱的兰托夫：

　　这一学年即将过去，这也意味着你完成了第一学年的教学任务。对于每位老师来说，教学的第一年总会有很多困难。我通过与你的谈话也了解到在刚刚过去的这一学年里你在未来高中的教学过程中遇到了不少的挫折。我想告诉你的是无论你经历了怎样的挫折，你在未来高中的教学经验是值得全校学习的宝贵财富。不仅你在课堂上的表现给我留下了深刻的印象，而且你在橄榄球场上的才华也非常卓越。塞欧·阿米克斯告诉我你在橄榄球校队训练和比赛中为他提供了极大的帮助，在你的帮助下校橄榄球队取得了自 19X9 年以来州内高中联赛 14 胜 8 输的最好成绩。

　　你在数学教研组的成绩也非常突出，你所教的学生的数学考试及格率达到了 91%，这全是你辛勤工作的结果。有学生主动向我介绍说你的基础数学的讲授深入浅出，受到学生的一致好评，所以学校决定让你负责全学年的微积分基础课程。人口统计学对于有一定基础的人来说都有一定难度，而你能在短短一个学期内让学生就掌握了其中基本的知识，可以说你出色地完成了教学任务。

　　你和学校的合同这个月就到期了，但是我希望你能续签约留在未来高中的合同。你对于学校来说非常重要，你们数学教研组长桃乐茜·泰勒也将你视为她的得力教师。在 20X7～20X8 学年的最后几周里我能提供什么帮助请你告诉我。再次感谢你在这一学年里为学校所作的辛勤工作。请代我向你的妻子问好。

　　诚挚的谢意！

朱迪思·凯尔曼
校长

辞别员工的书信

　　模板书信11.76是写给一位决定离开公司的员工的辞别书信。书信的字里行间充满惋惜之辞。写信人也表示公司随时欢迎收信人回来。收信人很明显是非常有价值的员工,但是写信人也表达了对收信人离开决定的尊重。

模板书信11.76　写给一位决定离开公司的员工的辞别书信(全版面格式)

[日期]

托尼·冈萨雷斯
哈姆产品有限公司
卡特查大街334号
肯塔基州哈弗韦市(邮编33905)

亲爱的托尼:

　　最近两年来你给哈姆产品有限公司带来了不小的收益。你服务过的客户发来的感谢信数不胜数。你不仅热情地推销厨房用品而且还帮助安装整个房间的电气设备。你为公司其他员工树立了榜样。

　　我们在得知你在乌拉圭的祖母的事情之后也很难过。我们也能理解你离开公司去处理一些私人事情的决定。只要你愿意哈姆产品有限公司随时欢迎你回来。

　　再次感谢你为哈姆产品有限公司所付出的辛勤劳动和无私奉献,我们将会永远把你当成我们公司的一员。如果需要我们帮助的话请你告诉我们。我也愿意为你提供推荐信或者我在当地的一些关系为你服务。祝你好运。

　　　　诚挚的谢意!

　　　　　　　　　　　　　　　　　　　　　　　　戴维·詹姆斯
　　　　　　　　　　　　　　　　　　　　　　　　人力资源经理

第十二章

送文函

伴随发送文件的书信我们通常称为送文函。这类书信的主要作用是确认发送的文件。本章中的送文函是你在日常商业活动中经常用到的一些类型。

付款的送文函

模板书信12.1至12.6都是付款的模板送文函。

模板书信12.1是一封标准的付款送文函。写信人明确说明了随书信发送的金额以及这笔款项的用途。在书信的结尾写信人对收信人所提供的服务表示感谢。

模板书信12.1　　赊购货物的付款送文函（半版面格式）

[日期]

爱丽丝D·爱德华女士
塔斯科办公设备公司
塔斯科恩大街76号
肯塔基州莱克·福里斯特市(邮编23234)

亲爱的爱德华女士：

　　我随书信邮寄了75.42美元的支票，这是向你们公司支付科尔尼公共关系公司在20X8年3月30日订购的订单号为73A2的办公室用品的最后一笔货款。

　　感谢你们允许我们分期支付这笔货款。同时，我们也非常感谢你们为我们所提供的优质服务。

　　　　诚挚的谢意！

　　　　　　　　　　　　　　　　　　　　　　　　　艾伦T·威格马尔
　　　　　　　　　　　　　　　　　　　　　　　　　办公室经理

atq/fwd

内附文件

书信篇

　　模板书信12.2是发送的货款与发货单上的总数不一致的送文函。这封信中写信人说明了发送的金额,并且也解释了与发货单上金额不一致的原因。同时写信人也表示如果有什么不明白之处请收信人打电话给他。

模板书信12.2　发送的货款与发货单上的总数不一致的送文函(全版面格式)

[日期]

勃兰特·亨利先生
奎姆帕办公室产品有限公司
爱达荷州圣地亚哥市(邮编43456)

尊敬的亨利先生:

　　我随书信邮寄了27.22美元的支票用来支付我们从你们公司购买的办公用品的货款。你可能已经看出来了,这笔金额和20X1年4月30日的发货单上的总费用不一致。这是因为我在20X1年5月5日支付给你们公司的那笔货款没有计入我们的账户。

　　如果你对此还有什么问题请你给我打电话。如果我再没有收到你的回复我将认为我欠你们公司的货款已经全部还清了。

　　　　诚挚的谢意!

　　　　　　　　　　　　　　　　　　　　　　　　　圣扎迦利T·利波夫

ztl/pcd

内附文件

送文函

　　模板书信12.3是写给一位写信人认为是非常出色的演说者的付款送文函。在书信的第一段写信人指出随书信邮寄了支付款,然后赞扬了他在大会上成功地表演。很明显写信人对收信的演说者的表现非常满意。

模板书信12.3　写给表现出色的演说者的付款送文函(半版面格式)

[日期]

詹姆斯·刘易斯先生
弗尼娱乐有限公司
西78号大街228号
堪萨斯州曼哈顿市(邮编43456)

亲爱的刘易斯先生:

　　我随书信给你邮寄了支付你在我们协会周年庆典宴会上演出费用的支票。

　　你在国内审计师联合会周年庆祝大会的表演受到了出席会议的会员们的一致好评。在我们为期四天的庆祝活动中你的演说是最受大家欢迎的节目。

　　感谢你为我们的庆祝活动增添光彩。我希望有机会能再次看到你的表演。

　　诚挚的谢意!

奥斯卡D·特罗卡特
大会主席

ODT:jls

内附文件

书信篇

模板书信12.4是写给表现一般的演说者的付款送文函。写信人指出随书信给收信人邮寄了支付他的报酬并且对收信人的参加表示感谢。写信人没有抱怨收信人的表现,她只是没有像模板书信12.3的作者那样赞扬演说者而已。模板书信12.4是一封非常谦恭的付款送文函。

模板书信12.4　写给表现一般的演说者的付款送文函(版面格式)

[日期]

马丁·拉罗密先生
默迪菲娱乐公司
韦斯特大街312号
新泽西州伯顿市(邮编07005)

亲爱的拉罗密先生:

　　我随书信给你邮寄了一张支票用来支付上周末你在查塔姆为我们的经纪人茶话会表演节目的报酬。感谢你为我们的经纪人表演的节目。

　　参加此次茶话会的经纪人都认为像这样和同行在一起边娱乐边交流的茶话会是非常意义的活动。

　　再次感谢你。

　　　　诚挚的问候!

希拉T·帕克萨普

stp/fwd

内附文件

模板书信 12.5 是一封写给原稿修改者的支付报酬的送文函。这封书信内容简单但表达清晰。写信人在书信中也说明了支付报酬的金额，同时也对收信人所做的工作表示感谢。

模板书信 12.5　写给修改稿件者支付报酬的送文函（半版面格式）

[日期]

阿德姆 R·艾卡曼教授
霍里戴大学
罗特温尔大街 67 号
新墨西哥州霍里戴市（邮编 32345）

尊敬的艾卡曼教授：

　　我随书信给你邮寄了一张 250 美元的支票支付你最近为我修改稿件的报酬。我也对你付出的时间和投入的精力表示感谢。

　　我希望有机会能再次请你帮忙。

　　　　诚挚的谢意！

　　　　　　　　　　　　　　　　　　　　　　　　　　　爱德华·克伦

EC/jh

内附文件

书信篇

模板书信 12.6 是最终支付账户费用的送文函。

模板书信 12.6　　最终支付账户费用的送文函（全版面格式）

[日期]

戴维·帕拉先生
销售主管
格兰德配件有限公司
林肯大街 55 号
纽约州伯顿市（邮编 09008）

尊敬的帕拉先生：

　　我随书信给你邮寄了 543.95 美元的支票用来支付我们 7 月 30 日向你们格兰德有限公司订购大马力引擎的货款。我们对你们提供的配件非常满意，同时也感谢你们允许我们分期付款的优惠待遇。

　　　　诚挚的谢意！

艾伦·雅各布
经理

内附文件

发送合同的送文函

　　模板书信12.7是一封发送合同的送文函,这是一份批准合同。写信人在书信的第一段就说明了她伴随书信发送的是什么内容以及收信人要做什么。写信人也表示愿意为收信人提供解释。最后写信人也表达了她对与收信人合作的美好前景的期望。

模板书信12.7　　　　发送合同的送文函(半版面格式)

[日期]

艾德丽安 D·斯塔姆女士
卡迪拉克大街54号
加利福尼亚州沃特黑尔市(邮编34323)

亲爱的艾德丽安:

　　我随书信给你邮寄了两份合同,请你检查并签署其中的一份然后将其邮寄给我。如果你有什么问题请你打电话给我。

　　我很高兴我们即将就可以一起工作了,我也希望我们能够建立长期、互利的合作关系。

　　　　美好的祝福!

　　　　　　　　　　　　　　　　　　　　　　　瓦内萨 J·朱厄特

vjj/jjm

内附文件

书信篇

发送索要的文件的送文函

　　模板书信12.8和12.9是两封伴随发送收信人索要的文件的送文函。这两封书信都非常简短,书信中除了确认发送的内容之外再没有其他内容。

模板书信12.8　　发送索要文件的送文函(半版面格式)

[日期]

罗伯特E·布兰科
塔沃尔大街51号
新泽西州达弗莱克市(邮编42810)

亲爱的罗伯特:

　　我随书信给你邮寄了你索要的有关非终生人寿保险的保险费用以及保险金计算方法的材料。这些材料是我们公司5年期限的可更新、可改变的保险项目的计算材料。

　　如果你还有什么问题请你打电话给我。

　　　　美好的祝愿!

玛丽T·埃默克

mta/mld

内附文件

模板书信 12.9　　　发送供应品的书信(简体格式)

[日期]

劳伦斯 R·艾尔弗雷德先生
艾尔弗雷德有限公司
萨维恩大街 186 号
新罕布什尔州罗特科市(邮编 43468)

发送信纸信封

　　拉里(劳伦斯的简称),为了便于你的方案实施,我给你发送了 500 多页信纸和 500 多个信封。我希望你能够喜欢这些信封和信纸,也希望这些东西对你的方案有所帮助。

　　如果你还需要什么帮助请你给我打电话。

伦纳德 D·德伯
行政助理

内附文件

书信篇

发送文稿的送文函

模板书信 12.10 是一位编辑写给作者的发送改动过的稿件的送文函。编辑向作者介绍了他对稿件内容的调整。

模板书信 12.10　发送修改过的稿件的送文函(半版面格式)

[日期]

艾伦 T·普里斯先生
普里斯有限公司
米特罗大街 17 号
阿拉斯加州浩特科尔彻市(邮编 45456)

亲爱的艾伦：

　　我随书信给你邮寄了对你的原稿调整的文章,这篇文章将发表在下一期《关岛城市杂志》上。请你检查这篇调整后的文章并在 72 小时之内给我们的编辑部打电话提醒我们有关文章中不切合实际的地方。由于出版日期日益逼近,我们不能接受对文章进行大范围改动的建议。

　　你及时关注此事将会非常有益于我们的出版工作。你没有必要再将我们邮寄给你的修改稿件返还给我们。

　　感谢你的合作。

　　　　　　诚挚的谢意!

拉罗 J·帕拉
稿件编辑主管

ljp/kka

内附文件

发送稿件给修改者的送文函

模板书信12.11是一封发送稿件给修改者的送文函。对于将稿件发送给第一次修改稿件的修改者进行修改的人来说,这是一封非常实用的送文函。

模板书信12.11　　发送稿件给修改者的送文函(简体格式)

[日期]

杰弗里L·雅各布先生
瓦斯哈尔有限公司
亚洛瓦大街4567号
新泽西州福斯塔夫市(邮编32345)

六条修改的意见

雅各布先生:

感谢你同意修改《当今的电磁学》一书。我们随书信给你邮寄了这份稿件。

请你根据以下六方面对稿件进行修改:

1. 原稿的组织是否合理,素材是否是最新的,是否准确?如果不是,请你选择一个具体事例进行评价。

2. 作者是否过于强调某些主题?是否有必要将有些主题删除,添加或者变换一些主题?请给出你的建议。

3. 原稿的用词和资料是否适合于原稿的主要目的?

4. 该领域的最新发展趋势是什么?这本书是否反映了最新发展趋势?在你看来在今后三年内有没有必要更新原稿内容?

5. 假设这本教材已经出版,你是否愿意使用它或推荐别人使用?

6. 你对进一步完善这份原稿有什么样的建议?

书信篇

第 2 页
杰弗里 L·雅各布先生
［日期］

我们实行的是匿名修改,所以请不要在修改过程中透露你的姓名。

希望你尽可能在三周时间内给我发来两份你的修改意见。如果你觉得时间不够用,请你通知我们。此次稿件修改的酬劳是 225 美元。

请你尽快将带有你修改意见的稿件发送给我们以便我们给你邮寄修改稿件的酬劳。当然了,邮寄修改稿件的费用我们也会补偿给你。

感谢你的帮助。

如果你有什么问题请拨打电话 343-555-6754 联系我。

麦克维尔 L·尼古拉斯
执行主编

mln/jls

内附文件

发送最终消费报账单的送文函

模板书信12.12是给顾客发送最终消费报账单的送文函。写信人表示非常荣幸有机会为顾客提供服务,然后写信人也指出随书信邮寄了报账单。

模板书信12.12　　发送最终报账单的送文函(半版面格式)

[日期]

艾玛丽日L·朗女士
格拉姆帕大街186号
威斯康星州亚历山大市(邮编34321)

亲爱的艾玛丽日:

　　我们十分荣幸你在我们伦敦大酒店举办接待午宴。我希望你和你的宾客对我们所提供的服务满意。

　　我随书信给你邮寄了你此次午宴的报账单。如果你对报账单有什么问题和疑问请你给我打电话。

　　我希望以后还有机会能为你再次提供服务。

　　　　诚挚的谢意!

R 戴维·劳伦斯
营业部经理

RDL/jls

内附文件

第十三章

确认书信

当一位商业人士收到别人发来的信息和材料的时候,大多数情况下都要写一封确认书信。而有时候你也需要写一封确认书信告诉曾经和你讨论过的人你理解了他所表达的内容。这一章中的模板书信都是商业人士常用的确认书信。

确认供应商口头指示的书信

模板书信13.1是在供应商口头做出指示之后的确认书信。通过这封确认书信,写信人要告诉供应商,她已经完全理解了供应商的口头指示。写信人复述了她和供应商的讨论,并且请求供应商打电话进一步讨论有关问题,同时也希望供应商给予回复。

模板书信13.1　确认供应商口头指示的书信(半版面格式)

[日期]

琼·怀特纳女士
布兰特衬衣公司
韦斯特大街150号
新泽西州纽约市(邮编34345)

亲爱的琼：

　　在上周的地区会议上讨论之后，我对向纽约商场交货的日程表作了调整，具体的交货时间为周一至周五的早上6点半到下午3点半。这样一来我们就有时间调查布兰特衬衣公司的长期客户并每周优先向他们交货。

　　请你下周给我打电话以便我们进一步讨论我的这项计划。我非常想知道你对我此次调整后日程表的看法。

　　感谢你在上周讨论中给我的建议。你对此次调整计划的回复意见对我非常重要。

　　诚挚的谢意！

伊莱扎·洛佩兹

er/lg

书信篇

确认价格和折扣的书信

  模板书信 13.2 是向收信人进一步确认供应商品的价格和折扣的书信。写信人再次明确地重申了商品的销售折扣和价格。这样做主要是为了减少可能造成的误会。

模板书信 13.2   确认价格和折扣的书信(版面格式)

[日期]

马里奥·大仲马先生,业主
墨西卡诺市场
韦斯沃博特大街 114 号
堪萨斯州芝加哥市(邮编 43456)

尊敬的马里奥：

  在 10 月 15 日的电话交谈中,我已经说过恩里科玉米卷饼快餐店计划在 12 月 1 日至 12 月 31 日期间开展促销活动,活动期间购买玉米卷饼可以享受 25% 的折扣,而且电话和邮件订购也同样可以享受这一优惠。另外,每次订购还可以获赠免费礼品。

  打折的玉米卷饼是我们春季订购宣传册第 3 页第 12 栏的产品,具体价格如下：

订购代码#	产品类型	原价	折扣价
#1062	奶油玉米卷饼	24 美元	18 美元
#1063	黄豆玉米卷饼	20 美元	15 美元
#1064	牛肉玉米卷饼	28 美元	21 美元
#1065	鸡肉玉米卷饼	32 美元	24 美元

  我们将在收到订单的 24 小时内发货。除非有特殊情况我们用冷藏车送货,在发货后的 3 天内保证将货物送到顾客手中。每次收取订购货物价钱 5% 的送货费。

  我期盼我们的促销活动快点到来,我也希望你给我回复。我将会加倍仔细地处理你订购的货物。

    诚挚的谢意！

                 恩里科·桑科

es/js

写给演讲者确认计划安排的书信

模板书信13.3是写给答应在会议上进行演说表演的人士的书信。写信人再次确认了收信人的承诺并且介绍了有关演说者将要参加的午宴的信息。

模板书信13.3　　写给演讲者确认安排的书信(半版面格式)

[日期]

马里奥L·罗德里格斯先生
韦斯特大街312号
新泽西州伯顿市(邮编07005)

尊敬的罗德里格斯先生:

　　感谢你同意我们在11月7日举行的午宴上演讲。以下是你需要注意有关问题。

　　此次午宴将在11月7日中午12点正式在莫罗斯市斯坦大街12号的城市俱乐部开始(具体位置可查看我们随书信给你邮寄的地图)。如果你想了解午宴的菜单请你在11月5日前拨打电话632-555-8706告诉我。

　　在午宴开始后1小时你开始演讲,我们为你安排了一支麦克风和一个演讲台,如果你还需要其他设备或者还有什么问题请你给我打电话。

　　我们期待在宴会上听到你的演讲。

　　　　诚挚的谢意!

塞缪尔D·尼德
会议组织者

sdn/mls

内附文件

书信篇

确认约定的书信

　　模板书信 13.4 是确认约定的书信。写信人简明扼要地确认了与收信人会面的日期和时间。另外,写信人也表示她将会带两位人一起会见收信人。

模板书信 13.4　　　　确认约定的书信(版面格式)

[日期]

约翰·伊格纳格尔先生
业务经理
威德格联合有限公司
皮特大街 5775 号
阿拉斯加州匡恩提科市(邮编 45456)

尊敬的伊格纳格尔先生:

　　我期待 9 月 21 日与你会面进一步讨论里戈亚联合公司设计的北威德格项目计划。我计划在中午前后与你会面。

　　麦克·马尔特罗和贝瑟尼·科尔也想随我一起会见你。我们对这一项目非常有信心,同时也希望你能加入这一项目。

　　　　诚挚的谢意!

玛撒·朗
执行主编

ml/kw

书信的复印件发送:麦克·马尔特罗
　　　　　　　　　贝瑟尼·科尔

确认访问计划的书信

　　模板书信13.5是写给一位要来访问公司的潜在顾客的书信。写信人明确了会见收信人的地点以及简明的访问路线。

模板书信13.5　　确认访问计划的书信(全版面格式)

[日期]

杰弗里·利先生,经理
弗提特斯陶瓷产品供应有限公司
拉斯洛普大街67号
北卡罗来纳州海波因特市(邮编45454)

尊敬的利先生:

　　我非常荣幸上月在北卡罗来纳州你的商店里见到你。我也很高兴你愿意来明尼阿波利斯考察一下我们为你的商店供应陶瓷商品的生产状况。

　　我随书信给你邮寄了你此次访问的机票和访问路线。你的机票是北部航空公司1226次航班,将在10月4日早上10点从罗利机场起飞,按照正常计划你将在当天下午3点抵达明尼阿波利斯。到时候我将会去机场接你并带你去夸尔摩挲特旅店。我和我们东南地区销售代理乔治·朗将会在晚上7点半去旅店会见你。

　　如果你对此次访问还有什么问题和疑问请你打电话给我。我们期待为你展示我们精美的陶瓷产品。

　　　　诚挚的谢意!

　　　　　　　　　　　　　　　　　　　　　　　　　拉罗·帕拉
　　　　　　　　　　　　　　　　　　　　　　　　　经理

内附文件

书信篇

确认电话交谈内容的书信

　　模板书信 13.6 是一封确认电话谈话内容的书信。写信人进一步确认了通过电话她向收信人所说的内容,并且表示如果收信人还有什么疑问可以打电话询问。

模板书信 13.6　　确认电话交谈内容的书信(版面格式)

[日期]

麦克·马尔特罗先生
曼黛特联合公司
韦恩克大街 45 号
亚利桑那州彼彻市(邮编 43454)

尊敬的马尔特罗先生:

　　根据我们在本周早些时候的电话交谈,我已经给北威德格项目计划的 15 位顾问写了书信。我随书信也给你邮寄了这些书信的复印件,它们的大概意思就是欢迎每位顾问并请求他们邮寄个人简历。

　　我们将会为每位顾问建立一份档案。

　　如果你要了解进一步的信息或者需要其他帮助请你给我打电话。

　　　　诚挚的谢意!

　　　　　　　　　　　　　　　　　　　　　　　　埃伦·肖特
　　　　　　　　　　　　　　　　　　　　　　　　助理协调员

es/kw

书信的复印件发送:贝瑟尼·科尔

确认电报的书信

模板书信13.7是为了确认写信人曾经发送给收信人的电报的书信。这封书信可以作为防备发送电报失误的有效措施。

模板书信13.7　　　　确认电报的书信（半版面格式）

[日期]

莎拉·迈尔斯
草莓农场
佛蒙特州拉德洛镇（邮编45435）

亲爱的莎拉：

　　我在今天给你发送了一封电报，内容如下：

　　请尽快给甜梦旅馆送来45夸脱的草莓。请用网箱包装而不要用塑料袋。5月25日我们这里举行的一个盛大的宴会上需要这些草莓。

　　请你给我邮寄介绍你们春季和夏季水果价格和送货收费情况的材料。你们的草莓味道非常好。我希望我们能够继续合作。

　　　　诚挚的谢意！

休·弗兰克

SF:lg

书信篇

确认收到材料的书信

　　模板书信13.8和13.9是用来确认收到材料的书信。模板书信13.8确认材料已经收到并且写信人要将材料发送出去请人修改。模板书信13.9也是确认收到了材料,但是写信人解释说审稿人现在联系不上,但是写信人会继续留意此事。

模板书信13.8　　　确认收到材料的书信(半版面格式)

[日期]

爱丽丝T·卡普伯格博士
数学系
福特菲德学院
康涅狄格州韦斯特尼市(邮编45456)

尊敬的卡普伯格博士:

　　这封信是确认我们已经收到了你寄来有关数学模型的大纲和12章内容的稿件。我们很高兴能有机会为你修改稿件。

　　你的材料已经推荐给了几位专家审阅。我将在3~4周后得到他们的回复,到时候我会将他们的意见发送给你。

　　感谢你给我们发送材料。我会很快和你联系。

　　　　诚挚的谢意!

麦克斯韦L·尼古拉斯
执行主编

mln/jls

模板书信13.9   确认收到材料的书信(全版面格式)

[日期]

莱昂内尔 T·阿罗密特教授
经济学院
法斯特大学
阿尔巴大街43号
纽约州法斯特市(邮编45355)

尊敬的阿罗密特教授:

  我写信是要告诉你我们已经收到了你寄来有关经济计量学的大纲和5章内容的稿件。

  尼古拉斯先生现在出差了。我会在他回来之后即刻将你的稿件递交给他。审阅过稿件之后他会很快联系你。

    诚挚的谢意!

查恩斯 D·塔特斯
麦克斯韦·尼古拉斯的秘书

cdt

书信篇

确认任务的书信

　　模板书信 13.10 是确认指派给写信人的任务的书信。写信人简明扼要地描述了她的任务是：为一家专业杂志写一篇文章。写信人还进一步明确了文章的长度和交稿日期。

模板书信 13.10　　确认指派任务的书信(半版面格式)

[日期]

马丁 L·罗德尼先生
《读者文摘便览》杂志社
麦里马科大街 327 号
新泽西州伯顿市(邮编 07005)

尊敬的罗德尼先生：

　　我写信是想进一步确认我接受的任务是为《读者文摘便览》写一篇有关《格拉斯－斯蒂格尔法》衰退的报道。

　　我将在 20X2 年 11 月 30 日之前将这篇 1500 字左右的报道发送给你。

　　如果你还有什么问题请你给我打电话。

　　　　诚挚的谢意！

纳尔 G·哈慈博士

ngh/wos

内附文件

第十四章

请求书信

本章的书信都是请求书信的模板。这些书信都是专业人士经常要用到的包括索要各种信息和请求提供帮助等各种类型的请求书信。

询问有关会场信息的书信

模板书信14.1是一封询问将会给演说者提供的演说会场情况的书信。演说者写信询问他即将演说的会场的信息以及演说使用的设备情况。写信人一开始就说他非常期待此次会议,然后询问了有关会场条件的一系列问题。这封书信的内容简明扼要,应该能起到写信人预期的效果。

模板书信14.1　　询问有关会场信息的书信(半版面格式)

[日期]

詹姆斯B·德莱弗斯先生
会议秘书
商业作家联合会
弗拉维多大街23号
纽约州阿斯里市(邮编12495)

尊敬的德莱弗斯先生:

我期待在你们即将召开的会议上演讲。我随书信邮寄了你们要我填写的表格。我也核对了我演说所需的视听设备。

书信篇

第 2 页
詹姆斯 B·德莱弗斯先生
[日期]

　　如果方便的话请你尽早告诉我有多少人参加我主讲的"公共关系基本技巧"的报告会。另外,我还有一些其他问题向你咨询:

我是否可以在周二早上 9 点开始讲座之前察看一下会场条件?
我是否可以检查一下散发的宣传材料?
我是否可以检查一下我要求的演说设备齐备与否?
我可否在周一或者在讲座开始前和你先谈谈有关问题?

请你将主持人发言稿上我所在的公司名称改为奈培公共关系有限公司,而不是奈培信息公司。非常感谢你们尊称我为公共关系专家。

我期待与你进一步商谈。

美好的祝福!

马克·奈培

mn/pb

内附文件

询问研讨会有关信息的书信

　　模板书信14.2是一封询问在写信人所在地区的有关研讨会的信息的书信。这封书信的作者根本就没有浪费时间,他开门见山地询问有关信息,然后在第二段也就是最后一段对收信人表示感谢。

模板书信14.2　　询问有关研讨会的信息的书信(半版面格式)

[日期]

卡拉·摩尔女士
地毯批发商联合会
帕科大街1号
内布拉斯加州韦斯特波特市(邮编23432)

尊敬的摩尔女士:

　　请你给我介绍一些有关地毯批发商高效管理技巧培训的研讨会的相关信息。

　　感谢你的帮助。

　　　　　美好的祝福!

　　　　　　　　　　　　　　　　　　　　林O·雷哈姆

lol/jls

书信篇

请求协助的书信

模板书信 14.3 是写给一位原来的人寿保险投保人请求他填写有关公司服务的问卷调查表的书信。写信人清楚地解释了她请求收信人填写调查表的原因并且表示在此过程中不会向他推销任何东西。

模板书信 14.3　请求协助填写问卷调查表的书信（全版面格式）

［日期］

蒂莫西·马歇尔先生
马歇尔有限公司
巴斯尔大街 65 号
蒙大纳州阿提卡市（邮编 34235）

尊敬的马歇尔先生：

新生活人寿保险公司承诺为小规模老板提供一流的职工集体人寿保险服务。尽管你现在已经不再是我们的客户，但是你对我们公司服务质量的意见仍然十分重要。

通过完成我们给你邮寄的问卷调查表你将给我们提供进一步提高我们为你这样的小规模老板提供服务的质量的意见和建议。你的观点和评价对我们很重要。

请你花几分钟时间尽可能实事求是地完成我们的问卷。另外，还需要你们公司中负责职工人寿保险的管理人员填写有关的反馈信息。你们反馈的信息将和其他反馈信息一起构成我们制定服务计划的重要参考。

我们希望能在 20X7 年 12 月 28 日之前收到你们返回的问卷。你只需要将填好的问卷用我们给你邮寄的已付邮资的信封返回给我们就可以了。如果有什么问题和疑问请你拨打电话 534－555－0987 联系我们的市场研究和产品发展主管艾伦·苏伊士。

感谢你协助我们的工作。

　　　　诚挚的谢意！

乔安妮·塔夫特
经理

jt/mn

内附文件

请求返回材料的书信

模板书信14.4至14.6都是请求返回材料的书信。

模板书信14.4是一封简短的请求返回材料的书信。在书信中写信人没有多余的废话直接请求收信人返回有关材料。

模板书信14.5请求收信人填写一份将会被写信人存档的表格。写信人提出了请求并且向收信人解释了她需要这份表格的原因。

模板书信14.6是一封简单的请求返回材料的书信。写信人非常有礼貌地解释了他需要这些材料的原因。

模板书信14.4　　　　请求返回材料的书信(版面格式)

[日期]

艾伦·托姆先生
西北地区代理
托普尔大街453号
宾夕法尼亚州新布伦兹维克市(邮编32456)

尊敬的艾伦：

请你将我发送给你的五金产品涨价计划材料和各类产品新价目表返回给我。

非常感谢你的协助。我祝你好运。

　　　　美好的祝福！

　　　　　　　　　　　　　　　　　　　　　　普里西拉·拉胡罗姆

pl/em

书信篇

模板书信 14.5　　请求完成表格的书信(半版面格式)

[日期]
TTT-456-789-3542

罗伯特·库普曼夫人
库普曼承包公司
斯坦桑大街139号
伊利诺斯州罗提纳市(邮编32456)

尊敬的库普曼夫人:

　　这封信的目的是请你的公司协助柯尔雷基船舶有限公司履行国防部所规定的义务,你们所要做的就是将我们给你们邮寄的相关表格填写并返还给我们。

　　作为美国政府的直接承包商,柯尔雷基船舶有限公司必须每年向国防部递交相关信息报告,如果不及时履行这项义务对我们的公司来说都会造成不利后果。

　　请根据以上的地址完成表格内的相关信息。如果你还有什么问题或者想了解更多的情况请给我打电话。

　　　　诚挚的问候!

　　　　　　　　　　　　　　　　　　　　　　　柯尔雷基船舶有限公司
　　　　　　　　　　　　　　　　　　　　　　　罗克珊·塔斯特曼
　　　　　　　　　　　　　　　　　　　　　　　合作管理经理

rt/mn

内附文件

模板书信14.6　因为时间太久而请求将材料返回的书信(半版面格式)

[日期]

约翰·布莱克先生
伏特菲德房地产开发公司
雷尼兰德大街45号
新墨西哥州哈斯卡兹市(邮编23456)

尊敬的布莱克先生：

　　感谢你同意审阅我们在市内建设商场的建筑计划。尽管审阅建筑计划很重要，但是我们也必须考虑有关项目的其他一些安排。

　　请你尽快将我们的材料返回给我们。

　　布莱克先生，我们感谢你愿意审阅我们的项目计划，并且也希望以后有机会再请你为我们的重大项目把关。

　　　　诚挚的谢意！

弗兰·里森
经理

ls

书信篇

向讲演者索要材料的书信

模板书信 14.7 是向讲演者索要材料的书信。写信人解释了他需要的材料并且愿意帮助讲演者填写有关的表格。另外,写信人也强调了演讲者所发布信息的重要性。

模板书信 14.7　　请求讲演者提供材料的书信(全版面格式)

[日期]

拉里 C·罗比克先生
艾米莉产品有限公司
理查德森大街 34 号
肯塔基州法恩斯沃斯市(邮编 23456)

尊敬的罗比克先生:

　　我一直都在期盼你返回 20X3 年 12 月 1 日邮寄给你的演讲者建议表。

　　如果你有困难或者对我们索要的信息有什么疑问请你写信或者打电话给我在伯顿的办公室。我非常乐意解答你的有关问题。

　　这些信息对我们很重要。如果你能尽早将这些表格返回,我将不胜感激。

　　　　诚挚的问候!

　　　　　　　　　　　　　　　　　　　　　　　　马克·里格斯
　　　　　　　　　　　　　　　　　　　　　　　　项目协调员

ml/ms

要求改正赊购帐账单的书信

　　模板书信14.8是一封要求信用卡服务机构改正账户记录错误的书信。在书信的第一段写信人就说明了他的问题，并且也表示随书信邮寄了可以证明他所投诉的问题的证明材料。写信人没有长篇大论地争论他的账单错误而只是明确说明问题并且要求提供解决方案。

模板书信14.8　　要求改正账单错误的书信（半版面格式）

[日期]

劳伦斯·布赖恩先生
客户服务代理
卡伯特信用消费公司
弗雷兹大街56号
爱达荷州兰斯卡姆市（邮编32456）

尊敬的布赖恩先生：

　　我随书信邮寄了我注销了的号码为#161面值20.95美元的支票的复印件，这笔金额没有计入我的账户。另外，这个月的账户消费帐单明显高于我的实际消费金额。卡伯特信用消费公司负责账户管理的人员在处理我的账户消费金额的时候肯定出现了错误。

　　我随书信邮寄了一张44.93美元的支票用来支付11月1日以来我的信用消费欠款。我希望这张支票能偿还我账户上的欠款。

　　我希望你们尽快解决此事。

　　　　　诚挚的谢意！

里萨 L·朗

内附文件

书信篇

购买文章复印件的书信

模板书信14.9是一封请求购买发表在一份杂志上的文章的单行本的书信。写信人明确地提出了他的请求对此没有遗留任何疑问。

模板书信14.9　　请求购买文章单行本的书信(版面格式)

[日期]

马尔·西蒙斯先生,编辑
《贸易热点便览》
韦斯特大街312号
新泽西州伯顿市(邮编07005)

尊敬的西蒙斯先生:

我想购买发表在《贸易热点便览》20X6年3月出版的那一期杂志的23页~30页的文章的单行本。请将这篇文章的单行本及其发货单一起邮寄给我。我的通信地址是:宾夕法尼亚州德维尔市弗洛顿大街456号,邮编为12321。

感谢你的帮助。

　　诚挚的谢意!

圣伊莱斯K·朱利安
副经理

gkj/jls

请求取消订阅的书信

模板书信 14.10 是为了重申写信人取消订阅的决定的书信。这封书信虽然内容不多,但是语言简练、观点明确。写信人明确表达了他想让收信人所做的事情。

模板书信 14.10　　　取消订阅的书信(全版面格式)

[日期]

黛博拉·克莱因女士
征订主管
《联合杂志》
埃德温森大街 44 号
加利福尼亚州新罗谢尔市(邮编 90009)

主题:取消订阅

尊敬的克莱因女士:

　　我 7 月份写信给你请求取消我订阅的《联合杂志》并返还我剩余的征订费,现在已经是 9 月份了我仍然收到了你们给我发来的杂志。

　　我给你们邮寄了我第一次取消订阅书信的邮寄地址签,希望它能够向你证明我确实取消了订阅。我也相信你们会返还我最初取消订阅后你们继续发给我的 4 期杂志的征订费。

　　感谢你关注此事。

　　　　诚挚的谢意!

　　　　　　　　　　　　　　　　　　　　　　　　西蒙·麦凯尔特里

书信篇

索要商品目录册的书信

　　模板书信 14.11 是一封坦率地索要写信人在一本杂志看到广告的商品价目表的书信。

模板书信 14.11　　　索要商品价目表的书信(简体格式)

[日期]

顾客服务部
兰亚德公司
普萨尔大街 45 号
威斯康星州哈斯弗尔德市(邮编 34334)

索要兰公司商品价目表

　　我在《联合杂志》看到了你们公司免费提供你们公司的产品价目表的广告。请给我发送 4 份你们公司的产品价目表,我会将其余 3 份分发给我在中西部的销售代理。

　　十分感谢你的帮助。我希望尽快收到你们公司的产品价目表。

艾伦·弗顿

索要免费样品的书信

模板书信14.12是写给为推销商品过去几年都为会议提供一定数量的免费样品的公司联系人的书信，写信人的目的是向联系人索要免费样品。写信人介绍了有关会议和提供产品样品的细节并且和蔼地向联系人请求提供会议上宣传产品的免费样品。

模板书信14.12　　索要免费样品的书信（全版面格式）

[日期]

福雷斯特·卡尔先生
市场部经理
福雷特薯片有限公司
艾维诺大街345号
加利福尼亚州布里斯托尔市（邮编90990）

尊敬的卡尔先生：

《联合杂志》每年都举办由新近开业公司的老板参加的大会，今年的会议将在布里斯托尔举行。会议除了我们为与会者设计的精彩内容之外，还为各家公司提供了展示它们产品的舞台。

通常我们会联系参加会议的企业免费提供一些产品赠送给其他出席会议的人士，所以我们希望你们公司能够提供900袋福雷特薯片，我们会将这些产品放在与会者所下榻宾馆房间的欢迎篮里。当然了我们也会同时向与会者提供介绍你们公司及其产品的材料。

此次会议将于11月5日在布里斯托尔宾馆的会议大厅召开。你们的免费产品可以直接发送到会议中心，我们将在那里设计所有的欢迎篮。为了免去你的麻烦，我们也可以在会议之前派车去你们公司取这些免费产品。

我将会在这封信之后的2个星期内给你的办公室打电话。如果你有什么问题请给我打电话。我提前感谢你出席此次会议。

诚挚的谢意！

艾伦·萨丁
会议协调员

书信篇

咨询新产品有关信息的书信

　　模板书信 14.13 是一封零售商向一家生产公司询问她的顾客曾经向她提起的这家公司生产的一种新产品的有关信息的书信。写信人请求生产公司能提供有关此种新产品的介绍材料。

模板书信 14.13　　索要新产品有关信息的书信（全版面格式）

［日期］

贝瑟尼·科尔曼女士
地区销售经理
阿默斯特学校产品公司
斯科尔大街 34 号
马萨诸塞州莱斯利市（邮编 02334）

尊敬的科尔曼女士：

　　最近很多小顾客都要购买你们公司生产的带木偶玩具的小食品，而我的商店原本只是卖儿童书籍的书店，后来又开始销售小食品、玩具等儿童商品，所以对你们的这种产品还不了解。

　　请你们给我提供有关你们产品的相关资料以便帮助我判断你们的产品是否适合向幼儿园到 12 岁的小学生销售，我将不胜感激。

　　诚挚的谢意！

吉利·克雷德

询问有关价格信息的书信

　　模板书信14.14的作者写信给一家公司询问公司是否可以为他大批量购买提供价格优惠。写信人说明了他的需要并且也请求收信人为他的购买提供折扣优惠。

模板书信14.14　　询问价格信息的书信(全版面格式)

[日期]

爱德华·科尔曼先生
特殊销售经理
普雷斯蒂奇文件夹有限公司
新泽西州琼斯博罗市(邮编09007)

尊敬的科尔曼先生：

　　每年夏天我们学院都要开展一系列针对高中足球教练的培训活动。当他们来接受培训的时候，我们都要为他们提供一个装有课程表既可以做写字垫板又可以保存学习文件的文件夹。

　　我的同事向我展示了一个由你们公司生产的多功能文件夹。这个文件夹的价格是12美元。但是我想一次至少订购75个，不知道你们是否可以为这么多订购提供折扣？另外，我还想了解你们销售产品详细的折扣规定。

　　请你们给我提供有关产品价格和其他一些相关的材料。

　　　　诚挚的谢意！

保罗·卡尔德
培训主管

第十五章

回复书信

在很多情况下,商业人士都需要写回复书信。本章中的模板书信都是商业人士经常所能用到的各种情况的回复书信。

接受订购的书信

模板书信15.1是在收到订购一种产品的订单之后写的回复书信。写信人表示在正式发货之前需要更多的信息,同时也解释了为了保证及时发送货物收信人必须完成的工作。

模板书信15.1　　　　接受订购的书信(半版面格式)

[日期]

布莱克·布雷尼先生
柯南道尔公司
莫里马科大街327号B座4单元
密苏里州威廉斯顿市(邮编32345)

尊敬的布雷尼先生:

感谢你们向我们公司定制250本管理专用台历。我们将会尽快加工并发送这批台历。

第 2 页
布莱克·布雷尼先生
[日期]

　　但是在发货之前我们想了解你想通过哪种方式发货。你在订单中没有注明是特快投递、优先邮寄还是包裹邮递中的哪种方式发货。你可以用我们给你邮寄的已付邮资的回复卡或者拨打我们的免费电话 800-555-6563 告诉我们你所希望的发货方式。

　　我们将会尽力根据你们的要求设计有助于你们日常管理工作的管理专用台历。我相信你们会发现我们生产的台历是你们日常工作所必备的工具。

　　再次感谢你们的订购。我希望在收到你的指示后就能给你们发货。

　　　　诚挚的谢意！

　　　　　　　　　　　　　　　　　　　　　　　　　　杰弗里 L·奥斯卡

jlo/jls

书信篇

接受参加会议报名的书信

  模板书信15.2是写给登记参加会议的人士的书信。在书信的第一段写信人感谢收信人报名参加会议。写信人不仅很有礼貌地给收信人提供了一些建议，而且还要让收信人知道他参加会议的报名已被接受。然后写信人又继续解释了有关会议的一些细节，在书信的最后写信人也表示可以为收信人提供帮助。

模板书信15.2 回复报名参加会议的书信（半版面格式）

[日期]

马克·霍尔登先生
帕沃产品有限公司
萨维大街45号
新泽西州伯顿市（邮编07005）

尊敬的霍尔登先生：

  感谢你报名参加我们将在埃尔迈拉城召开的批发商独立展销会。这封书信是为了告诉你我们已经收到了你寄来的参加会议的登记表和报名费用。

  另外，在批发商独立展销会开始期间，批发商贸易协会将在20X5年4月28日上午10点开始办理注册手续，而此次展销会将在20X5年4月30日下午5点半结束。详细内容请留意我们随书信邮寄的有关资料。

  我们欢迎你到埃尔迈拉城参加批发商独立展销会。如果你有什么问题请给我打电话。

  诚挚的谢意！

西蒙·列克星敦
会议协调员

sl/pp

内附文件

汇款书信

　　模板书信 15.3 是一封支付购买产品费用的汇款的伴随书信。这封书信内容简明扼要。写这封信的目的是为了防止支付购买费用可能出现的差错。模板书信 15.3 也可以被作为第十二章讨论的送文函使用。

模板书信 15.3　　　　　　汇款书信(全版面格式)

[日期]

奥斯卡 T·罗德曼先生
罗德曼文具有限公司
雷德班克大街 5432 号
马萨诸塞州切姆斯福德(邮编 34345)

尊敬的罗德曼先生:

　　我随书信给你邮寄了一张 119 美元的支票用来支付我们向你们订购的信纸和信封的费用。同时我也邮寄了你们给我的号码为 3352217 的发货单的复印件。请你们将这 119 美元计入我的信用账户,我的账户号码:12-26-5631。

　　　　诚挚的谢意!

　　　　　　　　　　　　　　　　　　　　　　　　　　罗德 P·斯科勒格

lps/kps

内附文件

书信篇

要求澄清错误的回复书信

  模板书信15.4是为了回复要求澄清账户错误的书信。写信人说明了随书信邮寄了什么内容并且也解释了收信人账户错误的原因。在书信的结尾写信人因为此次错误而向收信人表示道歉。

模板书信15.4 回复要求澄清账户错误的书信（全版面格式）

[日期]

艾伦·拉斯雷姆先生
诺斯达姆大街55号
加利福尼亚州洛杉矶市（邮编12023）

尊敬的拉斯雷姆先生：

  我随书信给你邮寄了20X3年1月至7月的版费的结算表复印件和改正后的20X2年7月至12月的版费的结算表复印件。你在书信中所提到的问题是我们计算错误导致的结果。

  你在信中提到的再版销售量也没有我们预期的那么多。这一点在改正后的版费的结算表中已经可以反映出来。

  我们的失误导致了版费的结算表中出现错误，因此我在这里向你表示道歉。

  诚挚的谢意！

菲拉格R·拉克
审计员

prl/ajh

内附文件

回复询问组织成员信息的书信

模板书信 15.5 是一封回复询问专业组织中一位成员的有关信息的书信。在书信的第一段写信人就说明收信人所询问的人员已经不是她们机构的成员，不过写信人还是提供了这位原来成员的一些信息。在书信的结尾写信人也对收信人的来信表示感谢。

模板书信 15.5　　回复询问组织成员信息的书信（版面格式）

[日期]

雅各布 L·阿罗斯先生
《管理研究》
亨廷顿大街 25 号 408 单元
新泽西州伯顿市（邮编 07005）

主题：机构成员比尔·森伊尔

尊敬的阿罗斯先生：

我们非常遗憾，森伊尔已经不再是美国投资管理者协会的会员。他确实在 20X2 年 5 月至 20X3 年 5 月这段时间里具有我们协会的会员资格，但是自那之后他就放弃了会员资格。

在他的申请材料中，他出示了注册会计师、人寿保险、房地产和有价证券等信息的有关证件材料。他还是证券交易联合会的注册投资咨询师。他的最高学历不是你在信中提到的硕士而是哲学博士。另外，他还具有美国律师联合会、美国人寿保险商协会和百万美元圆桌会议的会员资格。

我们感谢你的来信和提供的信息。你所提供的信息将会存入美国投资管理者协会的会员管理部门的档案中。

　　　　诚挚的谢意！

利萨·安东里尼
法律总顾问

la/js

书信篇

回复政府机构询问有关信息的书信

模板书信15.6是一封回复国家税收部门询问有关信息的书信。写信人认真地解释了他严格遵循了国税局质疑的纳税程序,并且表示随书信邮寄了证明材料。这样一封经过深思熟虑的回复书信不仅解决了问题而且还得到了国税局的通报表扬。

模板书信15.6　　回复国税局质询的书信(全版面格式)

[日期]

埃伦·罗尔沃雷姆女士
国税局
邮政汇票信箱505号
马萨诸塞州安杜佛市(邮编04054)

尊敬的罗尔沃雷姆女士:

　　我已经收到了你的通知。你说贝克亚德投资公司一笔价值869美元的红利存入了账号为020752345的账户,你质询我在20X1年纳税中没有包括这笔红利的税收。

　　我检查了我们的财务记录之后发现了问题的根源。我随书信给你邮寄了自20X1年11月以来贝克亚德投资公司两笔收条的复印件,我想这些材料能证明我的解释。

　　在20X1年我设立了我的第一个个人退休金账户,当时账户上有2000美元,我又要求贝克亚德投资公司将我在维格德存货基金的1130美元转换成我的货币市场基金,然后我又将这笔货币市场基金转化成我的个人退休金账户的流动资金,现在这笔钱已经被投入到贝克亚德投资公司的存货基金和证券基金当中。

第 2 页
埃伦·罗尔沃雷姆女士
［日期］

  我认为在个人退休金账户内从一个基金转换到另一个基金是不需要纳税的，所以将维格德存货基金转换成货币市场基金都是在我的个人退休金账户里完成的也就不需要纳税。这也是我设立个人退休金账户的目的。我相信这些转帐程序是完全不需要交税的合法程序。

  你所质询的没有纳税的 869 美元其实是我个人退休金账户上 2000 美元的一部分，而这 2000 美元收入的税收我已经缴纳过了。这一点我在今天早上通过电话已经跟国税局的代理解释清楚了，他也希望我向你说明这一问题。

  如果你还有什么问题请给我打电话。感谢你对此事的关注。

  诚挚的谢意！

马科斯·皮尔森

内附文件：国税局通知复印件
    贝克亚德投资公司的证明材料

书信篇

回复索要材料的书信

模板书信 15.7 至 15.9 都是回复索要材料的书信。

模板书信 15.7 是回复征稿的书信。写信人表示了对征稿的兴趣，但是她也想了解更多有关出版物的信息。她在书信中列出了她对出版物的有关问题。

模板书信 15.7　回复征稿的书信——询问更多的信息（版面格式）

[日期]

马文·霍普先生
《读者文摘便览》
巴克斯利大街 350 号
新泽西州伯顿市（邮编 07005）

尊敬的霍普先生：

　　感谢你询问我是否有兴趣在《读者文摘便览》上发表文章。我想借此机会写一篇有关金融市场服务行业抵押金制度改革方面的文章。但是我想进一步了解一些有关《读者文摘便览》的信息。我想了解这些方面的信息：

1. 这份出版物是新出版物么？如果有最近的出版样品请给我提供一份。

2. 发表的文章是同级评审还是编辑部内部评审还是两者都有？

3. 你们对我的文章的格式要求是怎样的？最好能给我提供一篇范文。

4. 你们是否为撰稿人提供酬劳？

再次感谢你们对我的信任。我希望我们能够愉快合作。

　　　　诚挚的问候！

　　　　　　　　　　　　　　　　　　　　　　　　　埃莉诺·埃里帕德瓦

ee/dp

回复书信

模板书信 15.8 是一封回复索要有关投资的背景信息的书信。写信人为收信人提供了一份论述有关信息的材料,而书信的内容则很简单。

模板书信 15.8　回复询问有关投资潜力情况的书信(半版面格式)

[日期]

塞缪尔·约翰逊博士
计划研究部副经理
迪纳米特电子公司
邮政汇票信箱 5465
威斯康星州阿里斯塔市(邮编 65437)

亲爱的塞缪尔:

　　我随书信你给邮寄了我们公司的专家分析报告,在这份报告的第一页介绍了我们公司的经济前景而在随后的内容中又介绍了分析专家关于工业发展趋势的观点。尽管这份报告中没有直接分析你所关心的电子工业的前景,但是你可以从中获取相关的一些信息。

　　我希望这份报告对你有所帮助。我将会尽快与你进行一次谈话。

　　　　诚挚的谢意!

玛丽 E·伊莱科茨
副经理

MEE:hfg
内附文件

书信篇

　　模板书信 15.9 是一封给索要材料者写的回复书信。写信人简要说明了随书信邮寄的材料并且解释说如果收集更多的信息就会发现材料中的有些情况可能已经发生了变化。

模板书信 15.9　　　　发送索要材料的书信(全版面格式)

[日期]

埃文·艾弗雷先生,编辑
《读者文摘便览》
亨丁顿大街 25 号 408 单元
新泽西州伯顿市(邮编 07005)

亲爱的埃文:

　　我给你邮寄了你索要的材料。正如今天早上我跟你说的我们将会用更详细的收视率和观众占有率等数据进一步更新这份材料。我们现在正在通过巴约讷地区的 37 频道的电视台收集有关信息。

　　我希望我们的材料对你能有所帮助。如果你需要进一步的帮助请给我打电话。

　　　　诚挚的问候!

　　　　　　　　　　　　　　　　　　　　　　　　　　　李·伊纳姆
　　　　　　　　　　　　　　　　　　　　　　　　　　　销售主管

LI/mn

内附文件

对推销书信的回复书信

模板书信 15.10 的作者写这封信是为了回复发给他的有关推销材料。写信人解释了他所感兴趣的产品并且表示如果推销材料中有他所需要的产品他也会感兴趣的。

模板书信 15.10　　　回复推销书信(全版面格式)

[日期]

康普顿 P·戴维森先生
波利维克规划管理有限公司
拉斯洛普大街 76 号
密苏里州伯顿市(邮编 90990)

尊敬的戴维森先生：

　　感谢你给我发送的你们公司的规划指南。这些材料主要针对工程师和建筑师介绍一些信息,所以我觉得它们对那些专业机构会更加有用。我觉得这些规划指南不适合在我所管理的学校应用。

　　如果你们波利维克规划管理有限公司有针对我管理的这类学校(酒店管理培训)的规划指南,请给我发送一份样本。在我了解了你们的规划方案之后,我就会打电话回复你们的规划指南是否对我们的学校有所帮助。

　　感谢你对我们学校的兴趣。我期待你的回复。

　　　　　诚挚的谢意!

　　　　　　　　　　　　　　　　　　　　　　　　迪斯尔·弗斯
　　　　　　　　　　　　　　　　　　　　　　　　课程主管

书信篇

回复索要产品价目表的书信

  模板书信 15.11 是回复模板书信 14.11 中索要产品价目表的书信。写信人感谢潜在顾客对公司产品的兴趣并且鼓励收信人进一步考虑购买他们的产品。(有关更多的产品目录和价目表的书信请参阅模板书信 7.25 至 7.27)

模板书信 15.11   回复索要产品目录的书信(全版面格式)

[日期]

艾伦·福特恩先生
萨尼菲克特公司
布兰克斯顿大街 1223 号
犹他州普耶尔市(邮编 34556)

尊敬的福特恩先生:

  我随书信邮寄了 4 份你在《联合杂志》看到的兰亚德公司免费提供的产品价目表。

  我们相信这些价目表可以帮助你选择最适合你们的产品。我们也为大批量购买提供打折优惠,有关折扣的详细内容请参阅产品价目表的第 27 页。

  如果你需要其他信息请给我打电话。我期待与你开展业务往来。

  诚挚的谢意!

加里·亨德森
客户服务代理

回复索要免费产品的书信

　　模板书信 15.12 是回复索要免费产品的模板书信 14.12 的书信。写信人明确表态他可以提供这批免费产品并且也说明了他发送这些产品的时间、数量、地址和方式等详细内容。

模板书信 15.12　　回复索要免费产品的书信(全版面格式)

[日期]

艾伦·萨丁先生
会议协调员
《联合杂志》
罗斯特大街 45 号
新泽西州沃特顿市(邮编 07890)

尊敬的萨丁先生：

　　我们已经安排向布里斯托尔宾馆的会议筹备中心发送了 900 袋福雷特薯片。估计这批福雷特薯片将会在 11 月 3 日早晨送达目的地。

　　感谢你为我们提供展示我们产品的机会。我们非常高兴能参加你们举办的会议并且也相信能借此机会认识更多的布里斯托尔地区的商业人士。

　　如果你还需要我们福雷特薯片有限公司提供什么帮助请给我打电话。

　　　　诚挚的谢意！

　　　　　　　　　　　　　　　　　　　　　　　　福雷斯特·卡尔
　　　　　　　　　　　　　　　　　　　　　　　　市场部经理

书信篇

回复询问新产品信息的书信

模板书信 15.13 是回复询问有关新产品信息的模板书信 14.13 的书信。写信人简洁明了地解释了随书信邮寄的内容并且也表示愿意为顾客提供其他帮助。

模板书信 15.13　回复询问新产品有关信息的书信（全版面格式）

[日期]

吉利·克雷德女士
店主
儿童方便书店
塔斯体姆德大街 56 号
马萨诸塞州罗利市（邮编 03333）

尊敬的克雷德女士：

　　感谢你询问阿默斯特学校产品公司生产的带木偶玩具小食品的信息的书信。我们随书信给你邮寄了包括你询问的产品在内的所有我们公司生产的教育性玩具的介绍材料。我也给你提供了一套样本玩具供你考察。

　　如果你需要进一步的帮助请给我打电话。我期待与你开展业务往来。

　　　　诚挚的谢意！

贝瑟尼·科尔曼

邀请演说者的回复书信

模板书信15.14和15.15都是用来回复请求在活动中进行演说的书信。在模板书信15.14中写信人接受了此次邀请并且要求提供具体的演说日期。在模板书信15.15中写信人表示由于时间冲突所以他不得不谢绝此次邀请，但是他也表示如果有机会以后他还是愿意接受演说邀请的。

模板书信15.14　　接受演说邀请的回复书信（全版面格式）

[日期]

戴维R·弗里德曼先生
程序主管
美国汽车运输公司
卡颇拉特大街756号
威斯康星州菲斯宾市（邮编87665）

尊敬的弗里德曼先生：

　　感谢你邀请我在你们美国汽车运输公司周年庆典大会上进行演说表演。我非常愿意接受此次演说的机会。

　　你说想让我在20X2年2月3日的上午会议或者2月5日的午宴上进行基调演说，我觉得2月5日演说比较有利于我的日程安排。如果这一时间安排也符合你们的需要请你告诉我。

　　我期待此次会议的到来也感谢你们提供的这一机会。我希望尽快收到你们确定日期的回复。

　　　　诚挚的谢意！

　　　　　　　　　　　　　　　　　　　　　　　　　　　　韦斯·丹尼尔斯

书信篇

模板书信 15.15　谢绝演说邀请的回复书信（全版面格式）

[日期]

戴维 R·弗里德曼先生
程序主管
美国汽车运输公司
卡颇拉特大街 756 号
威斯康星州菲斯宾市（邮编 87665）

尊敬的弗里德曼先生：

　　我很荣幸能够收到你邀请我在 2 月份你们公司的周年庆典大会上演说的书信。但遗憾的是我的日程安排正好和你们邀请我演讲的时间冲突，所以我不能接受你们的邀请。

　　你在信中曾提到你们在春季和夏季还有地方会议。我的日程安排在 3 月到 5 月这段时间比 2 月份要灵活许多。我非常愿意能有机会在你们的地方会议上演说。请你给我打电话商讨一下是否可以安排在你们的地方会议上演说。

　　感谢你对我的信任。我期待与你的交流。

　　　　诚挚的谢意！

杰尔·柯林斯

第十六章

批准书信

本章的模板书信都是请求批准的各种类型的书信。在大多数情况下此类书信是用来请求同意重印和使用复印材料的书信。专业人士要使用一篇文章或一本书的部分内容关键是要获得版权所有者的批准,这样做不仅为了保护使用者也是对原文作者工作的尊重。

请求同意再版的书信

模板书信16.1至16.4都是用来请求批准引用某些材料的书信。模板书信16.1是一位编辑请求一位作者同意再版其著作的书信。模板书信16.2是一位作者向一家出版公司请求批准再版的书信。模板书信16.3是出版物的编辑请求批准再版的书信。在模板书信16.4中编辑请求评论家同意在一本书的宣传中使用他的部分评论内容。

书信篇

模板书信 16.1　　编辑请求批准引用的书信(半版面格式)

[日期]

马克·尼斯先生
普沃达克提大街 45 号
威斯康星州诺斯克斯市(邮编 23245)

尊敬的尼斯先生:

　　我正在编辑一本名叫《市场基础研究》的试验性书籍,其中要引用你的一篇名为《市场研究的基本知识》的文章中的内容。我写这本实验性书籍的目的是在 20X3 年 11 月至 20X8 年 11 月这段时间内供内部使用。《读者信息便览》杂志社已经同意我在规定的范围内引用你的文章。

　　不知你对我引用你的文章内容有什么样的指示?我随书信给你邮寄了一张已付邮资的回复卡,你可以用它来确认我的请求。

　　诚挚的谢意!

克里斯蒂娜·黛娜
编辑

cd/js

内附文件

模板书信 16.2　作者请求批准在书中引用有关内容的书信(全版面格式)

[日期]

佐伊·朗女士
版权主管
安道罗斯出版公司
格雷姆蓬大街 86 号
新泽西州普拉茨堡市(邮编 12323)

尊敬的朗女士：

　　我有一本书将会于 20X7 年 7 月出版,这本由商业书籍出版公司发行的书的精装本的价格大约是 50 美元。我想在这本书中引用由你们公司于 20X5 年发行的约翰·斯弗德尔森编著的《营销基础》中的部分内容。

　　我想请求你们批准在我的这本书包括以后修订版的所有版本中引用你们发行的那本书中的内容,也就是以后所有再版包括我所引用的这本部分内容在内的书籍都不再受到你们版权的限制。如果你没有权利批准此项请求,请你告诉我具有授权权利的人是谁。

　　书信的末尾是出版许可表,另外,我邮寄了一份书信复印件以便你存档。我期盼你尽快批准我的请求。

　　　　诚挚的谢意！

　　　　　　　　　　　　　　　　　　　　　　　　杰弗里·帕拉

mp

我同意书信中的请求。
被转载文章的作者姓名或来源附注
被用于:_____
_____
_____
日期:_____
授权者:_____

模板书信 16.3　出版社编辑请求作者同意引用文章的书信（版面格式）

[日期]

马克·凯姆帕尔先生
法拉波萨姆大街 45 号
新泽西州波士顿市（邮编 09876）

尊敬的凯姆帕尔先生：

　　我们想在《家庭生活》中引用我们随书信邮寄的你的文章的内容。

　　不知道你是否同意我们在全世界范围内发行的《家庭生活》的所有版本中引用你的这些材料。但是每个版本只允许发行一次。如果这本书被翻译成其他语言，那么其中的内容将会根据地方习惯有不同的词语表达。

　　第一版《家庭生活》将会支付你 120 美元的引用材料版权费。

　　我们保证你拥有上述权利。我们已经获得了你的著作第一次发表的《伯顿杂志》的许可。

　　如果你也同意我们引用你的文章内容请在书信的下面签名并将其尽快返回给我们。

　　诚挚的谢意！

雅各布 L·埃伦
版权主管同意请求内容

批准者签名：_____
需要征求其他人士批准的联系方式：_____
_____
日期：_____

模板书信 16.4　请求同意引用评论家评论的书信(半版面格式)

[日期]

拉里 E·达尔罗教授
坎贝尔学院
贝瑟尼大街 13 号
西弗吉尼亚州坎贝尔市(邮编 23456)

尊敬的达尔罗教授：

　　我想借此机会再次感谢你为我们审阅《商业交流》这本书的原稿。

　　我们现在正在进行这本书的宣传工作,我们想请你同意我们在广告材料中引用你有关这本书的一些评语。我们随书信给你邮寄了一份具体引用评语的材料。

　　如果你同意我们引用你的评语,请你在书信和其复印件上签字并将原件返回给我们,复印件留作你的个人档案。为了方便你发送签字书信,我们给你邮寄了一个填写好的并且已付邮资的信封。

　　　　诚挚的谢意！

马文·纳尔斯

mn/br

内附文件

拉里 E·达尔罗教授签名

书信篇

通知如何获得批准的书信

　　模板书信 16.5 和 16.6 都是指示有关人士要获得批准必须采用的相关程序的书信。模板书信 16.5 通知收信人需要进一步和作者联系以便获得批准,同时也给出了作者的联系方式。

模板书信 16.5　　推荐向作者请求批准的书信(全版面格式)

[日期]

卡尔顿·朗教授
萨斯克卡大学
科特卡拉大街 45 号
马萨诸塞州多尔切斯特市(邮编 32345)

尊敬的朗教授:

　　我们已经收到了你于 20X7 年 10 月 25 日寄来的书信,你在信中请求批准在由管理出版公司发行的书中引用《商业谈判指南》第 134 页至第 135 页的内容。

　　我非常遗憾地通知你我没有批准你引用这本书中内容的权力,因为这本书的版权完全属于作者所有,所以你需要直接请求作者同意你的引用。我们所记录的作者的最新地址是:北达科他格兰德福克斯市可卡罗恩大街 56 号上中西部大学西蒙·奈姆普拉教授,邮编 58201。

　　非常抱歉我不能帮你的忙。

　　　　诚挚的谢意!

　　　　　　　　　　　　　　　　　　　　　　　　　　　瑟格·布卡斯克
　　　　　　　　　　　　　　　　　　　　　　　　　　　版权主管

mn

模板书信 16.6 中写信人确认收到了请求批准引用的书信,但是写信人表示需要更多的信息才能批准收信人的请求。

模板书信 16.6　需要提供更多的信息才能获得批准的书信(版面格式)

[日期]

丽塔·马格里斯夫人
泡特布瑞斯大街 23 号
密歇根州阿伦敦市(邮编 23245)

尊敬的马格里斯夫人:

　　我们已经收到了你于 20X8 年 10 月 20 日寄出的请求我们同意你引用《管理入门》第 435 页内容的书信。

　　我非常抱歉地通知你,我必须确切地了解你要引用的内容和引用的书籍之后才能答应你的请求。请你重发批准引文请求并且说明引文的具体内容和范围。我将会很高兴同意你的请求。

　　另外,我还想知道你计划出版的书的页面大小、价格、出版日期和发行人姓名等信息。

　　我期待你的回复。

　　　　诚挚的谢意!

　　　　　　　　　　　　　　　　　　　　　　　　瑟格·布卡斯克
　　　　　　　　　　　　　　　　　　　　　　　　版权主管

sb/js

书信篇

同意引文请求的书信

　　模板书信 16.7 和 16.8 都是同意引文请求的书信。模板书信 16.7 同意引用特定页上的内容并且要求在引用书籍中编著引用标注。模板书信 16.8 是发行人同意作者再版他发行过的书籍中的某些章节的书信。

模板书信 16.7　批准从已出版的书籍中选择一些内容复印的书信(版面格式)

[日期]

琼 W·谢尔曼女士
哈维塔格大街 45 号
宾夕法尼亚州迪克斯纳维市(邮编 23234)

尊敬的谢尔曼女士：

　　我们已经收到了你 20X9 年 5 月 29 日写来的请求同意复制贾尼斯·麦克纳提教授编著的《营销基础》的第 345 页内容的书信。

　　我们非常乐意批准你使用这些内容。引用这些内容的费用是 50 美元。我们要求在引用的第一页和注释页出现以下内容：

　　　　选自贾尼斯·麦克纳提教授编著的《营销基础》,20X8 年版版权归新泽西州伯顿市安道罗尔出版公司,批准引用。

　　感谢你对我们的信任。

　　　　美好的祝福！

瑟格·布卡斯克
版权主管

sb/mn

模板书信16.8　　发行人同意作者版权的书信(半版面格式)

〔日期〕

约翰L·尼罗先生
萨欧特大街34号
新泽西州马萨索伊特(邮编32345)

亲爱的约翰：

　　只要你所引用的内容不是为了出版一本与你写的《商业写作指南》展开竞争的书，我们同意你在任何著作中引用《商业写作指南》第一章和第三章的任何内容。如果你引文的新书销售给同一类型的读者并且也有相同的主题，那么我们就认为形成了竞争。

　　我们祝愿你以后的写作成功。

　　　　诚挚的问候！

　　　　　　　　　　　　　　　　　　　　　　　　埃德姆R·库特曼
　　　　　　　　　　　　　　　　　　　　　　　　执行编辑

ARQ:jls

书信篇

拒绝引文请求的书信

模板书信 16.9 和 16.10 都是拒绝引文请求的书信。两封信都说明了拒绝引文请求的原因。模板书信 16.9 中写信人解释说如果批准引文请求会影响当前此书的销售量。模板书信 16.10 解释说因为请求引用的内容太多所以不能批准。

模板书信 16.9　　因为可能会影响销售量所以拒绝引文请求的书信(全版面格式)

[日期]

韦伯斯特·贝雷格先生
韦伯斯特谢德大街 24 号
夏威夷州毛伊岛市(邮编 21234)

尊敬的贝雷格先生:

我们已经收到了你于 20X4 年 7 月 15 日邮寄来的请求同意引用爱丽丝·格姆珀斯主编的《美国著名企业家》第 345 页至第 365 页内容的书信。

编辑部仔细研究之后认为,虽然批准杂志引用《美国著名企业家》中的某些内容可以起到在全国范围内宣传本书的作用,但是这样也会影响本书的销售量。

我们非常遗憾地通知你我们不同意你引用此书中的内容。为了保证此书的销售量我们不得不拒绝任何引文的请求。

诚挚的谢意!

瑟格·布卡斯克
版权主管

sb/mn

批准书信

模板书信 16.10　因为引文内容过多而拒绝引文请求的书信（半版面格式）

[日期]

帕菲斯·罗得西亚女士
塔尼帕克大街 56 号
宾夕法尼亚州蒙特克莱尔市（邮编 23456）

尊敬的罗得西亚女士：

　　我们已经收到了你于 20X0 年 3 月 1 日邮寄来的请求同意在你写作的由安道罗尔出版公司发行的新书中引用爱德华·琼森博士主编的《代理技巧》第 233 页至第 253 页内容的书信。

　　编辑部经过讨论认为我们不能接受你的此次引用请求。在批准引用版权归我们公司的书籍中内容的请求的时候，我们需要参照公司的有关规定，而我们认为不论是从作者的利益还是我们自己的利益的角度考虑，我们都不能批准如此多内容的引文请求。

　　我非常抱歉不能批准你的引文请求。

　　　　诚挚的问候！

瑟格·布卡斯克
版权主管

mn

403

书信篇

发送合同的伴随书信

模板书信 16.11 是一封向一位作者发送合同的伴随书信。写信人向作者表示了诚挚的欢迎,并且解释说公司将全力支持作者。另外,写信人还向作者介绍了他的联系人,同时还请求作者填写一些材料。

模板书信 16.11　　发送合同的伴随书信(半版面格式)

[日期]

维尼塔·安普罗夫人
拉克斯大街 34 号
宾夕法尼亚州温彻斯特市(邮编 56455)

尊敬的安普罗夫人:

　　我们全体员工欢迎你成为安道罗尔出版公司的签约作家,我们也感谢你愿意与我们公司进行合作,我也相信你有关宏观经济学的教科书将会对这个领域的发展起到推动作用。我随书信邮寄了一份合同的复印件你可以将其留作私人档案。

　　安道罗尔出版公司可以为你提供一切可能的帮助。你可以随意使用我们所有的编辑设备。另外,如果你有什么需要可以随时给我们打电话。

　　我们期待在今后的几年里都能与你愉快地合作。另外,我也想借此机会提醒你一本成功的教科书需要及时进行修订。你的编辑南·朗具体负责和你联系,她也将会帮助你今后对你的书进行修订。

　　请你完成我随书信给你邮寄的合同并将其返回给我们。再次欢迎你加入安道罗尔出版公司。

　　诚挚的谢意!

凯特·埃伦
执行编辑

Ka/mn

内附文件

请求归还版权的书信

　　模板书信 16.12 是由代理写给发行商要求归还他的委托人编著书籍的版权的书信。这样的书信一般适应在书籍不畅销或者发行商决定不再重印的情况下。写信人先介绍了自己,然后提出了他的请求。

模板书信 16.12　　　请求归还版权的书信(版面格式)

[日期]

马克・莫尔先生
安道罗尔出版公司
拉斯洛普大街 23 号
新泽西州伯顿市(邮编 07005)

亲爱的马克:

　　作为罗雷・加里的代理我写这封信是想收回《零散资金的合理利用》和《发现更多的零散资金》两本书的版权。这两本书中加里先生都使用了笔名巴德・格尼。我相信你们发行的这两本书现在都已售完。

　　如果你们同意归还版权请你们将这两本书的版权证书发送给我们。

　　感谢你对此事的关注。

　　　　诚挚的谢意!

　　　　　　　　　　　　　　　　　　　　　　　　艾菲拉・诺德坎

mj

第十七章

社交、私人和不同主题或方面的书信

每一位商业人士都知道要完成一笔大生意或者吞并一个小公司靠一封书信是不够的。在具体的商业活动中你经常需要完成一系列的社交和私人性的书信,在有些情况下这些书信比商业性质的书信更有效果。

本章中的模板书信都是商业人士经常可以用到的各种类型的社交和私人书信。这些书信可以适用于社交和私人关系的各种情况。当然了我也希望这些书信对读者写作书信能起到抛砖引玉的作用。

感谢书信

模板书信17.1至17.19都是由于各种不同原因而写的感谢书信。因为某事而感谢某人不仅是礼貌问题,更重要的是要与感谢对象建立良好的关系。商业活动和社会活动一样,礼多人不怪。

模板书信 17.1 是感谢某人对写信人的关心的书信。写信人明确表达了感谢之情并且祝愿收信人诸事顺利。

模板书信 17.1　　　感谢某人关心的书信(半版面格式)

[日期]

拉尔夫·基纳特博士
凯尼葡萄园
雷尼特城堡 43 号
俄勒冈州图尔斯市(邮编 34345)

尊敬的基纳特博士：

　　我无法用语言表达我对你的感激之情。在我的旅途中，当租用的汽车毁坏的时候，你借给了我你的汽车，使我能够顺利达到目的地。尽管你的热心帮助让我度过难关，但是糟糕的旅行让我的心情十分不好。不过幸好我投了租车保险。

　　我希望你们的新酒能在今后的几个月里受到大家的好评。我已经私人订购了一箱你们的产品。

　　美好的祝福！

贾克林·绍珀哈尔

JS:lh

书信篇

模板书信 17.2 是感谢收信人的盛情接待的书信。书信中写信人不仅表达了感谢之情,并且也提及了感谢的事件。

模板书信 17.2　　感谢某人的盛情的书信(半版面格式)

[日期]

艾琳·达勒格女士
米诺尔工程学院
雷杰帕大街 32 号
印度斋浦尔市(邮编 48113)

亲爱的艾琳:

　　再次感谢你在年会过程中的盛情接待。印度真是一个迷人的国度。我们已经将照片全部冲洗出来了,这些照片的效果都非常不错,我们正准备给你和普兰克斯邮寄其中的一些。

　　我和安娜决定 12 月份再次去印度,这次我们可能要去拉贾斯坦邦旅行。我们希望能在斋浦尔与你共进晚餐。

　　如果你要返回美国请你告诉我们。

　　　　诚挚的谢意!

尼尔斯·罗夫林

模板书信 17.3 是感谢捐赠者慷慨捐赠的书信。写信人对收信人的捐赠表示感谢,并且简要说明了捐赠的内容,另外也提到了收信人的捐赠品将会有什么样的帮助。

模板书信 17.3　　　　感谢捐赠的书信(半版面格式)

[日期]

罗伦·布德先生
约克大街 56 号
阿肯色州尤弗拉市(邮编 34321)

尊敬的布德先生:

　　感谢你向埃伦 Y·提摩斯奖学基金慷慨的捐款。这项基金将用于奖励海兰大学新闻学院本科高年级学生或硕士生中学习成绩突出的学生。

　　你的捐款将会帮助以后的学生取得优异的成绩。再次感谢你为埃伦 Y·提摩斯奖学基金提供的捐款。

　　　　诚挚的谢意!

　　　　　　　　　　　　　　　　　　　　　　　　约翰 T·达尔诺
　　　　　　　　　　　　　　　　　　　　　　　　基金会主任

JTD/JLS

书信篇

　　模板书信 17.4 是感谢某人的公共服务的书信。在这封书信中写信人对收信人表示了感谢,并且在书信的结尾重申了他的感谢之情。

模板书信 17.4　　感谢某人的公共服务工作(版面格式)

[日期]

麦克斯韦 Y·萨姆森先生
安杜佛公司
韦斯特大街 312 号
新泽西州伯顿市(邮编 07005)

亲爱的麦克斯韦:

　　我感谢你对母校所提供的帮助。你最近在专业研讨会上的发言将会对学校有很大帮助。

　　如果我们的所有校友都能像你这样在学校需要的时候挺身而出,那么我这个校友会主管的工作就会轻松很多。

　　再次对你表示感谢。

　　　　诚挚的谢意!

　　　　　　　　　　　　　　　　　　　　　　　　　萨姆 C·利
　　　　　　　　　　　　　　　　　　　　　　　　　校友会主管

SCL:fcl

模板书信 17.5 是感谢一位专业人士参加电视谈话节目的书信。写信人不仅表达了他的感谢之情,并且也告诉收信人他是一位非常出色的嘉宾。

模板书信 17.5　感谢参加电视谈话节目的书信(半版面格式)

[日期]

雅各布·塔斯特先生
比雅尔公共关系公司
韦斯迈大街 312 号
新泽西州阿斯托里亚市(邮编 07005)

尊敬的塔斯特先生:

　　感谢你配合拍摄我们电视台的《透视背景》节目。我们非常感激你能从繁忙的工作中抽时间来参加我们的节目。你和节目主持人吉米·刘易斯的讨论非常有意思,也给观众们留下了深刻的印象。

　　我们非常荣幸你能赏光参加我们的节目。我们也祝愿你生活快乐、工作顺利。

　　　　诚挚的谢意!

克莱尔 B·琼薇
执行制片人

CBJ:eel

书信篇

　　模板书信17.6是感谢作者在她的一篇文章中提到写信人的书信。写信人感谢作者在杂志的栏目中提到她的名字,并且也表示非常羡慕作者的工作。

模板书信17.6　感谢作者在文章中提及某人的书信(半版面格式)

[日期]

埃托萨克·琴丝女士
《读者文摘便览》
爱丽奥特大街34号
德克萨斯州皮斯卡塔韦市(邮编02103)

亲爱的琴丝女士:

　　我要不在20X7年里感谢你在上个月的《女人世界》杂志的文章中提到我,我将会感觉非常遗憾。你的那篇文章很棒。在那篇文章中你通过相关的统计数据说明了为什么女人需要计划而没有像往常一样将我们女人描写成脆弱的傻瓜,所以说这篇文章的构思十分巧妙。

　　我在这里祝愿你在20X8年身体健康、工作顺利。

　　　　诚挚的谢意!

埃伦T·辛辛那提

etc/jls

社交、私人和不同主题或方面的书信

模板书信 17.7 是感谢书稿的审稿人评论的书信。写信人积极评价了审稿人对他编著的书稿的审阅工作,并且也对审稿人表示了感谢。

模板书信 17.7　　感谢评论家的评论的书信(全版面格式)

[日期]

爱丽丝·朗沃思女士
《专业杂志》
米雷马克大街 287 号
新泽西州伯顿市(邮编 07005)

尊敬的朗沃思女士:

　　感谢你在五月份的《专业杂志》上对我的作品《如何将你的企业发展壮大》所发表的深刻评论。

　　当这本书出版的时候,我曾经告诉过发行人,《全球管理》和《专业杂志》上的评论对成功出版本书起到了重要作用。当我在 5 月份的《专业杂志》上看到你的评论的时候,当时我非常紧张,但是你的评论又给了我很多灵感。

　　我一直都希望有机会能回报你的关心。在这里我只能对你和你在《专业杂志》上替我的著作所说的好话表示衷心的感谢。

　　　　诚挚的谢意!

　　　　　　　　　　　　　　　　　　　　　　　阿诺德 T·亚洛姆
　　　　　　　　　　　　　　　　　　　　　　　经理

aty:caf

书信的复印件发送给:发行商

书信篇

  模板书信 17.8 是感谢收信人在写信人的旅行中陪伴的书信。写信人感谢了收信人并且也还表示随书信给收信人邮寄了一篇他们在散步的时候讨论过的文章。在书信的结尾写信人表示可以为收信人提供帮助。

模板书信 17.8   感谢旅行陪伴的书信（全版面格式）

[日期]

艾伦·马歇尔先生
提林赫斯特公司
韦斯沃查格大街 423 号
伊利诺斯州奥蒂尔市（邮编 34345）

亲爱的艾伦：

  我很高兴能在提林赫斯特公司每年一度的狂欢晚会上见到你和你的妻子。我和马吉都认为此次晚会非常有意义，因为我们见到了很多熟悉的面孔。

  按照我向你的许诺，我随书信给你邮寄了一篇发表在最近一期的《律师和商业活动》有关公共关系活动的文章。

  此次旅行中能见到你真是很高兴。我随时愿意为你提供帮助，如果有需要帮助的地方请你给我打电话。

    诚挚的谢意！

                朱利叶斯·诺顿

jn/js

内附文件

社交、私人和不同主题或方面的书信

模板书信 17.9 是感谢收信人提供晚宴的书信。写信人简要表达了感谢之情，同时还提及了他随书信邮寄了收信人可能感兴趣的文章。在书信的结尾写信人也表达了对与收信人见面的期盼。

模板书信 17.9　　　感谢晚宴招待的书信（全版面格式）

[日期]

密涅瓦 T·尤罗尼姆夫人
执行主管
新泽西佛斯特公司
基纳罗尔大街 54 号 600 单元
佛蒙特州斯科尔斯市（邮编 54345）

亲爱的密涅瓦：

　　我和马吉都非常感谢你上周在家里招待我们的美味晚宴。我们不仅喜欢你烹饪的饭菜而且你邀请的其他客人也非常友好。

　　我随书信给你邮寄了一篇从一本杂志上摘录的文章，我想你可能会对它感兴趣。

　　我将在下周打电话给你的秘书安排一下我们与你共进午餐的具体时间。

　　　　　美好的祝福！

　　　　　　　　　　　　　　　　　　　　　　　　　　安布罗斯·克顿

ak:js

书信篇

模板书信 17.10 是感谢收信人表扬写信人发表在报纸上的文章的书信。写信人表达了自己的感谢之情,并且建议如果收信人有机会可以顺便来访。在书信的结尾写信人表达了对收信人的美好祝福。

模板书信 17.10　　感谢表扬文章的书信(半版面格式)

[日期]

雅各布 L·普雷提斯先生
普雷提斯公共关系有限公司
韦斯特曼大街 312 号
新泽西州伯顿市(邮编 07005)

尊敬的普雷提斯先生:

　　感谢你对我在报纸上发表的《金融市场咨询服务业》一文的赞扬之词。我很高兴有人阅读我的文章。这篇文章是以我在保险工作中的经历为基础创作而成的。

　　如果你有机会来邓维尼市,你一定要来我的公司看看,我的公司的地址在莫里斯广场附近,沿着帕沃维尔旅馆那条街往前走 100 米就是。我非常欢迎你来访问,我也会很感激你能亲自拜访我们公司。

　　祝你在假日里过得愉快。

　　　　诚挚的谢意!

　　　　　　　　　　　　　　　　　　　　　　　　安妮 L·克鲁斯
　　　　　　　　　　　　　　　　　　　　　　　　特许的人寿保险商

ALK:JLS

模板书信17.11 感谢收信人所提供的专业服务。尽管是写信人雇佣收信人完成一项工作，但是写信人还是花时间写了一封对收信人的工作表示感谢的书信。

模板书信17.11　　感谢专业人士完成的工作（半版面格式）

[日期]

雅各布L·普雷提斯先生
普雷提斯公共关系有限公司
韦斯特曼大街312号
新泽西州伯顿市（邮编07005）

亲爱的雅各布：

　　感谢你帮助我们总经理圆满完成在伯顿市的访问活动。我们非常感激你在安排我们总经理的社交活动和公开会议中的出色工作。

　　我认为海伦·路易丝博士的此次旅行非常成功。通过访问一系列的历史遗迹，路易丝博士对新泽西和宾夕法尼亚的历史会有一个更直观的了解。尽管周末的天气不是十分理想，但是也不是最糟糕的天气。值得庆幸的是在这两天之前或之后都下了雨，而这两天却没有下雨。所以我们也不能说天公不作美。

　　再次感谢你和你的员工。我期待再次与你相见。

　　　　诚挚的谢意！

　　　　　　　　　　　　　　　　　　　　　　　　密涅瓦T·尤罗尼姆夫人
　　　　　　　　　　　　　　　　　　　　　　　　执行主管

MTU：mln

书信篇

　　模板书信 17.12 是感谢收信人提名的书信。写信人对收信人表示感谢，并且也表示将会考虑此项提名。在书信的结尾写信人对收信人再次表示了感谢。

模板书信 17.12　　　　答谢提名的书信（全版面格式）

[日期]

安妮 L·克鲁斯女士
特许的人寿保险商
莫里斯广场 3542 号
新泽西州邓维尼市（邮编 09876）

尊敬的克鲁斯女士：

　　感谢你向我们提名罗斯科 T·米勒博士为 2005 年度丽贝卡 A·格勒姆斯保险行业杰出工作者的候选人。我们会在 5 月 25 日的会议上进一步讨论你的此项提名。

　　再次感谢你。

　　　　诚挚的谢意！

　　　　　　　　　　　　　　　　　　　　　　　　杰弗里·斯帕尔丁
　　　　　　　　　　　　　　　　　　　　　　　　评选主管

GS/wb

模板书信 17.13 是感谢某人的建议的书信。模板书信 17.14 中写信人还进一步解释了采取收信人的建议所取得的效果。

模板书信 17.13　　感谢某人的建议的书信(全版面格式)

[日期]

克里斯多佛·欧里先生
赫拉里有限公司
考莫希尔大街 45 号
纽约州凯比斯坎市(邮编 09009)

亲爱的克里斯多佛：

　　感谢你向我们提供的宝贵建议。正当我在考虑是雇佣在编人员还是临时人员来发展我们的互联网网页的时候，你建议我们委托专业公司设计和管理我们的网页。你的建议不仅可以让我们很快成功设计出网页，而且也减少了增加员工带来的工资负担。要不是你的建议我很可能对此事做出错误的决策。

　　我已经决定将此事委托专业公司完成。感谢你的金玉良言。

　　　　诚挚的谢意！

　　　　　　　　　　　　　　　　　　　　　　　　杰弗里·弗雷德曼
　　　　　　　　　　　　　　　　　　　　　　　　新业务主管

模板书信17.14　感谢某人的建议带来的效果的书信(全版面格式)

[日期]

克里斯多佛·欧里先生
赫拉里有限公司
考莫希尔大街45号
纽约州凯比斯坎市(邮编09009)

亲爱的克里斯多佛：

　　你的建议给我们巴尼克尔弹簧床垫公司带来了巨大的效益。我们采取了你的建议将公司互联网网页委托给专业公司设计，结果非常令人满意。

　　我想请你一起共进午餐以便我向你详细介绍具体情况，同时我要亲自当面感谢你。我将在本周晚些时候打电话商定见面的具体时间。再次感谢你。

　　诚挚的谢意！

杰弗里·弗雷德曼
新业务主管

社交、私人和不同主题或方面的书信

　　模板书信 17.15 是社交午宴的后续书信。很明显午宴上谈到了生意上的事,因为写信人在书信中对收信人的商业成功表示出积极的态度。在书信中涉及到了午宴、谈话以及收信人的生意等内容。在书信结尾写信人表示愿意为收信人的生意提供帮助。

模板书信 17.15　　感谢社交午宴的书信(全版面格式)

[日期]

南希·艾格拉德女士
牛津郡大街 112 号
加利福尼亚州新伦敦市(邮编 98110)

亲爱的南希:

　　感谢你 9 月 21 日在普利森特酒店为我们提供的丰盛午宴和与你进行的精彩谈话。我也向比尔和贝弗莉·威瑟斯庞转达了你的问候,当得知我和你进行了会面他们都很高兴。

　　祝贺你自己的蒙塔格制药公司即将开业。在竞争激烈的当今社会,你前面的路将充满挑战,但是凭借积极向上的精神和丰富的医药知识以及你在大公司的工作经验我们相信你一定能取得成功。

　　我希望我们能够经常进行交流,也希望你能有机会来东维也纳访问。我非常愿意与你分享我们在与本沃兰特医药公司开展业务过程中的一些经验,希望我们的这些经验能对你的事业有所帮助。

　　我祝愿你的新公司发展顺利。如果我能为蒙塔格制药公司提供什么帮助的话请你及时通知我。

　　　　诚挚的谢意!

麦克·尤斯霍

书信篇

模板书信17.16是表扬演说家精彩演讲的书信。从书信中的语气以及写信人详细介绍的内容中我们可以看出对演说的赞扬之意。通过描写演说的细节写信人既展示了自己的知识又表达了对收信人的赞扬。在结尾写信人表示如果可能在未来的某个时间愿意与收信人会面。

模板书信17.16　　感谢演说者的书信（全版面格式）

[日期]

埃尔蒙·泰特姆先生
马顿大街2500号
田纳西州孟菲斯市（邮编22890）

尊敬的泰特姆先生：

　　我要告诉你我们非常喜欢你在上周末所做的专题报告。在你向查塔努加水族馆的所有员工作题目为《新鲜淡水的掠夺者》的报告之前，我是不了解河流和湖泊中的水的变化过程。我对捕鱼活动也有了新的认识。

　　在波士顿的时候，我是新英格兰水族馆的工作人员，所以我当时对海水动物有一种特殊的偏爱，而感觉淡水动物不令人喜爱。然而当我去年秋天来到查塔努加的时候，我变成了查塔努加水族馆的工作人员。也许是我的旧观念作怪，我对淡水动物仍然没有什么好感。但是你的报告让我对淡水生物有了新的认识。我计划带我的两个孩子来查塔努加水族馆探究田纳西数以万计的淡水生物的生活方式。

　　感谢你在上周为我们所作的有教育意义的报告。如果你有机会再来查塔努加，我希望能请教你有关封闭生态系统的掠夺演化方面的问题。

　　诚挚的谢意！

约拿W·黑尔

模板书信 17.17 是表扬主席在调整学术会议程序中所做的出色工作的书信。写信人详细介绍了会议的程序,也表达了对自然和谐的会议过渡的赞赏。在书信的结尾写信人巧妙地使用了一句俏皮话让整个书信显得更加完整。

模板书信 17.17　　　感谢会议主席的书信(全版面格式)

[日期]

雷切尔·理查德女士,学部主席
布兰特艺术学校
克里尔顿大街 2340 号
马萨诸塞州波士顿市(邮编 02125)

尊敬的理查德女士:

　　最近你主持的《悲剧:古怪的商业活动》大会的专业的会议程序连接和见闻广博的会议主题给我留下了深刻的印象。本次会议题目就很吸引人,再加上你所邀请的众多演艺界明星和理论家使我不得不参加那次会议。

　　在会议期间通过讨论我们又拓宽了公共关系。尽管我也知道你为安排此次会议付出了艰辛的努力,但是我还是希望你们今后能多组织几次这样的会议。我只是出席了阿道弗斯·菲尼先生主讲的《戏剧中的独白艺术》和雅各布·皮卡尔主讲的《荒谬的戏剧》,但是通过出席其他会议同事的介绍我觉得会议的程序非常完整。

　　你对波士顿的艺术和娱乐业作出了巨大的贡献,但是要把这里变成一座知名的文化名城对我们来说还是任重而道远。祝贺你主持的此次会议取得成功。你的工作值得我们为你大声喝彩。

　　　　诚挚的谢意!

吉恩·特森格

书信篇

　　模板书信 17.18 是感谢服务人员的出色工作的书信。写信人详细介绍了收信人所完成的完美工作。这封书信充满赞扬之词，夸张点说适合于将它摆放在收信人的办公室里。

模板书信 17.18　　　感谢服务人员的书信（全版面格式）

[日期]

罗斯科·阿尔伯尔森先生
格林草坪保养中心
里拉大街 343 号
堪萨斯州托皮卡市（邮编 62210）

尊敬的阿尔伯尔森先生：

　　感谢你们帮助我们美化吉哈维克大学校园，让我们的校园在毕业典礼期间变得非常美丽和整洁。你也知道毕业典礼是我们学校最重大的两次活动之一，另一个重大的活动就是校友、家长访问周，这是我们向家长和校友们展示学校建设的最佳机会。当家长和校友们返回校园的时候我们想通过校园的环境让他们知道学校管理的很好。

　　你们的风景设计和花卉种植让吉哈维克大学校园好似花了几百万美元美化一样，这样也可以帮助我们从校友会那里获得更多的慈善赞助。有好多次学生家长感谢我教育他们的孩子并且告诉我他们将经常回来看看这风景如画的校园以后的变化。校园的美丽完全是你们格林草坪保养中心的功劳。你放心我们以后还会将校园美化任务交由你们完成。

　　诚挚的谢意！

约翰妮塔·威福尔
哲学博士　校长

模板书信 17.19 是感谢专业人士参加座谈小组的讨论的书信。这封书信赞扬了收信人的表现,同时也详细介绍了写信人比较熟悉的收信人的工作。在书信的结尾写信人希望有机会能进一步讨论。

模板书信 17.19　　感谢参加主题讨论的书信(全版面格式)

[日期]

莱斯特·雷德菲斯博士
塞奇威克大街 681 号
印地安那州罗彻斯特市(邮编 52150)

尊敬的雷德菲斯博士:

　　我写信是要感谢你今年参加印第安那大学举办的主题为《运用大量的文献进行传统思想教育》的研讨会。我希望你能对参加此次讨论会的经历满意。

　　分组讨论是此次研讨会的重要环节。你在路易丝·安德雷茨的作品《爱之药》的小组讨论会上的发言非常精彩。你有关路易丝·安德雷茨作品的理论探讨在学术界受人尊敬,我们的本科生对你的学术观点也非常赞赏。大学教授厄斯金·曼克勒讨论会后告诉我,你对安德雷茨的作品《爱之药》的理解和分析让他突然想将这本书作为 20X3～20X4 学年克鲁斯坎高等学院《高级文学教程》的范例向学生介绍。

　　我非常感激你能参加此次讨论会,我也希望你能参加我们秋季召开的题目为《中西部文学与乡土文学教材的起源》的研讨会。我们学校的全体师生祝愿你取得更大的学术成就。

　　诚挚的谢意!

霍默·巴德
科研部主任

书信篇

邀请书信

模板书信 17.20 至 17.25 都是邀请书信的模板。模板书信 17.20 邀请收信人参加晚宴。写信人说明了邀请人是谁,并且也介绍了一些细节问题。最后写信人请收信人给她的办公室打电话以便确认她是否接受邀请。

模板书信 17.20　　邀请参加晚宴的书信(正式格式)

[日期]

亲爱的洛伊斯:

　　安道罗斯产品公司的经理马克·尼尔森叫我邀请你和雅各布出席 20X6 年 6 月 30 日晚上 6 点钟我们筹办的晚宴,具体地址在马萨州塞州波士顿市贝克莱大街 23 号的法妮福德酒店。

　　此次晚宴是一个社交性的活动,有大约 30 多位公司的生意合作人参加。

　　我希望你能出席此次晚宴。请在你方便的时候打电话告诉我你是否计划参加此次晚宴。我期望在晚宴上见到你。

　　　　诚挚的问候!

　　　　　　　　　　　　　　　　　　　　　　　　丽萨 T·格雷
　　　　　　　　　　　　　　　　　　　　　　　　编辑

洛伊斯 T·凯姆帕女士
洛伊斯有限公司
斯克塔马大街 232 号
新罕布什尔州布鲁克赖恩市(邮编 21234)

LTG:WLG

社交、私人和不同主题或方面的书信

　　模板书信 17.21 是邀请收信人参加招待活动的书信。这是一封简短的邀请书信，写信人简明扼要地说明了招待活动的时间和地点。在书信的结尾写信人表达了私人的祝愿。

模板书信 17.21　　邀请参加招待会的书信（半版面格式）

[日期]

马科斯 G·格罗文森
斯托皮大街 A 区 5 号
内布拉斯加州特塔尼市（邮编 45432）

亲爱的马科斯：

　　为了庆祝我们搬迁到威斯特，我和欧兹准备召开一次招待活动，具体时间是在 6 月 6 日下午 6 点开始。我们希望到时候我们游泳池的温度不是太低，你们要记得带上游泳衣。

　　我听说你的档案工作遇到了麻烦，我希望你能尽快平息这些麻烦。

　　美好的祝福！

滕纳·拉帕多

书信篇

　　模板书信 17.22 是邀请收信人参加活动的书信。写信人介绍了活动的具体情况,并且请求收信人打电话告诉他是否参加此次活动。

模板书信 17.22　　邀请参加活动的书信(全版面格式)

[日期]

杰弗里 R·凯普尔,编辑
《每周商业摘要》
罗雷阿尼大街 8 号
宾夕法尼亚州圣地亚哥市(邮编 07654)

亲爱的杰弗里:

　　我想你应该会对我们在 10 月 30 日举办的税收研讨会感兴趣的,所以我们邀请你参加此次研讨会。这是自新的税收法案颁布以来的第一次税收研讨会。我随书信给你邮寄了有关此次研讨会相关主题的宣传册,你可以通过它对此次活动的主要内容有所了解。

　　请你及时通知我你是否亲自或派记者参加我们的活动。我期待收到你的回复。

　　　　诚挚的谢意!

R·凯利·耶尼克

jls

内附文件

模板书信 17.23 是邀请演说家在活动中表演的书信。写信人介绍了具体的日期并且请求演说家在某个日期前给予回复。

模板书信 17.23　　　邀请演说家的书信（半版面格式）

［日期］

特雷斯·迪拉德先生
迪拉德管理系统有限公司
弗拉斯贝大街 65 号
俄亥俄州威斯伯格市（邮编 98764）

尊敬的迪拉德先生：

　　在五月份的产品分部会议上我们投票决定邀请你在我们在巴西利亚召开的年度大会上演讲。我们都想了解你有关立陶宛销售研究的最新进展。

　　此次年会的时间是 20X3 年 7 月 2 日～5 日。往返旅行都由公司代理统一安排。

　　因为我们要按照人数提前安排交通、住宿等一系列的事宜，所以请你务必在 8 月 1 日之前给我们回复。

　　　　诚挚的谢意！

　　　　　　　　　　　　　　　　　　　　　　　雷西纳·休斯
　　　　　　　　　　　　　　　　　　　　　　　会议联络员

rh/lh

书信篇

模板书信 17.24 是一封邀请收信人参加演讲者现场售书活动的书信。因为收信人是一个群体，所以这封信是非个人性的书信，但是书信的内容介绍的很详细。写信人一开始就直接切入主题介绍了演说家是谁以及出席活动的时间。为了让此次活动能吸引更多的人，整篇书信的重点都在描述演说家和她的各方面素质。在结尾写信人说明了书店的位置并且也希望收信人能够参加此次活动。

模板书信 17.24　邀请参加演说家见面会的大众书信（全版面格式）

[日期]

亲爱的朋友：

　　《我的生活之路：与虐待划清界限》的作者威丽特·芭卡蒂即将到布鲁斯托克书店出席她的新书《狭路相逢》的签名售书活动。我不想让大家错过这次千载难逢的机会，希望大家能在 12 月 8 日上午 8 点来亲眼目睹这位传奇演说家的风采。

　　芭卡蒂的作品以富有灵感和构思巧妙而闻名，她无数次为饱受虐待的女士提供必要的资金帮助，有几次她还挽救了几位妇女的性命。芭卡蒂自己也经受过虐待，她也在作品中描写了虐待带给受害者的身体折磨和感情伤害。我想你们会从她的经历中有所收获的。在活动期间还有一个向芭卡蒂提问的环节，我希望你们不要错过这个难得的机会。

　　布鲁斯托克书店具体位置在杰纳斯大街 333 号也就是帝国新服饰商店隔壁。我们估计参加此次活动的人会很多，所以要想更近距离地接近芭卡蒂女士你就要尽早行动。在距离书店不远的沃尔蒂街道附近有一个停车场，驾车参加活动的朋友可以将车停放在那里。我希望在 12 月 8 日能够见到大家。

　　诚挚的谢意！

瑟茜·琼斯
店主

社交、私人和不同主题或方面的书信

模板书信17.25是一封正式通知公司季度会议的书信。这是一封简洁明了的书信,书信中没有一句废话。在书信的结尾写信人请求收信人回复是否参加此次会议。

模板书信17.25　　参加季度会议的邀请书信(全版面格式)

［日期］

尼维·布兰克女士
萨斯帕雷拉大街561号
阿拉斯加州吉尼那市(邮编99876)

尊敬的布兰克女士:

　　创新建筑有限公司的季度会议将于200X年10月1日在华盛顿州布拉德福市威德哈姆会议中心的威克利夫会议大厅召开。此次会议将于上午8点准时开幕,下午6点结束。会议期间免费提供早餐和午餐。

　　我们的主要发言人雅克·伯弗将会做主题为《过时建筑的现代化改造》的报告。或许你已经意识到了对现存建筑进行现代化改造是我们公司200X~200X财政年度发展计划的重要内容。我随书信给你邮寄了一份会议材料以便你熟悉会议的主要议题。我希望你参加此次会议,并且聆听伯弗先生的报告。

　　请你在9月10日之前将我邮寄给你的回复卡返回给我们,以便我们了解你是否参加此次会议。

　　　　诚挚的谢意!

　　　　　　　　　　　　　　　　　　　　　　　　安娜·奥本海默
　　　　　　　　　　　　　　　　　　　　　　　　公关关系经理

AO/gcc

内附两份文件

书信篇

回复邀请的书信

　　模板书信 17.26 至 17.34 都是回复邀请的书信。模板书信 17.26 是接受收信人非正式邀请的书信。写信人表示接受邀请并进一步确认了具体时间。

模板书信 17.26　　接受非正式邀请的书信（半版面格式）

[日期]

马斯顿 P·法希德博士
罗纳伯特大街 65 号
乔治亚州新伦敦市（邮编 43456）

亲爱的马斯顿：

　　我和威尔玛很高兴接受你的邀请陪你和西尔维亚去亚特兰大探险并且出席随后的自助晚宴。我们已有好长一段时间没见面了，你们的两个孩子现在一定长高了不少。

　　6 月 16 日见面之后我们再好好聊一聊。

　　　诚挚的谢意！

　　　　　　　　　　　　　　　　　　　　　　　　　　　　克劳德·西尔维亚

模板书信17.27是遗憾地向收信人表示不能接受他的邀请的书信。写信人明确地解释了他不能接受邀请的原因是要到外地旅行。在书信的结尾写信人也表示结束旅行之后他会立即和收信人联系。

模板书信17.27 对不能接受邀请表示遗憾的书信(半版面格式)

[日期]

休埃伦·诺杰恩女士
普斯坎德罗大街6789号
犹他州托格拉底特市(邮编56543)

亲爱的休埃伦：

　　我非常遗憾地告诉你我们正好要到外地去旅行所以不能参加你们周末的狂欢活动。我们是多么地希望能够和你们一起狂欢啊！

　　我们回来后我会马上给你打电话,我希望你能详细介绍此次活动的过程。祝你们周末狂欢愉快。

　　　　　诚挚的谢意！

乔治奥·考斯特温茨

书信篇

　　模板书信17.28是一封接受在研习会上发言的邀请的书信。写信人随书信邮寄了收信人索要的材料,并且在结尾还询问收信人需不需要其他材料。

模板书信17.28　　接受演说邀请的书信(半版面格式)

[日期]

凯瑟琳R·皮特尔女士
旺德福作家俱乐部
萨斯比特大街432号
阿拉巴马州尤法拉市(邮编34321)

亲爱的凯瑟琳:

　　感谢你5月28日的邀请书信。我非常高兴能参加你邀请我发言的研习会。按照你的要求,我随书信邮寄了两张我的照片。

　　我的简历如下:我现任劳伦斯R·拉姆丁文学研究会主席。劳伦斯R·拉姆丁文学研究会主要成员都是从事小说和散文写作和研究的中青年作家。在此之前我是美国全球代理公司的代理。而在我开始代理工作之前,我曾先后在安道罗斯出版公司、法尼布克出版公司和万德福读者有限公司担任过高级书籍编辑。我的代表作:散文集《享受生活的酸甜苦辣》,除此之外我还在各种杂志上发表了大量的作品。我现在居住在威斯康星州,我的妻子卡拉·菲兰格是一位演员,我们的女儿叫珀涅罗珀。

　　我随书信邮寄了我准备在研习会上发言的讲演稿。

　　如果需要我提供其他的材料,请你通知我。我非常期待在研习会上与你相见。

　　诚挚的谢意!

劳伦斯R·拉姆丁

lrl/gmf

内附文件

社交、私人和不同主题或方面的书信

　　模板书信17.29是一封拒绝发言邀请的书信。这封书信的内容很简短。写信人通知收信人他不能接受参加此次会议的邀请,他也表示十分感谢收信人的邀请并且预祝收信人筹备的会议顺利召开。

模板书信17.29　　拒绝演说邀请的书信(半版面格式)

[日期]

黛博拉C·阿尔萨女士,组委会主席
韦斯特沃德大街54号
密歇根州北贝里克斯市(邮编03234)

尊敬的阿尔萨女士:

　　十分感谢你9月20日发来的书信和你盛情的邀请,但非常遗憾的是我不能参加你们2月份的会议。

　　我确实很感激你能想到我。我祝愿此次会议顺利召开。

　　　　　诚挚的谢意!

O. C. 迪洛克

ocd/jls

书信篇

模板书信 17.30 是谢绝出版物征稿要求的书信。写信人表示他不能为出版物提供稿件,并且也感谢收信人向他征稿。

模板书信 17.30　　谢绝出版物征稿要求的书信(全版面格式)

[日期]

马丁 L·阿莫特先生
《读者杂志》
米雷马克大街 327 号
新泽西州伯顿市(邮编 07005)

尊敬的阿莫特先生:

　　你邀请我为你们即将出版的杂志写一篇文章,这真是让我受宠若惊。但是我很遗憾地通知你我没有适合你的杂志的素材可写。

　　我祝愿你们的杂志取得成功。

　　　　诚挚的谢意!

A. T. 雷德莫特
市场开发部副经理

ATR:nwp

模板书信 17.31 是谢绝参加编委会的邀请的书信。写信人感谢此次邀请并且解释说由于冲突所以不能参加此次工作。

模板书信 17.31　由于冲突而拒绝在编委会工作的书信（版面格式）

[日期]

马丁 L·阿莫特先生
《读者杂志》
米雷马克大街 327 号
新泽西州伯顿市（邮编 07005）

尊敬的阿莫特先生：

　　请原谅我这么晚才回复你 9 月 21 日的来信，因为我一直都在伯洛伊特推销哈格顿戈出版公司的《金融服务市场信息》，所以迟迟没有给你们写回信。我随书信邮寄了一份最近一期的《金融服务市场信息》。

　　我非常感谢你邀请我参加你们即将出版的杂志的编辑委员会，但是我想这份工作可能会与我在《金融服务市场信息》杂志的工作发生冲突，所以我还是遗憾地通知你我不能接受你的邀请。

　　　　美好的祝福！

艾伦·伊多梅克
执行主管

aci/jls

内附文件

书信篇

模板书信 17.32 是接受为出版物写文章的邀请的书信。写信人明确表示接受邀请，并且为收信人提供了一系列的联系地址。在书信的结尾写信人感谢收信人对他的信任。

模板书信 17.32　接受为出版物写文章的邀请的书信（半版面格式）

[日期]

马丁 L·阿莫特先生
《读者杂志》
米雷马克大街 327 号
新泽西州伯顿市（邮编 07005）

尊敬的阿莫特先生：

　　里沃尼克先生让我写信回复你们 9 月 28 日写来的邀请他为你们杂志写一篇有关银行顾客违反规章的文章。这篇文章将会发表在你们的季刊《金融市场期刊》上。

　　里沃尼克先生非常乐意为你们写这样一篇文章。请你打电话通知我有关交稿日期和其他一些他在写文章的过程中需要了解的信息。我的联系电话是 434 – 706 – 6050。

　　感谢你能想到我们行业管理中心。我期待尽快收到你的回复。

　　　　诚挚的谢意！

亚伦 S·萨尔斯
通信主管

ASS:jls
cc:TR

模板书信 17.33 的情况和模板书信 17.34 的一样，但是这封书信的作者接受了在大会上向观众演讲的邀请。在表示了对邀请的感谢之后，写信人要求提供有关大会程序的信息，同时也赞扬了收信人出色的工作。在书信的结尾写信人表达了对会议后勤服务保障工作的期望。

模板书信 17.33　　　　接受邀请的书信（全版面格式）

[日期]

拉斐尔·多纳菲斯博士
巴布本大街 60 号
路易斯安那州新奥尔良市（邮编 66409）

尊敬的多纳菲斯博士：

　　感谢你邀请我在 2 月 3 日至 5 日向巴尤医学院的一年级学生作报告。我非常荣幸能在此次题为《男性学：一个新的医学学科》的研习会上发言。根据你们的要求我应该在 2 月 3 日下午 1 点半之前抵达你们学校。我希望你们能向我提供你们学校周围有关住宿的信息。

　　我相信你们的学生会像我感激你为我提供这次机会一样感激你为他们安排一位有实践经验的医生为他们讲解有关医学实际工作的问题所付出的辛勤工作。男性医学是非常重要的一个研究领域，这个领域应该引起大家的关注。我也很高兴你能将这方面的研究包括在你们的研讨会议题中。

　　再次感谢你的邀请。我希望能在本周末收到你邮寄的有关具体细节的材料。

　　诚挚的谢意！

纳普萨里·本杰明，医学博士

书信篇

模板书信 17.34 是谢绝演讲邀请的书信。原因很普通但又无法回避：时间冲突。写信人的语气非常有礼貌。他也很遗憾不能调节此次时间上的冲突。在书信的结尾他希望收信人能够邀请到其他人并且也预祝他们的活动顺利。

模板书信 17.34　　　　谢绝邀请的书信（全版面格式）

[日期]

拉斐尔·多纳菲斯博士
巴布本大街 60 号
路易斯安那州新奥尔良市（邮编 66409）

尊敬的多纳菲斯博士：

　　感谢你邀请我在 2 月 3 日至 5 日向巴尤医学院的一年级学生作报告。我相信你们的学生会像我感激你为我提供这次机会一样感激你为他们安排一位有实践经验的医生为他们作题为《男性学：一个新的医学学科》的报告所付出的辛勤工作。

　　遗憾的是在那周末我已安排要去迈阿密参加一个泌尿学会议。如果不是已经安排了这样的日程，我会非常高兴去新奥尔良参加你们学院的研习会。我希望你们能邀请到一位更合适的医生参加你们的研习会，男性医学是非常重要的一个研究领域，这个领域应该引起大家的关注。

　　再次感谢你的邀请。我预祝你们的研讨会取得圆满成功。

　　　　诚挚的谢意！

纳普萨里·本杰明，医学博士

对演讲表示感兴趣的书信

模板书信17.35是表达对演讲感兴趣的书信。这是在写信人通过一次谈话了解收信人的背景信息之后写的一封后续书信。在书信的结尾写信人对演讲的前景充满了信心。

模板书信17.35　　对演讲表示感兴趣的书信(半版面格式)

[日期]

克里斯廷·弗兰克林教授
乔治亚酒店管理学院
爱德文森雅各布斯大学
南密歇根大街543号
肯塔基州霍尔斯提克市(邮编34321)

亲爱的克里斯廷：

很高兴收到你的来信。你的新工作看来既非常有趣又富有挑战性，我希望你能克服一切工作中的困难。

我随书信给你邮寄了我的发言提纲，这份提纲可以让你们对我在会议上的演讲内容有一个大概的了解。我最近被邀请在佛罗里达州基韦斯特市于20X5年1月召开的美国酒店联合会年度会议上发言。我将在此次会议上作题为《如何让你的酒店蒸蒸日上》的报告。

你也知道我已经就广告、直接邮件广告、公众宣传、推销等市场开发方面做了大量的论述，我想让你告诉我你们的学生现在最期望我在研习会上讲那方面的内容。

我很荣幸能有机会为爱德文森雅各布斯大学乔治亚酒店管理学院的学生作报告。我希望你尽快给我回复。

　　　　美好的祝福！

　　　　　　　　　　　　　　　　　　马歇尔R·莱文

jls
内附文件

书信篇

预定会议设施的书信

　　模板书信 17.36 的惟一目的就是预定会议所用的设施。这封书信清楚说明了写信人的需要。在书信的结尾写信人请求确认此次预定。

模板书信 17.36　　预定会议设施的书信(全版面格式)

[日期]

布鲁斯特·雷诺兹,设备管理员
沃耶斯酒店
米德沃耶大街 6900 号
佛罗里达州基西米市(邮编 59008)

尊敬的雷诺兹先生:

　　为了迎接我们公司每年一度的股东大会,我们想在你们沃耶斯酒店预定一个能容纳 450 人的会议大厅,具体时间是 200X 年 1 月 8 日下午 3 点至晚上 9 点。

　　按照我们早先电话里所说的,你们要为与会人员按照每人 18.95 美元的标准准备晚餐。另外,晚餐的酒水钱我们再单算。

　　请你拨打电话 506-900-7683 或发传真 506-900-7777 确认我们的预定。感谢你们在此事上为我们提供的帮助。

　　　　诚挚的谢意!

　　　　　　　　　　　　　　　　　　　　　　　　　珍妮特 D'阿比
　　　　　　　　　　　　　　　　　　　　　　　　　会议组委会主席

申请俱乐部会员资格的书信

模板书信 17.37 是向俱乐部申请会员资格的书信。书信的一开始在清楚地说明写信人具有加入俱乐部的条件之前就先介绍了写信人与俱乐部的关系。很明显写信人通过列举一系列的行动来支持他加入俱乐部的申请。在书信的结尾他提供了联系方式以便收信人进一步了解有关信息。

模板书信 17.37　申请俱乐部会员资格的书信(全版面格式)

[日期]

鲁道夫 P·格尼尔先生
洛斯沃德俱乐部
森特罗尔大街 1 号
南卡罗来纳州查尔斯顿市(邮编 39909)

尊敬的格尼尔先生:

　　我希望你们能考虑将我吸收为洛斯沃德俱乐部的成员。我想我在达林顿公司的同事马乔里·克莱门特已经向你们提起过我想加入你们俱乐部的愿望了吧。你也会发现我个人的兴趣和爱好也与洛斯沃德俱乐部主要关注点是一致的。

　　在刚刚过去的 12 年中,我一直都在为保存查尔斯顿市的历史建筑特别是保护和修复美国南北战争时期的硬木地板建筑方面做出了不懈的努力。在 200X 年的夏天,我的修复历史建筑的哈德翰德硬木地板建筑保护公司正式成立,这样一来我就可以有更多时间和精力投入到保护历史建筑的工作中,当然了我还要负责达林顿公司的管理工作。我很早就羡慕你们俱乐部能很好地平衡政治激进主义和历史敏感主义的关系。如果我能成为你们俱乐部的正式会员我将不胜荣幸。

　　我希望你们能认真考虑我的申请。如果你们想进一步了解我到底能为洛斯沃德俱乐部做哪些贡献请拨打电话 678－876－3411 联系我。我随书信给你邮寄了我的个人简历以便你们考察我的条件。我期待收到你们的回复。

　　　　诚挚的谢意!

埃尔顿·卡尔霍恩

内附文件

书信篇

发表演说的后续书信

模板书信 17.38 是由演说家写给他的一位听众的书信。写信人表示非常高兴能有此次演讲机会,随后写信人又重申了他在演说中发表的主要观点。结尾写信人表示愿意回答收信人的有关疑问。

模板书信 17.38　　　发表演说的后续书信(全版面格式)

[日期]

安娜 T·劳斯博士
威力计算机公司
雷安德勒大街 34 号
新泽西州斯坦浩德市(邮编 23234)

尊敬的劳斯博士:

　　我非常高兴能有机会代表斯坦浩德市基金会向你们作报告。考虑周到的麦克斯韦·尼尔为我提供了一份听众名单,而我在名单上看到有你的通信地址,我正好想向你们重申演说中的一些主要观点,所以就写信给你。

　　作为斯坦浩德市社会基金会和新泽西州最大的团体活动的审批组织,斯坦浩德市基金会在斯坦浩德市主要部门的发展计划中有着举足轻重的作用。作为一个公众慈善机构,我们承担着获得持续社会募捐的重任以便我们能够连续地为斯坦浩德市的公民带来利益。对于很多个人和公司来说,斯坦浩德基金会是他们惟一参与慈善活动的媒介。

　　我非常愿意解答你对斯坦浩德基金会的有关问题和疑问。

　　　　诚挚的谢意!

　　　　　　　　　　　　　　　　　　　　　　　　奥斯卡 R·埃坦纳
　　　　　　　　　　　　　　　　　　　　　　　　捐赠活动主管

ORA:jls

内附文件

赞扬文章的书信

　　模板书信 17.39 是写给一位作者赞扬他的文章的书信。写信人对收信人的文章大加夸奖并且在书信的结尾表示今后愿意为收信人提供帮助。

模板书信 17.39　　表扬作者的文章的书信（全版面格式）

[日期]

安布罗斯 T·凯普尔先生
《读者文摘便览》
爱丽奥特大街 34 号
德克萨斯州皮斯卡塔韦市（邮编 02103）

尊敬的凯普尔先生：

　　我写信是要赞扬你发表在 1 月出版的《读者文摘便览》上有关金融计划的一篇文章。你的这篇文章直观论述了谨慎金融管理的基本原则，这篇文章不仅观点新颖而且内容易于被人理解。如果你在以后的研究中需要我的帮助，我非常愿意与你就这方面的问题进行讨论。

　　我也希望《读者文摘便览》能够每月都包括一部分有关金融管理方面的内容，因为很明显《读者文摘便览》有相当多一部分读者都想从其中获得金融管理方面的信息。

　　再次祝贺你完成的出色工作。如果今后你有什么需要请打电话给我。

　　　　诚挚的谢意！

　　　　　　　　　　　　　　　　　　马尼 N·迪珀斯特，理财规划师

mnd/jls

书信复印件发送给：《现代语言札记》主编

书信篇

祝贺生日的书信

模板书信 17.40 是一封简短的祝收信人生日快乐的书信。

模板书信 17.40　　祝某人生日快乐的书信（半版面格式）

[日期]

珀因迪克特 T·斯帕尔丁先生
劳克雷格公司
罗德伯特大街 7654 号
蒙大纳州欧卡斯拉市（邮编 34234）

亲爱的珀因迪克特：

　　生日快乐！皮斯卡塔办公室的全体工作人员祝愿你在新的一年里身体健康、万事如意。

　　听说你在欧卡斯拉分公司的新职位上工作非常出色，我们都很高兴。如果你有机会回来一定要来看看我们。

　　衷心的祝福！

马文·萨曼塔

ms/lh

祝贺生育的书信

模板书信 17.41 是向父母祝贺新生儿出生的书信。

模板书信 17.41　　祝贺孩子出生的书信(半版面格式)

[日期]

格拉迪斯和吉拉德·格雷迪
马提克斯大街 65 号
加利福尼亚州纽黑文市(邮编 32345)

亲爱的格拉迪斯和格雷迪:

　　我们斯皮里特斯分公司的全体工作人员祝贺你们的女儿贝琳达出生。我们都知道你们非常想要一个小女孩,贝琳达的出生一定让你们非常兴奋。

　　我们发送了一个小礼物希望能逗贝琳达开心。

　　　　美好的祝福!

　　　　　　　　　　　　　　　　　　　　　　　　　林赛·霍尔博托

内附文件

书信篇

公共服务和筹款的书信

　　大多数专业人士都会时而不时地涉及到一些公共服务活动。模板书信17.42至17.49都是有关公共服务和筹款的书信。

　　模板书信17.42是由校友代理写给老同学为母校筹款的书信。书信回忆了当年上学时候的往事也为筹集捐款奠定了坚实的基础。

模板书信17.42　　　　筹款的书信(半版面格式)

[日期]

詹姆士·刘易斯先生
萨文赫尔大街186号
北卡罗来纳州贝瑟尼市(邮编23234)

亲爱的吉姆(昵称):

　　美国的两位著名小说家F·斯科特·菲茨杰拉德与欧内斯特·海明威有一段经典对话。菲茨杰拉德说:"你和我与有钱人都不一样。"海明威回答说:"是的,他们总想有更多的钱。"当约翰·帕拉顿介绍有关投资界经验的时候我突然想到了这段对话。当他要做关于未来有效投资的报告的时候会场内座无虚席。帕拉顿在报告中这样定义未来的最佳投资——年利润达到10%的投资。这个定义对于帕拉顿来说似乎已经有很长时间了,他对投资的回报也好像很熟悉。

　　现在,我要告诉你要在克拉卡森公共关系学院投资可得不到10%的年利润。但是如果你想让你的投资发挥切实的效果,那么克拉卡森公共关系学院就是最好的选择。即便是股市衰退,克拉卡森公共关系学院也会持续繁荣地发展它的功能——教育学生。

　　克拉卡森公共关系学院的发展前景非常乐观,每年的招生人数不断增加。克拉卡森公共关系学院不仅重视学生的文化素质培养,而且也非常注意学生的体育锻炼,克拉卡森公共关系学院的体育场馆建设在全国也非常有名。学生的科研能力和体育素质在同类高校之中都排在前列。学校的所有训练都围绕一个目的就是让毕业生在社会上取得成功。

第 2 页
詹姆士·刘易斯先生
[日期]

　　请为克拉卡森公共关系学院贡献一份你的力量，让你的公司制定一个为促进克拉卡森公共关系学院发展的捐款计划。

　　请不论多少考虑为克拉卡森公共关系学院提供慈善捐款作为你的投资，这样每当你访问克拉卡森公共关系学院，或者与克拉卡森公共关系学院的校友交谈，或者听到克拉卡森公共关系学院的毕业生广受社会好评的时候，你作为老一届的克拉卡森公共关系学院毕业生都会感到无比骄傲。

　　诚挚的谢意！

马克西恩·雷特
校友代理

mr:js

内附文件

书信篇

　　模板书信17.43 也是一封筹款的书信,但是这封书信是在捐款之后发给捐款人的后续书信。

　　模板书信17.44 要求收信人完成有关的公共服务工作。写信人明确提出要求收信人完成的工作,并且介绍了有关的细节。

模板书信17.43　　向以前的捐款人试图筹款的书信(全版面格式)

[日期]

安 L·凯普尔夫人
迪菲尔德大街23号
密歇根州拉斯尔市(邮编43456)

亲爱的安:

　　三年前的这个月我们的好朋友,《新闻快报》的记者埃伦·耶尔特在一次酒后交通事故中丧生。这对于我们和埃伦的家人都是一次沉重的打击。但是尽管埃伦离开了我们,我们却不能忘记她。为了纪念埃伦·耶尔特,我们筹集了75000美元在哈兰德大学设立了埃伦·耶尔特纪念奖学金,当然也要感谢你的捐款。你也知道这个奖学金将提供给新闻学院成绩优异的新闻专业学生,这是对埃伦·耶尔特最好的纪念。

　　我们将于20X4年6月15日在伯顿市的刘易斯格雷酒店颁发第一届埃伦·耶尔特奖学金,另外我们还要举行其他一些活动纪念埃伦·耶尔特。当晚我们将会宣布第一届年度埃伦·耶尔特杰出新闻工作者奖的获得者,这一奖项主要是为了奖励在过去一年时间里在城市新闻工作中做出出色贡献的报纸新闻记者。当晚还有一项终身成就奖要颁发给一位新闻广播员。那天晚上应该是一个激动人心的夜晚。

　　去年6月份,在莫里斯县的纪念大会上有包括你在内500多人参加了那次纪念埃伦的活动。今年我们将再次集会纪念埃伦。现在我们要向我们中间努力向埃伦学习的新闻工作者给予奖励。

第 2 页
安 L·凯普尔夫人
[日期]

　　此次纪念活动包括自助餐、音乐会以及简短的奖励纪念活动。更重要的是，我希望我们通过此次活动能够更珍惜我们新闻工作者之间的友情。此次活动每人须交纳 75 美元，除了活动花销之外将一部分资金用于补充 75000 美元的埃伦·耶尔特奖学金的基金。如果你现在就捐款，我们将在 5 月上旬给你邮寄此次活动的门票。我们希望你能像往常一样慷慨。我期待在 6 月 15 日见到你。

　　诚挚的谢意！

卡尔 B·科布伯森
委员会主席

cbc/jls

内附文件

模板书信17.44　要求履行公共服务工作义务的书信(版面格式)

[日期]

艾伦T·帕恩先生
法斯特大街45号
乔治亚州巴恩斯特布市(邮编45432)

亲爱的艾伦：

　　圣诞节即将到来，我也知道你像我一样在忙碌地准备过节，那么你也不能确定到底什么时候能抽出时间为你的邻居装配新自行车和烤饼干。

　　但是我希望你在享受圣诞节快乐的同时不要忘了继续履行你作为一名普雷斯顿公共关系学院的校友代理的义务——为街坊邻居提供帮助。

　　我们将在1月份发送班级慰问书信，这就是我在圣诞节期间给你写信的原因。信不信由你，1月份是一年中发送校友会书信的最佳时期，我们可以从中了解到有关雷斯顿公共关系学院的校友们的近况。

　　和往常一样你要给你们班的同学写信。为了便于你完成任务我随书信给你邮寄了一篇发表在《商业交流新闻》上有关书信写作的精彩文章。

　　我希望你能将班级慰问书信写得像给朋友的书信一样，毕竟你们在一起度过了美好的两年时光，所以你的书信要能让你们班级同学之间的联系更加紧密。

　　你要让他们知道普雷斯顿公共关系学院的现状，你要让他们既了解这里有什么样的变化，还要知道那些方面仍然没变。如果你最近来过学校，你就将学校的面貌描绘一番。另外，你还要告诉他们其他班级的校友们怎么样。鼓励同学们将发生在他们身边的新闻告诉你——那将对于你的春季书信是很好的素材。

　　如果你觉得没法写(我也有过这样的感觉)，你可以套用我给你邮寄的模板书信来完成这封书信。请在20X4年1月5日前将这封书信发送到学院管理办公室。另外，将我发送给你的回复卡完成并随书信一起返回给办公室以便让他们了解你给同学的书信是怎么发送的。

第2页
艾伦T·帕恩先生
[日期]

  为了奖励校友代理们的工作,学校决定对班级过去一年中向学校捐款增长幅度最大的和捐赠人数比例最多的校友代理赠送有作者签名并且限量发行的普雷斯顿风光水彩画册。我随书信邮寄了有关这本限量画册的说明材料。

  我希望你能在呼吁你们班同学向学校捐款的工作中有所创新,不要只局限在例行公事的两封书信上。我也欢迎你提出可以促进校友会工作的建议和意见。

  十分感谢你的帮助。你作为校友代理一年来的工作是给普雷斯顿公共学院最好的圣诞礼物。

  诚挚的谢意!

洛哈特L·雷特森
校友会代理协调员

Rrlr:jls

内附文件

  模板书信17.45和传统的三段内容的书信完全不同。这是一封请求慈善捐款的书信,为了平衡书信的结构在写信人先介绍了慈善机构的慈善活动之后,写信人很有礼貌地提出了捐款的请求。为了便于捐款写信人为收信人提供了已付邮资的信封。

书信篇

模板书信 17.45　　写给邻居的慈善捐款倡议书（全版面格式）

[日期]

埃米特和莎拉·罗斯
罗尔塞顿大街 186 号
新泽西州达尔斯杜市（邮编 10607）

亲爱的邻居：

　　我写信是为了给你们介绍我们市一家有出色表现的机构——移民社区教育委员会。这家机构在过去 6 年时间里致力于为达尔斯杜市的移民提供受教育机会。移民社区教育委员会的工作人员除了负责移民英语学习之外，还为他们提供职业培训并且还为他们推荐工作，这个机构成功地帮助 100 多位各国来的新移民找到了工作。当地几家媒体去年报道机构的工作之后，移民社区教育委员会的工作也得到了达尔斯杜市政府的认可。

　　移民社区教育委员会需要我们的帮助。现在应该是我们回报他们为我们市的建设和发展所做辛勤努力的时候了。为了继续他们的工作，他们需要雇佣英语教师、更新办公设施以及建立机构管理的网络资源。他们的开销远远高于市政拨款，移民社区教育委员会需要社会各界捐款来解决当前的困难。请你考虑为移民社区教育委员会提供 50 美元或者更多的捐款。为了便于你捐款我们给你邮寄了已付邮资的信封。包括我们公司在内几家企业义务协助此次募捐活动。如果你有什么问题或疑问请你打电话联系我，我的电话是 706-448-9620。

　　诚挚的谢意！

艾米丽·弗莱彻
兹欧姆设计公司

哈恩斯大街 123 号
新泽西州达尔斯杜市（邮编 23090）

内附文件

模板书信 17.46 是写给生意合作伙伴请求他为一家能为写信人和收信人两家公司都提供帮助的机构捐款的书信。在书信的一开始写信人在正式向收信人提出捐款要求之前先通过介绍慈善机构的工作来建立良好的形象。写信人不是直接提出捐款请求，而是通过联系她自己的捐款以及由此带来的实际效果让收信人相信捐款的必要性。写信人也介绍了捐款的具体方式并且向收信人提供了她电话号码以便收信人了解更多的信息。

模板书信 17.46　请求生意合作伙伴提供慈善捐款的书信（全版面格式）

[日期]

克里斯廷·梅
图拉乌化妆品公司
曼伊恩大街 78 号
新罕布什尔州安杜佛市（邮编 09876）

亲爱的同事：

　　我写这封信是要告诉你我们社区有一家机构需要我们的帮助。科利纳普清洁组织是苏珊和布鲁斯·塔里尔于 19X4 年建立的旨在保持安杜佛市环境清洁的非营利性组织。在塔里尔的努力下，几十位志愿者在过去的几年时间里坚持参加保持安杜佛市环境清洁的义务劳动让安杜佛市以干净的形象呈现给来访者。科利纳普清洁组织不仅更新市区的路灯和标志牌，而且还添加了街道上的垃圾桶、电话亭和休息长椅等公共设施。安杜佛市的来访者也包括我们的顾客，我们不仅要感谢科利纳普清洁组织而且也应该向他们提供帮助。

　　我不仅亲自参加科利纳普清洁组织的义务劳动并且也鼓励我的员工参加义务劳动。8 月 2 日我将出席在科利纳普清洁组织的会议室召开的社区会议，我希望你也参加。另外，我向科利纳普清洁组织提供了 1000 美元的捐款以便支持他们的义务工作。请你考虑也为科利纳普清洁组织提供捐款。我们提供给科利纳普清洁组织的捐款将会帮助他们更好地清洁安杜佛市的环境。

　　如果你要了解更多的信息请拨打电话 789-987-7890 联系我或者是直接联系科利纳普清洁组织的工作人员。我期待在 8 月 2 日科利纳普清洁组织召开的社区会议上见到你。

　　诚挚的谢意！

贝丝·艾米沃格
撒旦斯书店店主

书信篇

　　模板书信 17.47 是拒绝为一项慈善事业提供捐款的书信。写信人巧妙地处理了这一敏感的话题,他在正式解释由于公司的财政原因不能提供此次慈善捐款之前先对收信人的慈善事业大加赞赏。在最后写信人再次夸奖了收信人的机构并且祝愿收信人的募捐活动成功。

模板书信 17.47　因为资金原因拒绝提供慈善捐款的书信(全版面格式)

[日期]

玛丽·坎尔德洛
套特斯玩具有限公司
威尔坎斯大街 76 号
密歇根州伯班克市(邮编 44599)

亲爱的坎尔德洛女士:

　　感谢你最近请求为套特斯玩具有限公司提供捐款的书信。你们公司听起来为底特律地区的儿童提供了非常有价值的服务。

　　遗憾的是我们公司目前不能向你们提供捐款。在过去一年的四个季度中由于公司持续不景气导致公司规模缩减和财政收入萎缩,所以我不得不在今年限制我们的慈善捐款。我想你也能理解我们在给员工都不能正常开工资的情况下拒绝你们的捐款请求的决定。

　　祝你们的募捐活动顺利。套特斯玩具有限公司给密歇根州的儿童带来了很多乐趣,我也祝愿你们公司在新的一年里获得更大的成功。

　　诚挚的谢意!

　　　　　　　　　　　　　　　　　　　　　　　　　　T. E. 迈恩
　　　　　　　　　　　　　　　　　　　　　　　　　　首席财政主管

模板书信 17.48 也是一封拒绝捐款的书信,但是拒绝的理由不是因为公司的财政原因,而是因为他们反对此项事业。但是书信的语气还是很有礼貌,写信人解释了他的公司和收信人所在公司的本质区别。在书信中写信人委婉地请求终止与收信人的通信联系。在书信的结尾写信人祝愿收信人的募捐活动顺利。

模板书信 17.48 因为不支持此项事业而拒绝捐款的书信(全版面格式)

[日期]

玛丽·坎尔德洛
套特斯玩具有限公司
威尔坎斯大街 76 号
密歇根州伯班克市(邮编 44599)

亲爱的坎尔德洛女士:

感谢你最近请求为套特斯玩具有限公司提供捐款的书信。你们公司听起来为底特律地区的儿童提供了非常有价值的服务。

尽管你们的初衷是想让低收入家庭的孩子们通过你们提供的免费玩具获得更多的乐趣和知识,但是我们爱德教育公司的工作人员认为他们更需要的是受教育的机会,这也许是因为我们公司的主要业务是出版针对 2~12 岁儿童的教育资料,但是在过去的一年时间里我们公司也向那些旨在帮助低收入家庭接受教育的慈善活动提供了捐款。因为我们和你们的目标不同,我们将来也不想参加你们公司的活动,所以我希望你们将我们公司的通信地址从你们的通讯录中删除。

祝你们的募捐活动顺利。套特斯玩具有限公司给密歇根州的儿童带来了很多乐趣,但是你们公司不是我们公司希望投资的行业。帮助儿童的方式很多,我希望我们两家公司的事业都取得成功。

诚挚的谢意!

T.E. 迈恩
首席财政主管

书信篇

　　模板书信17.49是由一个有关人士写信给政治家的代理人希望政治家支持通过一项法案的书信。写信人说明了法案的主要内容和可能的影响。随后写信人提出了支持法案的请求,这样收信人也就不会对请求感到莫名其妙了。在书信的结尾又再次重申了这项法案的重要性。

模板书信17.49　　劝说政治家支持法案的书信(全版面格式)

[日期]

可敬的托马斯·布罗凯特
科尔格大街250号
哥伦比亚特区华盛顿市(邮编30003)

尊敬的布罗凯特先生:

　　我希望你支持通过教育委员正在讨论的HR112-290号法案。这项法案将会给当前正在面临财政拨款缩减和教师不足的市内学校提供有力的帮助。

　　在过去6年时间里由于教育经费严重不足,市内的学校不得不采取包括取消免费午餐和增加课外辅导费用等措施来补充经费。当然其中也有很多有创意的措施,比如使用社会各界的志愿者教师上课就是非常不错的措施。但是由于这些措施没有法律的支持,所以引起了家长们的误解。如果议院不能通过HR112-290号法案,只能让学生家长对上述措施产生更大的抵触情绪。

　　这项重要的法案将会让学校直接和卫生、食品服务、图书等与教育有关企业重新谈判以便学校能够通过社会各界获得教育所需的基本要素。请支持美国城市学校的这次改革让他们更好地为教育美国的下一代服务。

　　诚挚的谢意!

帕特丽夏·特迪斯彻

祝贺新职位的书信

　　模板书信17.50和17.51都是祝贺他人获得新职位的书信。模板书信17.50除了祝贺收信人的新职位,同时还介绍了写信人可以为收信人提供的服务项目。写信人随书信给收信人邮寄了有关材料。

模板书信17.50　祝贺获得新职位并借此机会推销自己服务的书信(全版面格式)

[日期]

康妮S·伊伯格女士,经理
斯莫克哈斯饭店
斯顿大街56号
马萨诸塞州诺丁汉市(邮编34321)

尊敬的伊伯格女士:

　　最近我从第11期《国家餐饮新闻》上了解到你被任命为斯莫克哈斯饭店经理的消息,我在此对你表示衷心地祝贺。

　　作为餐饮行业的服务公司,耐杜公共关系有限公司提供有关市场开发方面的所有服务。我们公司也可以承办餐饮行业区域性或全国性的会议。为了让你对我们公司的业务有一个全面的了解,我随书信给你邮寄了我们公司的宣传资料,其中包括我们发表在《日常饮食》和《餐饮世界》上有关市场开发的文章、我们的客户清单、我的个人简历和其他一些相关材料。

　　我们希望有机会在斯莫克哈斯饭店能与你和你的市场开发人员会面并讨论我们如何帮助你们实现你们公司的发展计划。我将在下周给你的办公室打电话商讨在你方便的时候举行一次会面的具体事宜。

　　提前感谢你阅读我们公司的宣传材料。我期待与你的会谈。

　　　　诚挚的谢意!

　　　　　　　　　　　　　　　　　　　　　　　利奥J·耐杜
　　　　　　　　　　　　　　　　　　　　　　　经理

LJN:JLS

内附文件

书信篇

　　模板书信 17.51 是一封简短的祝贺收信人获得新职位的书信。在这封书信中除了表示祝贺之外再没有其他的内容。

模板书信 17.51　　祝贺获得新职位的书信(正式格式)

[日期]

亲爱的威廉：

　　最近得知你被任命为克斯米克百货公司经理我非常高兴。祝贺你获得新职位。

　　我希望下次去关岛的时候能有机会去拜访你。同时，我也祝愿你在新的岗位上工作顺利。

　　　　美好的祝福！

　　　　　　　　　　　　　　　　　　　　　　　　　　　　珀尔·彭德尔顿

威廉·马丁女士，经理
克斯米克百货公司
西米菲尼大街 1 号
夏威夷州关岛市(邮编 73812)

PP:js

写给生病员工或熟人的慰问书信

  模板书信 17.52 是表达对生病员工的关心的书信。模板书信 17.53 是写给一位正在住院的员工的书信。模板书信 17.54 是写给正在接受治疗的生意合作伙伴的书信。这三封书信的内容都非常简短,但是都表达了对收信人的诚挚的关心。

模板书信 17.52 表达对生病员工的关心的书信(半版面格式)

[日期]

爱德华 T·兰德萨尔先生
贝欧蒙特大街 45 号
德克萨斯州罗斯市(邮编 90876)

亲爱的爱德华:

  富伦莫特公司的全体工作人员都希望你能战胜肺炎、早日康复。我们也希望你小心照料自己以便尽快回来工作。

  请接受我们衷心的祝福。

    诚挚的问候!

艾伦 T·雷斯德斯
项目主管

atr/jls

书信篇

模板书信 17.53   慰问住院的员工的书信（半版面格式）

[日期]

帕菲斯 R·赤恩女士
756 病房
麦迪科尔医院
加利福尼亚州麦迪欧市（邮编 45467）

亲爱的帕菲斯：

　　希望你早日从手术中康复。我也希望麦迪科尔医院的医生和护士能仔细地照料你以便你尽快恢复健康回到工作中来。

　　阿尔特蒙特矿业公司的全体工作人员都非常想念你，也希望你能尽快恢复健康。

　　　　诚挚的问候！

　　　　　　　　　　　　　　　　　　　　　　　　　约翰 U·欧西布雷格
　　　　　　　　　　　　　　　　　　　　　　　　　人事主管

juu/jls

模板书信17.54　慰问接受治疗的生意合作伙伴的书信(全版面格式)

[日期]

杰克·瓦格纳先生
4545病房
道科特医院
康涅狄格州纽堡市(邮编43456)

亲爱的杰克：

　　我从你的办公室了解到你正在医院接受治疗。我希望你以最快的速度康复。祝愿你早日出院，尽快恢复健康。

　　　　诚挚的问候！

　　　　　　　　　　　　　　　　　　　　　　　　　爱丽丝T·菲特
　　　　　　　　　　　　　　　　　　　　　　　　　销售代理

art/jjj

书信篇

吊唁书信

　　模板书信 17.55 是一封简短、得体的吊唁收信人的母亲去世的书信。吊唁书信是比较难写一种书信,但是模板书信 17.55 就是写得比较好的吊唁书信。

模板书信 17.55　　　　吊唁书信(半版面格式)

[日期]

约书亚 T·利帕多先生
利帕多公司
布拉森大街 1 号
内华达州伏特犹他市(邮编 23234)

尊敬的约书亚:

　　得知你母亲去世的消息我非常难过。我希望你接受你在安杜佛帕里什出版公司的朋友们对你母亲去世的吊慰。

　　如果你需要我或者其他人的帮助,请你告诉我们。我希望在你处理完丧事之后能尽快与你见面。

　　　　诚挚的问候!

　　　　　　　　　　　　　　　　　　　　　　　　　　麦克斯韦 L·肖特
　　　　　　　　　　　　　　　　　　　　　　　　　　发行人

jls

祝贺某人生意开张的书信

模板书信17.56是祝贺生意合作伙伴新的生意开张的书信。写信人也表示接受参加收信人新生意开张仪式的邀请。

模板书信17.56　　祝贺新生意开张的书信(正式格式)

[日期]

亲爱的伊夫林:

祝贺你自己的卡车销售公司正式开业。我知道这是你长久以来的愿望,所以现在看到你的愿望实现我也非常高兴。

我也非常钦佩你为实现愿望而艰苦奋斗的精神。了解你的人对你今天所取得成绩并不会感到意外,而且也相信你的卡车销售公司一定会继续取得更大的成功。

我和南希都会出席下周日你的新公司的开业仪式。我们将亲自到场向你表示祝贺并且与你一起分享那激动人心的时刻。

美好的祝福!

西蒙·纳尔逊

伊夫林·凯恩女士
雷德韦货运公司
迪拉威尔大街49号
马萨诸塞州哈佛市(邮编09234)

书信篇

宣布退休的书信

　　模板书信 17.57 是即将退休的公司职员写给生意合作伙伴的书信。在书信中写信人介绍了他的职位的接替者,同时希望能和收信人保持联系。尽管书信中写信人使用了私人的语气,但是却用一种正式方式宣布写信人退休的消息。

模板书信 17.57　　　　宣布退休的书信(全版面格式)

[日期]

约翰 T·凯克布什先生
特沃劳格大街 45 号
新泽西州布雷茵特里市(邮编 03004)

亲爱的约翰:

　　我决定今年 11 月 1 日正式退休。我离开哈克达有限公司之后最大的遗憾是不能继续和你们一起分享工作的乐趣了。

　　彼克萨德分公司的经理汤姆·诺斯将会接替我市场开发经理的职位。如果你有什么问题可以拨打电话 222-555-4444 联系他。我相信你会发现他是一个容易接触和乐于助人的人。

　　我将会给你打电话看看你还有什么问题需要在我离职之前处理。当然了如果你有机会到我这儿,你可以拨打电话 222-555-3333 联系我。希望我们有机会常相聚。

　　无论如何让我们继续保持联系。在这里我祝愿你万事如意。

　　　　诚挚的谢意!

　　　　　　　　　　　　　　　　　　　　　　　　怀亚特 Z·塞缪尔

第三部

附 录

规则1:不要将不定时分开。

规则2:介词后面一定要有宾语。

规则3:垂悬分词最好不要放在句尾。

规则4:经常查词典可以增加你的词汇量。

——选自拉里 E·格里姆斯的《写作游戏规则》

附录1　书信易错词语(略)
附录2　英语标点符号的使用(略)

附录 3

缩　写

美国州级行政单位名称的两个字母的缩写

简称	英文名	汉语名
AL	Alabama	阿拉巴马州
AK	Alaska	阿拉斯加州
AZ	Arizona	亚利桑那州
AR	Arkansas	阿肯色州
CA	California	加利福尼亚州
CZ*	Canal Zone	运河区
CO	Colorado	科罗拉多州
CT	Connecticut	康涅狄格州
DE	Delaware	特拉华州
DC	District of Columbia	哥伦比亚特区
FL	Florida	佛罗里达州
GA	Georgia	乔治亚州
GU*	Guam	关岛
HI	Hawaii	夏威夷
ID	Idaho	爱达荷州
IL	Illinois	伊利诺斯州
IN	Indiana	印第安那州
IA	Iowa	爱荷华州
KS	Kansas	堪萨斯州

KY	Kentucky	肯塔基州
LA	Louisiana	路易斯安那州
ME	Maine	缅因州
MD	Maryland	马里兰州
MA	Massachusetts	马萨诸塞州
MI	Michigan	密歇根州
MN	Minnesota	明尼苏达州
MS	Mississippi	密西西比州
MO	Missouri	密苏里州
MT	Montana	蒙大纳州
NE	Nebraska	内布拉斯加州
NV	Nevada	内华达州
NH	New Hampshire	新罕布什尔州
NJ	New Jersey	新泽西州
NM	New Mexico	新墨西哥州
NY	New York	纽约州
NC	North Carolina	北卡罗来纳州
ND	North Dakota	北达科他州
OH	Ohio	俄亥俄州
OK	Oklahoma	俄克拉何马州
OR	Oregon	俄勒冈州
PR*	Puerto Rico	波多黎各
RI*	Rhode Island	罗德艾兰州
SC	South Carolina	南卡罗来纳州
SD	South Dakota	南达科塔州
TN	Tennessee	田纳西州
TX	Texas	德克萨斯州
UT	Utah	犹他州
VA	Virginia	弗吉尼亚州
VI	Virgin Islands	英属维尔群岛
WA	Washington	华盛顿州
WV	West Virginia	西弗吉尼亚州
WI	Wisconsin	威斯康星州
WY	Wyoming	怀俄明州

附 录

注释:

CZ(Canal Zone)运河区:穿越巴拿马地峡的一段约16公里(10英里)宽的狭长土地。原由美国管辖巴拿马运河的营运,后于1979年转交给巴拿马。

GU(Guam)关岛:美国一块未合为一体的领土,太平洋西部马里亚纳群岛的最大岛屿,位于群岛最南端,由麦哲伦于1521年发现,西班牙于1898年将其割让给美国。

PA(Puerto Rico)波多黎各:一个位于加勒比海中的美国自治联邦岛,位于希斯巴纽拉岛以东。哥伦布于1493年发现,16世纪成为西班牙殖民地,1898年美国西战争后被割让给美国,1952年宣布为联邦,自60年代起通过各种全民投票保持了其联邦地位。

VI(Virgin Islands)英属维尔京群岛:位于大西洋和加勒比海之间,加勒比海背风群岛的北端。面积153平方公里。人口1.98万(2000年估计)。主要是黑人。通用英语。多数人信奉基督教。1672年被英国兼并。1872年成为英国殖民地背风群岛的一部分,受背风群岛总督管辖至1960年。

英语商业书信常用缩写

缩写	英文单词	汉语意思
ACCT	Accountant	会计师
ADMIN	Administrator	主管
ADMINS	Administrators	管理员
AFF	Affiliate	接受为会员
ACO	Affiliated Company	联营公司
AGCY	Agency	代理处
AKA	Also known as	以…知名
AMB	Ambassador	大使
ANX	Annex	附件
ANT	Annuitant	领受养老金者
APT	Apartment	公寓
ABP	Archbishop	大教主
ASSOC	Associate	合作人
ASSN	Association	协会
ATTY	Attorney	法人代表
ATO	Authorized Officer	授权官员

缩写	英文单词	汉语意思
AUX	Auxiliary	补助
AVE	Avenue	大街
BA	Bachelor of Arts	文学士
BENEF	Beneficiary	受益人
BENEFS	Beneficiaries	受益人群
BND	Bend	专心于
DIR	Board of Directors	董事会
BLVD	Boulevard	林荫大道
BR	Branch	部门
BRM	Branch Manager	分店经理
BRO	Brother	兄弟
BROS	Brothers	兄弟们
BLDG	Building	大楼
BUR	Bureau	办公署
BUS	Business	生意
BYP	Bypass	旁路
CSWY	Causeway	铺道
CTR	Center	中心
CEBS	Certified Employee Benefits Specialist	员工薪资福利专员
CFM	Certified Financial Manager	注册财务经理
CFP	Certified Financial Planner	注册金融计划师
CLU	Certified Life underwriter	注册人寿保险商
CMC	Certified management Consultant	注册管理顾问
CPA	Certified Public Accountant	审定会计师
CFA	Chartered Financial Analyst	注册财务分析师
ChFC	Chartered Financial Consultant	注册财务顾问
CPCU	Chartered Property and Casualty	财产保险核保师
CEO	Chief Executive Officer	首席执行官
CFO	Chief Financial Officer	首席财务总监
CIO	Chief Information Officer	首席信息总监
COO	Chief Operating Officer	首席营运总监
CIR	Circle	领域
COM	Comaker	（担保）联署者
COS	Cosigener	连署保证人
COL	Colonel	上校
COMMN	Commission	委托

附 录

缩写	英文单词	汉语意思
CTE	Committee	委员会
CTN	Common – tenancy	共有财产
COMM	Commonwealth	联邦
CO	Company	公司
CONST	Construction	建筑
CONS	Consultant	顾问
CORP	Corporation	公司
CT	Court	法院
CV	Cove	小山沟
CRK	Creek	克里克语
CRES	Crescent	逐渐增加的
CUST	Custodial	保管的
CUSTOD	Custodian	保管人
CUSTODS	Custodians	保管队
DLR	Dealer	经销商
DEPT	Department	部门
DPY	Deputy	代理人
DVLPMNT	Development	发展
DIR	Director	主管
DISTRIB	Distributor	发行人
DIV	Division	部门
DR	Doctor	博士
DDS	Doctor of Dental Sciences	牙科医学博士
DD	Doctor of Divinity	神学博士
EdD	Doctor of Education	教育学博士
MD	Doctor of Medicine	医学博士
PhD	Doctor of Philosophy	哲学博士
DBA	Doing business as	从事的商业活动
DOM	Dominion	控制
DR	Drive	推动
E	East	东方
ELEC	Electric	电的
END	Endorser	转让人
ENS	Ensign	徽章
EQUIP	Equipment	设备
ESC	Escrow Account	中间代管账户

缩写	英文单词	汉语意思
ESTAB	Establishment	确立
EST	Estate	不动产
EVP	Executive Vice President	执行副经理
EXEC	Executor	执行者
EXECS	Executors	执行部门
EXPY	Expressway	高速公路
EXT	Extended/Extension	延长的
FTHR	Father	创始人
FED	Federal	联合的
V	Fifth	第五
FIN	Finance	财政
F-N	First-name	直呼其名的
FLR	Floor	议员席
FNDTN	Foundation	基金会
IV	Fourth	第四
FWY	Freeway	高速公路
FND	Fund	基金
GDNS	Gardens	花园
GRGE	Garage	车库
GTWY	Gateway	入口
GOVT	Government	政府
GRP	Group	团体
GR	Grove	小树林
GTR	Guarantor	保证人
GDN	Guardian	监护人
GLD	Guild	行业协会
HTS	Heights	峰值
HWY	Highway	公路
HON	Honorable	可敬的
HOSP	Hospital	医院
HUS	Husband	丈夫
INC	Incorporated	组成公司
ILB	Indirect liability	间接责任
INDS	Industries	行业
INST	Institute	学院
INS	Insurance	保险

附 录

缩写	英文单词	汉语意思
JNT	Joint	合办的
JNV	Joint venture	合资
JDGE	Judge	作评价
JCT	Junction	连接
JR	Junior	下级
LAB	Laboratory	实验室
LK	Lake	湖
LNDG	Landing	登陆
LN	Lane	航线
LGE	League	联合会
LEG	Legal	合法的
LEGN	Legal name	依法登记的名称
LGT	Legal title	权利证书
LTD	Limited	有限的
MGR	Manager	经理
MNR	Manor	领地
MFG	Manufacturing	制造业
MRKT	Market	市场
MA	Master of Arts	文学硕士
MDWS	Meadows	草地
MIN	Minor	未成年人
MINS	Minors	未成年人群
MR	Mister	先生
MRS/MS	Mrs.	夫人/女士
N	North	北方
NE	Northeast	东北
NW	Northwest	西北
NSF	Not sufficient funds	存款不足
ORGN	Organization	机构
PK	Park	停车场
PKY	Parkway	驾车专用道
PTP	Participant	参与者
PTR	Partner	股东
PHAR	Pharmacy	制药业
PL	Place	地点
PLZ	Plaza	购物中心

缩写	英文单词	汉语意思
PO	Post office	邮局
POA	Power–of–attorney	委任书
PRI	Primary	初级的
PRODS	Products	产品
PROF	Professor	讲授
PRS	Profit–sharing	分红制
RLTR	Realtor	房地产经纪人
REDVLPM	Redevelopment	恢复经济发展
RHU	Registered–Health Underwriter	
RN	Registered Nurse	有证书的护士
REN	Rental account	授权医疗保险商
REST	Restaurant	餐馆
RETD	Retired	退休的
REV	Reverend	尊敬的
RDG	Ridge	波峰
RV	River	河流
RD	Road	公路
RDWY	Roadway	线路
RM	Room	房间
RT	Route	路程
R	Rural	乡下的
SCH	School	学校
SCI	Science	科学
II	Second	第二
SEC	Secondary	中级的
SECT	Secretary	秘书
SR	Senior	高级的
SVP	Senior Vice President	高级副经理
SV	Service	服务
STR	Signatory	签字者
SR	Sister	姐妹
SOC	Society	交际
S	South	南方
SE	Southeast	东南
SQ	Square	平方
STA	Station	站

附 录

缩写	英文单词	汉语意思
STR	store	商店
ST	Street	街道
SUBDIV	Subdivision	一部
SUB	Subsidiary	补充的
TER	Terrace	阳台
III	Third	第三
T/A	Trading as	开展…贸易
TRL	Trail	追踪
TREAS	Treasurer	财务员
TR	Trucking	货运业
TTEE	Trustee	保管
TTEES	Trustees	保管部门
TPKE	Turnpike	收费公路
UN	Union	联盟
UTD	United	联合的
VP	Vice President	副经理
VW	View	意见
VLG	Village	村庄
WO	Warrant Officer	一级准尉
W	West	西方
WHSLE	Wholesale	批发
WIF	Wife	妻子
WWW	World Wide web	万维网

语法热线咨询地址目录 1[①]

在美国和加拿大由于语法热线咨询服务都由各高校提供，所以在学校放假期间大多数都停止服务或者缩短服务时间，而只有在以下包括的地址接受电话咨询。

你可以通过拨打下面提供的热线电话咨询任何英语语法问题。各个高校和组织为了便于大家方便咨询提供了他们的电话号码、传真地址、电子邮箱和网址。另外，为了方便人们通过写信咨询有关语法问题，《语法热线咨询地址目录》中也提供了各个语法热线咨询服务中心的邮政编码和通信地址。《语法热线咨询地址目录》各个语法热线咨询服务中心的顺序以英文字母次序排列。

[①] 原著这部分内容 2001 年的版权归潮水公共关系学院（Tidewater Community College），所以使用部分内容需要获得潮水公共关系学院人文学科部门的英语写作语法热线服务中心的许可。英语写作语法热线服务中心可以免费提供一份最新的《语法热线咨询地址目录》，但是你必须提供你的地址和邮寄费。大量需求《语法热线咨询地址目录》，每份收取 1 美元的费用。可以通过支票付款，也可以通过邮政汇款，通信地址为：Grammar Hotline Directory, Tidewater Community College Writing Center, 1700 College Crescent, Virginia Beach, VA 23456。你也可以通过网络获取我们的《语法热线咨询地址目录》，网址：http://www.tc.cc.va.us/writcent/gh/hotlinol.htm。要了解其他信息可以拨打电话 757 – 822 – 7170 或者发送电子邮件到：writcent@ tc.cc.va.us。

附 录

美国

阿拉巴马州

杰克逊维尔　邮编 36265
杰克逊维尔州立大学
语法热线
电话:205 – 782 – 5409
传真:205 – 782 – 5409
电子邮箱:ghorton@ succ. jsu. edu
服务时间:周一至周五,上午 8:00——下午 4:30

塔斯卡卢萨　邮编 35487
塔斯卡卢萨大学
语法热线
电话:205 – 348 – 5049
电子邮箱:chowell@ english. as. ua. edu
服务时间:周一至周五,上午 8:00——下午 5:00;
　　　　　周二至周四和周天,下午 6:00——晚上 9:00

亚利桑那州

图森　邮编 85747
亚利桑那大学
亚利桑那国际校园
电话:520 – 621 – 3182
电子邮箱:ghorton@ U. arizona. edu
服务时间:不定

阿肯色州

康威　邮编 72035
阿肯色中央大学
大学写作中心
电话:501 – 450 – 3334
电子邮箱:Webster@ cub. uca. edu

服务时间:周一至周四,上午 8:00——下午 4:00;周五,上午 8:00——中午 12:00
周二、周三和周四,下午 6:00——晚上 9:00

费耶特维尔　邮编 72701
阿肯色大学
出众写作中心
电话:501-575-6747
电子邮箱:writcent@comp.uark.edu
网址:http://www.uark.edu/write
服务时间:周一至周五,上午 8:00——下午 4:30;
夏季,上午 8:00——中午 12:00

小石城　邮编 72204
阿肯色大学小石城校区
写作热线
电话:501-569-3161/3162
电子邮箱:WSanderson@ualr.edu
服务时间:周一至周五,上午 8:00——中午 12:00;

加利福尼亚州

墨尔帕克　邮编 93021
墨尔帕克学院
国立语法热线
电话:805-378-1494
传真:805-378-1499
服务时间:周一至周五,上午 8:00——下午 1:00

萨克拉曼多　邮编 72701
科森尼斯河学院
英语帮助热线
电话:916-688-7444
传真:916-688-7443
电子邮箱:cooperb@consumn.crc.losrios.cc.ca.us
服务时间:24 小时电脑回复

附 录

圣何塞 邮编95120
卡伦·加法普(有执照的专业秘书)完美书信服务中心
电话:408-997-1142
传真:408-997-2546
服务时间:周一至周五,上午8:00——下午5:00

科罗拉多州

普韦布洛 邮编81001
南科罗拉多大学
语法热线
电话:719-549-2787
服务时间:24小时电脑回复

特拉华州

纽华克 邮编19716
特拉华大学
语法热线
电话:302-831-1890
服务时间:周一至周五,上午9:00——中午12:00和下午1:00——下午5:00

佛罗里达州

柯洛盖博斯 邮编33124
迈阿密大学
语法热线
电话:305-284-2956
服务时间:周一、周三和周五,上午9:30——下午5:00;
　　　　　周二上午11:00——晚上7:00

劳德代尔堡市戴维镇 邮编33314
布劳沃德社区大学语法热线
电话:904-475-6596
服务时间:周一至周四,上午8:00——晚上8:00;周五,上午8:00——下午4:00;
　　　　　周六,上午9:00——下午1:00

彭沙科拉城　邮编 32514
西佛罗里达大学写作与语法热线中心
电话:904 – 474 – 2129
传真:850 – 474 – 2935
电子邮箱:writelab@ uwf. edu
网址:http://www. uwf. edu
服务时间:周一和周二,上午 7:00——晚上 9:00;
　　　　周三至周五,上午 8:00——下午 5:00;

温特帕克　邮编 32789
罗林斯学院
写作与语法热线中心
电话:407 – 646 – 2191
服务时间:周一至周四,上午 10:00——下午 6:00;
周五,上午 8:00——晚上 2:00(有时候晚上和周末也有人服务)

乔治亚州

亚特兰大　邮编 30162
乔治亚州立大学
语法热线
电话:404 – 651 – 2906
传真:404 – 651 – 1710
服务时间:周一至周五,上午 8:30——下午 5:30;

罗马　邮编 32514
佛洛伊德大学
语法热线
电话:706 – 295 – 6312
传真:706 – 295 – 6610
电子邮箱:Fred_Green@ mail. fc. peachnet. edu
服务时间:周一至周五,上午 9:00——下午 5:00;

伊利诺斯州

查尔斯顿　邮编 61920

附　录

东伊利诺斯大学
语法热线
电话:217 – 581 – 5921
网址:http://www.eiu.edu/~writing
服务时间:周一至周四,上午9:00——下午3:00,下午6:00——晚上9:00;
　　　　周五,上午9:00——下午1:00;

德斯·普雷恩城　邮编60016
奥克顿社区大学
写作热线:语法博士
电话:847 – 635 – 1948
电子邮箱:richard@oakton.edu
服务时间:周一至周四,上午9:00——下午3:00,下午6:00——晚上9:00;
　　　　周五,上午9:00——下午1:00

努马　邮编61790
伊利诺斯州大学
语法热线
电话:309 – 438 – 2345
传真:309 – 438 – 5414
电子邮箱:jvisor@ilstu.edu
网址:http://gilbreth.cob.ilstu.edu/katie/carson/writing.html
服务时间:周一至周五,上午9:00——下午4:00;

奥格斯比　邮编61348
伊利诺斯州河谷社区大学
语法热线
电话:815 – 224 – 2720 X 491
服务时间:周一至周五,上午8:00——下午4:30

帕拉廷　邮编60067
威廉雷尼哈珀学院
语法热线
电话:847 – 925 – 6000 X 2719

网址:http://www.harper.cc.il.us/writ_ctr/

服务时间:周一,上午8:00——晚上8:00;周二和周三,上午8:00——晚上8:30;
　　　　周四,上午8:00——晚上7:30;周五,上午8:00——晚上2:30;
　　　　周六,上午9:00——晚上2:30

专业服务:请联系——哈珀写作热线实验室

格罗夫　邮编60171

格罗夫海神学院

电话:708-456-0300

电子邮箱:kfc@Triton.cc.il.us

网址:http://www.Triton.cc.il.us

服务时间:24小时

印第安那州

印第安纳波利斯　邮编46202

印第安那大学

印第安纳波利斯语法热线

电话:317-274-3000

电子邮箱:writectr@indy_unix.iupui.edu

网址:http://www.iupui.edu/it/writectr/home.html

服务时间:周一至周四,上午8:30——下午6:00;周五,上午9:00——下午2:00;
　　　　周六,上午10:00——下午5:00

曼西　邮编47306

鲍尔州立大学

写作中心

电话:765-285-8397

传真:765-285-3765

电子邮箱:writingctr@bsuvc.bsu.edu

网址:http://www.bsu.edu/english/wc/index.html

服务时间:周一至周三,上午10:00——晚上7:00;
　　　　周四和周五,上午10:00——下午5:00

附　录

西拉法叶　邮编 47907
珀德尤大学
语法热线
电话:317 – 494 – 3723
传真:317 – 494 – 3780
电子邮箱:owl@ cc. purdue. edu
网址:http://www. owl. english. purdue. edu
服务时间:周一至周四,上午 9:00——下午 4:00;
　　　　　周五,上午 9:00——下午 1:00

堪萨斯州

恩波里亚城　邮编 66801
恩波里亚城州立大学
语法热线
电话:316 – 341 – 5380
电子邮箱:WritingLab@ ESUmail. Emporia. edu
服务时间:周一和周二,上午 10:00——下午 4:00;
　　　　　周三和周五,上午 10:00——下午 2:00;
　　　　　周一,晚上 7:00——晚上 9:00;

欧弗兰帕克　邮编 66210
约翰逊郡立社区大学
语法热线
电话:913 – 469 – 4413
电子邮箱:wcenter@ johnco. cc. ks. us
网址:http://www. johnco. cc. ks. us/acad/instruction/english/writectr
服务时间:周一至周四,上午 8:00——晚上 8:00;
　　　　　周五,上午 8:00——下午 2:00;
　　　　　周六,上午 9:00——下午 1:00

劳伦斯　邮编 66044
堪萨斯大学
作家中心
电话:785 – 864 – 2399

传真:317-494-3780
电子邮箱:writing@raven.cc.ukans..edu
网址:http://www.ukans.edu/~writing

肯塔基州

鲍林格林　邮编42101
西部肯塔基州大学
电话:270-745-3044 或者5763
电子邮箱:joe.glaser@wku.edu
服务时间:周一和周五,上午8:00——下午4:30

路易斯安那州

拉斐特　邮编70504
西南路易斯安那州大学
语法热线
电话:318-482-5224
服务时间:周一和周五,上午8:00——下午4:00

缅因州

班戈市　邮编42101
赫森学院
语法热线
电话:207-941-7100/1-800-4Husson
传真:207-941-7935
电子邮箱:batt@husson.edu
服务时间:周一、周三、周五,上午8:00——上午10:00;
　　　　　周三,上午11:00——下午2:30;周二、周四,上午8:00——上午9:00,
　　　　　上午11:00——中午12:00;周二,下午1:30——下午2:30

马里兰州

巴尔的摩　邮编21250
马里兰大学
巴尔的摩郡语法热线

附 录

电话:410 – 455 – 6304
传真:410 – 455 – 1030
电子邮箱:lharris@ umbc. edu
网址:http://umbc7. umbc. edu/ ~ lharris/index. html
服务时间:周一至周五,下午 1:00——下午 3:00
注释:通过电子邮件咨询语法问题通常将会保证以最快的速度给予回复

学院公园　邮编 20742
马里兰大学
语法热线
电话:301 – 405 – 3787
服务时间:周一和周四,上午 9:00——下午 4:00;周五,上午 9:00——下午 2:00

爱密斯堡　邮编 21727
圣玛丽山学院
语法热线
电话:301 – 447 – 5367
电子邮箱:schmersa@ msmary. edu
服务时间:周一至周五,上午 8:00——下午 4:00

马萨诸塞州

波士顿　邮编 02115
马萨诸塞大学
语法热线
电话:617 – 373 – 2512
电子邮箱:speterfr@ lynx. dac. neu. edu
服务时间:周一至周五,上午 8:30——下午 4:30

林恩　邮编 01901
北海岸社区大学
语法热线
电话:617 – 593 – 7284
服务时间:周一至周五,上午 9:00——下午 4:00

密歇根州

东兰辛　邮编48824
密歇根州立大学
语法热线
电话:517-432-3610
电子邮箱:grammar@pilot.msu.edu
网址:http://writing.msu.edu/wcpage/2ndlevel/uwc/uwc.html
服务时间:24小时

弗林特　邮编01901
莫特社区大学
语法热线
电话:810-762-0229
服务时间:周一至周四,上午8:30——下午3:30;
　　　　 周五,上午8:30——下午12:30;
　　　　 晚上随时提供服务

卡拉马祖　邮编49008
西部密歇根大学
写作热线
电话:616-387-4615
服务时间:周一至周五,上午8:00——下午5:00

兰辛　邮编48901-7210
兰辛社区大学
写作热线
电话:517-483-1040
传真:517-483-9649
服务时间:周一至周五,上午8:00——下午5:00

明尼苏达州

圣克劳德　邮编56301
圣克劳德州立大学

附 录

语法热线

电话:320-255-3109/2031

电子邮箱:leolink@ stcloudstate. edu

服务时间:周一至周四,上午9:00——下午6:00;
　　　　　周五,上午9:00——下午3:00;
　　　　　(晚上有些时候服务)

密苏里州

乔普林　邮编64801

密苏里州南部州立学院

语法热线

电话:417-624-0171

电子邮箱:simpson@ mail. mssc. edu

服务时间:周一至周五,上午8:00——下午5:00;

堪萨斯城　邮编64110

密苏里大学

堪萨斯城写作热线

电话:816-235-2244

电子邮箱:kdoerr@ cctr. umkc. edu

服务时间:周一至周五,上午9:00——下午4:00;

斯普林菲尔德　邮编65804

南部密苏里州立大学

堪萨斯城写作热线

电话:417-836-6398

电子邮箱:wcenter@ nic. smsu. edu

服务时间:周一,上午9:00——晚上7:00;
　　　　　周二、周三和周四,上午9:00——晚上9:00;
　　　　　周五,上午9:00——下午1:00

圣路易斯　邮编63110

圣路易斯药剂学院

写作热线

电话:314-367-8700 X 1740
传真:314-367-2784
电子邮箱:tzlatic@ slcop. sticop. edu
服务时间:周一至周五,上午9:00——下午4:00;

新泽西州
泽西市　邮编07305
泽西市州立学院
语法热线
电话:201-200-2132
服务时间:周一至周五,上午9:00——下午5:00;
　　　　夏季:周一至周四,上午8:00——下午4:00

纽约州
加登城　邮编11530
拿骚社区大学
语法热线
电话:516-572-7185
网址:http://www.sunynassau.edu/dptpages/english/page4.htm
服务时间:周一至周四,上午8:30——晚上7:45;
　　　　周五,上午8:30——下午4:00

北卡罗来纳州
格林维尔　邮编27858
东部卡罗来纳大学
语法热线
电话:919-328-6728
服务时间:周一至周三,上午9:00——晚上8:00;
　　　　周四,上午11:00——下午5:00
　　　　周五,上午9:00——下午2:00

罗利　邮编27609
北卡罗来纳州立大学

附　录

写作实验室与语法热线
电话:(只提供电子邮件服务)
电子邮箱:grammar@ncsu.edu
网址:http://www2.ncsu.edu/ncsu/grammar

俄亥俄州
阿什兰　邮编44805
阿什兰大学
写作中心热线
电话:419-289-5110 或者5156
电子邮箱:shuff@ashland.edu
网址:http://www.ashland.edu/wcent.html
服务时间:周一至周四,上午10:00——晚上9:00;
　　　　　周五,上午10:00——下午4:00

辛辛那提　邮编45236
雷蒙德沃尔特学院
语法热线
电话:513-745-5731
传真:513-745-5771
服务时间:周一至周五,上午8:00——下午5:00

克利夫兰　邮编44122
古亚何卡社区学院
语法热线
电话:216-987-2050
电子邮箱:e-webmaster@tri-c.cc.oh.us
网址:http://www.tri-c.cc.oh.us/west/faculty/write/index.htm
服务时间:周一至周四,上午9:00——下午3:00;
　　　　　周六,上午10:00——下午2:00

代顿　邮编45435
赖特州立大学
写作中心

电话:937-775-4186 或者 2158
电子邮箱:pgeisel@desirewright.edu
网址:http://hypatia.wright.edu/dept/ENG/eng.htm
服务时间:周一至周四,上午9:00——下午5:00;
　　　　周五,上午10:00——下午5:00;
　　　　周六,上午11:00——下午4:00

特拉华　邮编43015
俄亥俄州卫斯理大学
写作资源中心热线
电话:614-368-3925
传真:614-368-3299
服务时间:周一至周五,上午9:00——中午12:00,
　　　　下午1:00——下午4:00(9月——次年4月)

海兰哈尔　邮编44122
古亚何卡社区学院东校区
语法热线
电话:216-987-2050
电子邮箱:e-webmaster@tri-c.cc.oh.us
服务时间:周一至周四,上午9:00——晚上9:00;
　　　　周五,上午9:00——下午3:00;
　　　　周六,上午10:00——下午2:00

奥雷威尔　邮编44667
阿克伦大学韦恩学院
语法热线
电话:216-683-2010
服务时间:周一至周四,上午9:00——下午5:00;
　　　　周五,上午9:00——中午12:00

托莱多　邮编43606-3390
托莱多大学
写作中心热线

附　录

电话:419-530-4939
传真:419-530-4752
电子邮箱:wcenter@ pop3. utoledo
服务时间：周一至周五,上午9:00——下午5:00;

俄克拉荷马州
贝瑟尼　邮编73008
南部耶稣教会大学
语法热线
电话:405-491-6328
传真:405-491-6659
电子邮箱:jwilcox@ snu. edu
服务时间：周一至周五,上午9:00——下午5:00;

奇克谢　邮编73018
安德伍德夫人语法热线
电话:405-224-8622
服务时间：周一至周五,上午9:00——下午5:00;

俄克拉荷马市　邮编74075
俄克拉荷马州立大学
语法热线
电话:405-744-6671
电子邮箱:writei@ wml. ucc. okstate. cc
服务时间：周一、周四,上午11:30——晚上7:30;
　　　　周三、周五,上午9:00——下午5:00

俄勒冈州
波特兰　邮编97207
波特兰州立大学
写作帮助热线
电话:503-725-3570
传真:503-725-3561

电子邮箱:writingcenter@pdx.edu
网址:http://www.writingcenter.pdx.edu
服务时间:周一至周五,上午8:00——下午4:30

宾夕法尼亚州

阿伦敦 邮编18104
锡达克里斯特学院
学术支持热线
电话:610-606-4605 X 3591
电子邮箱:calevis@cedarcrest.edu
网址:http://www.cedarcrest.edu
服务时间:周一至周四,上午10:00——下午6:00;
　　　　　周五,上午10:00——下午3:00

格伦米尔　邮编18104
伯格写作课程中心
语法热线
电话:610-399-1130
服务时间:周一至周五,上午9:00——下午5:00

费城　邮编18104
坦普尔大学
写作帮助热线
电话:215-204-5612
传真:215-204-70883
网址:http://www.temple.edu/writingctr/
服务时间:周一至周五,上午8:30——下午4:30

匹兹堡　邮编19122
语法热线——语法女专家
电话:412-344-9759
网址:http://www.grammarlady.com
服务时间:周一至周五,上午9:00——下午5:00

附　录

南卡罗来纳州

查尔斯顿　邮编29409
写作大本营
语法热线
电话:803-953-3194 或者 3794
传真:803-953-6797
电子邮箱:williansa@citadel.edu
网址:http://www.citadel.edu/citadel/otherserv/wctr
服务时间:周一至周五,上午8:00——下午5:00;
　　　　　周日至周四,晚上7:00——晚上10:00

查尔斯顿　邮编29401
南卡罗来纳州医药大学
写作中心
电话:803-792-6390
传真:803-792-9179
电子邮箱:wadrept@musc.edu
服务时间:周一至周五,上午8:30——下午5:00;

哥伦比亚　邮编29208
南卡罗来纳州大学
写作热线
电话:803-777-7020
传真:803-777-9064
电子邮箱:grammar@sc.edu
网址:http://www.cla.sc.edu/writ
服务时间:周一至周四,上午9:00——下午5:00

斯巴达堡　邮编29302
康弗斯学院
语法热线
电话:864-596-9186

服务时间：周一至周五，上午 8:30——中午 12:00；
　　　　　周一至周四，下午 1:15——下午 5:00；
　　　　　周日至周三，晚上 7:00——晚上 10:00

田纳西州

孟菲斯　邮编 38112

罗得学院

语法热线

电话：901-843-3393

电子邮箱：kamhi@ rhodes. edu

网址：http://www. rhodes. edu/englhemls/writing. html

服务时间：周一至周五，上午 8:00——下午 4:30

纳什维尔　邮编 37209

纳什维尔州立工业学院

语法博士

电话：615-353-3349

传真：615-353-3558

电子邮箱：grammar_dr@ nsti. tec. tn. usnsti

网址：http://www. nsti. tec. tn. us/learning_center/

服务时间：周一至周五，上午 8:00——下午 4:30

德克萨斯州

阿玛里洛　邮编 79178

阿玛里洛学院

语法热线

电话：806-374-4726

电子邮箱：pcmaddox@ actx. edu

网址：http://gabiscott. com/bigdog/index. htm

服务时间：周一至周四，上午 8:00——晚上 9:00；
　　　　　周五，上午 8:00——下午 3:00

附 录

奥斯汀　邮编79178
德克萨斯大学奥斯汀校区
语法热线
电话:512-475-8372
电子邮箱:writing@uts.cc.utexas.edu
网址:http://gabiscott.com/bigdog/index.htm
服务时间:周一至周四,上午9:00——晚上7:00;
　　　　　周五,上午9:00——下午3:00

休斯顿　邮编77002
休斯顿大学
语法热线
电话:713-221-8670
电子邮箱:coblentz@dt.uh.edu
服务时间:周一至周四,上午7:30——晚上9:00;
　　　　　周五,上午7:30——下午2:00
　　　　　周六,上午11:00——下午4:00

圣安东尼奥　邮编78212
圣安东尼奥学院
英语实验室语法热线
电话:210-733-2503
电子邮箱:coblentz@dt.uh.edu
服务时间:周一至周四,上午8:00——晚上8:00;
　　　　　周五,上午8:00——下午3:00

弗吉尼亚州

纽波特纽斯　邮编23606
克里斯托弗纽波特大学
语法热线
电话:757-594-8891
传真:757-594-8870
电子邮箱:grammar@cnu.edu
注释:以电子邮件的形式给予回复

斯特林　邮编 20164
北部弗吉尼亚社区学院罗德校区
语法热线
电话:703－450－2511
电子邮箱:nvpoolb@nv.cc.va.edu
服务时间：周一至周四,上午 9:00——下午 3:00；
　　　　　周五,上午 9:00——下午 1:00

弗吉尼亚海滩　邮编 23456
潮水公共关系学院
语法热线
电话:757－427－7170
电子邮箱:writcent@tc.cc.va.us
网址:http://www.tc.cc.va.us/writcent/

华盛顿州

贝灵汉　邮编 98226
瓦特克姆社区大学
写作中心
电话:360－676－2170
服务时间：周一至周四,上午 8:30——中午 12:00；
　　　　　周二和周三,下午 4:00——下午 6:00

西弗吉尼亚州

查尔斯顿　邮编 25302
伊娃·凯语法热线
电话:304－343－2644
服务时间:上午 8:30——下午 6:00(24 小时电脑回复)

蒙哥马利　邮编 25136
西弗吉尼亚工业学院
语法热线
电话:304－442－3194

附　录

传真:304-442-3772
服务时间:周一至周五,上午8:00——下午4:30(24小时电脑回复)

威斯康星州
密尔沃基　邮编53211
威斯康星—密尔沃基大学
语法热线
电话:414-229-2260
电子邮箱:TARC@csd.uwm.edu
服务时间：周一至周四,上午9:30——下午2:30;
　　　　　周五,上午9:30——下午1:30

普拉特维尔　邮编53211
威斯康星—普拉特维尔大学
语法热线
电话:608-342-1615
电子邮箱:grammar@uwplatt.edu
服务时间：周一至周四,上午9:00——下午4:00;
　　　　　周五,上午9:00——中午12:00

斯蒂文斯点　邮编54481
威斯康星—斯蒂文斯点大学
写作热线
电话:715-346-3568
电子邮箱:drucinsk@uwsp.edu
网址:http://www.uwsp.edu/stuserv/tlc/tlc.htm
服务时间：周一至周四,上午9:00——下午4:00;
　　　　　周五,上午9:00——中午12:00

附录4

加拿大

阿尔伯达省

埃德蒙顿　邮编 T6J－2B7

格兰特·马克伊文社区学院

语法热线

电话:403－497－5663

传真:403－497－5347

电子邮箱:drewl@ admin. gmcc. ab. ca

服务时间:周一至周五,上午9:00——上午11:30

参考文献

本书的参考文献可以分为两大类：一类是有关书信写作的书籍和文章，另一类是有关语法和词语使用的书籍。

在每个参考文献之后都有一段简短的描述。带星号的参考文献是我们认为值得向专业人士推荐的书目。

书信写作类参考文献

1. Allen, Derek. *Addressing Overseas Business Letters*. London：W. Foulsham, 1992.
   这是一本介绍如何使用世界各国书信格式和问候语的好书。

2. Buckley, EarleA. *Let's WriteBetterLetters*, Vol. 1, Nos. 1 – 24. Philadelphia：EarleA. Buckley, 1961 – 1963.
   巴克利的每篇新闻报道都值得写信的人去学习其中的技巧。他认为高效书信中不应该有废话。尽管很多他的著作都已绝版，但是很多新闻报道可以在商业档案中找到。

3. *The Merriam – Webster Handbook of Effective Business Correspondence*, 2nd ed. New York：Wallaby, 1996.
   这是我所读过最值得推荐的日常商业书信指南用书。每位商业助手都应该有这本书以便在关键的时候向老板推荐其中的模板书信。

4. Poe, Roy W. *The McGraw – Hill Handbook of Business Letters*, 3rd ed. New York：McGraw – Hill, 1994.
   波尔的这本书中有很多实用的商业书信。尽管这些书信的语法和用词等方面的技巧运用的不多，但是其中的书信是商业活动中经常用到的。

5. Seglin, Jeffrey L. *The banker's Handbook of Letters and Letter Writing*, 3rd ed.

New York：McGraw – Hill，1992.

这本书中有 270 多封适合银行家使用的书信。当然了这本书也可以为读者提供语法和写作技巧方面的指导。

6. Venolia, Jan. Better Letter：*A Handbook of Business and Personal Correspondence*, 2nd ed. Berkeley, Calif：Ten Speed Press, 1995.

尽管这本书中书信的组织结构我认为没有什么特别值得学习的地方，但是其中有关日常书信的模板还是值得我们学习和借鉴。这本书虽然没有参考文献 3 介绍的那么详细，但是它也解释了一封出色书信所应具备的基本要素。

英语语法和词语使用参考文献

7. ＊Bernstein, Theodore M. *The Careful Writer：A Modern Guide to English Usage*. New York：Free Press, 1995.

这是有关英语书面表达方面最出色的书籍之一。伯恩斯坦的这本书以词典的形式阐明了英语书面表达的使用基本规则和技巧。对于每一位学习英语写作的人来说这本书都是非常有用的。

8. ＊*The Chicago Manual of Style*, *Fourteenth Edition*. Chicago：The University of Chicago Press, 1993.

这本书重点介绍了英语标点、拼写、缩写、脚注和参考文献等方面的规则和技巧，它不仅是出版行业者的必备手册，而且对于学习写作的人来说也很有用。

9. ＊Corbett, Edward P. J. *The Little English Handbook*, 8th ed. New York：Longman, 1998.

这本书是有关语法和文体方面比较简短的一本书。这本书的格式安排有利于读者掌握相关的内容，所以我觉得非常有必要向各位推荐。

10. Fowler, H. W. *A Dictionary of Modern English Usage*, *Second Edition*. New York：McGraw – Hill, 1997.

这是一本非常出色的有关英语书面表达方面的书籍。这本书的文体和内容更加实用于编辑和专业作家。

11. ＊*Grammar Hotline Directory*. Virginia Beach, Va.：Tidewater Community college, published annually.

潮水公共关系学院每年都更新《语法热线咨询地址目录》的内容。你如果想要免费获得一份最新的《语法热线咨询地址目录》，你必须提供你的地址和邮寄费。大量需求《语法热线咨询地址目录》，每份收取 1 美元的费用。可

附　录

以通过支票付款，也可以通过邮政汇款，通信地址为：Grammar Hotline Directory, Tidewater Community College Writing Center, 1700 College Crescent, Virginia Beach, VA 23456。你也可以通过网络获取我们的《语法热线咨询地址目录》，网址：http://www.tc.cc.va.us/writcent/gh/hotlinol.htm。要了解其他信息可以拨打电话757-822-7170或者发送电子邮件到：writcent@tc.cc.va.us。

12. Miller, Casey, and Kate Swift. *The Handbook of Nonsexist Writing*, *Second Edition*. Campbell, Calif.:iUniverse.com, 2001.

    这本书对每一位关心性别歧视语言描写的人非常有帮助。尽管其中的某些建议过于偏激，但就目前来说它还是有关此项主题较成熟的著作。

13. *Sabin, Willian A. *The Gregg Reference Manual*, *Ninth Edition.* New York：McGraw-Hill, 2000.

    这本书的内容包括了标点、语法、用词等英语书面表达所用到的所有方面的内容，而且简装本的价格也很便宜，所以我觉得值得向大家推荐。

14. *Strunk, William Jr., and E.B. White. *The Elements of Style*, *Fourth Edition.* New York：Allyn and Bacon, 2000.

    这本书主要介绍有关英语词语使用和写作的内容，虽然没有参考书目7的内容那么完整，但是如果你遇到写作方面的问题参考本书不失是一个明智的选择。

15. Tarshis, Barry. *Grammar for Smart People.* New York：Pocket Books, 1992.

    这本书有助于帮助读者克服写作中人们常见的语法错误，特别是有关标点符号的内容更值得我们学习。

16. *Warriner, John E, and Francis Griffith. *English Composition and Grammar*, *Revised Edition.* New York：Harcourt, Brace & World, 1998.

    这本书是比较容易获得的一本有关英语语法的参考书。虽然它是一本教科书，但是不论是在校学生还是社会人士都在使用这本书。

17. Zinsser, William. *On Writing Well*, 6th *Edition.* New York：Harper & Row, 1998.

    尽管这本书对于学习写作来说不像其他参考书那样有用，但是阅读本书对于写作能力的提高还是有一些帮助的。

成千上万的商业场上的老手为了完成一封商业书信不仅在办公室里苦思冥想而且吃饭的时候还要思考，但当他们拿起笔（或者手指放在键盘上）的时候又不知从何写起。写作商业书信是否也让你伤透了脑筋？

　　如果你真的有书面通信方面的困难，那么第三版的《美国管理协会商业书信指南》注定就是你最好的助手。这本书不仅向你介绍写作书信的基本知识，如语法、书信格式等，而且还为你提供了适合各种商业场合使用的几百封常用书信、便签、传真和电子邮件的模版。

AMA
美国管理联合会
纽约州纽约市百老汇大街1601号 邮编10019
AMA的网址：http://www.amacombools.orgcv